人工智能时代创新创业思维与实践

主　审　陆根书
主　编　刘月梅
副主编　杨红丽　侯玉霞　韩　静
　　　　杨雯雯　王小锋　王　骞

北京理工大学出版社
BEIJING INSTITUTE OF TECHNOLOGY PRESS

版权专有　侵权必究

图书在版编目（CIP）数据

人工智能时代创新创业思维与实践 / 刘月梅主编. -- 北京：北京理工大学出版社，2023.2
　ISBN 978-7-5763-2741-0

　Ⅰ.①人… Ⅱ.①刘… Ⅲ.①高等职业教育-创业-研究 Ⅳ.①G717.38

中国国家版本馆 CIP 数据核字（2023）第 155888 号

责任编辑：武君丽　　文案编辑：武君丽
责任校对：周瑞红　　责任印制：施胜娟

出版发行 /	北京理工大学出版社有限责任公司
社　　址 /	北京市丰台区四合庄路 6 号
邮　　编 /	100070
电　　话 /	（010）68914026（教材售后服务热线）
	（010）68944437（课件资源服务热线）
网　　址 /	http://www.bitpress.com.cn
版 印 次 /	2023 年 2 月第 1 版第 1 次印刷
印　　刷 /	涿州市新华印刷有限公司
开　　本 /	787 mm×1092 mm　1/16
印　　张 /	13.75
字　　数 /	291 千字
定　　价 /	42.00 元

图书出现印装质量问题，请拨打售后服务热线，负责调换

PREFACE

党的二十大报告指出:"科技是第一生产力、人才是第一资源、创新是第一动力。"纵深推进大众创业、万众创新是深入实施创新驱动发展战略的重要支撑,大学生是大众创业、万众创新的生力军。为培养大学生的创新创业能力,统筹做好高校创新创业教育,教育部要求各高校把提高教育质量作为创新创业教育改革的出发点和落脚点,根据人才培养定位和创新创业教育目标要求,促进专业教育与创新创业教育有机融合。在此背景下,各高校积极探索创新创业教育的模式,设置创新创业课程,注重学生创新创业能力的培养,力求为各行各业输送更多的创新创业型人才。

基于此,我们组织具有多年创新创业教育经验的教师共同编写了本书。本书从实用角度出发,系统阐述人工智能时代下创新创业思维并进行实践,旨在引导学生自觉树立创新创业意识、提升创新创业能力,为后续专创融合教育、创业管理教育以及毕业后积极踊跃创新、理性创业奠定基础。

1. 课政融合,同向同行

本书秉承能力教育和思想政治教育同向同行的理念,体现落实党的二十大精神进教材、进课堂、进头脑的要求,着重培养学生科技创新的意识与素养。注重将习近平新时代中国特色社会主义思想完美融合到知识点和教学场景中。同时设置拓展阅读模块,引导学生领会我国实施创新发展战略的重要意义及政策支持,树立保护创新成果、尊重知识产权的意识,培养创新意识和创新思维,培养创业所需的独立自主、顽强执着、诚信为本、艰苦奋斗、责任心强、守法律己、勤劳节俭等素质,学会独立思考、与时俱进,以乐观的心态面对生活、学习过程中的挫折,以合作的态度迎接创新创业挑战,实现课程与思政协同育人的教学目标。

2. 任务驱动,强化效果

基于OBE教学理念,聚焦人才培养目标,依据课程标准和职业岗位需求,遵循认知规律,将教材内容进行优化整合、系统设计。基于工作过程设计了九大模块,22个工作任务,并细化为46个知识点。内容从增强创新意识、掌握创新方法、学会申请专利、保护创新成果到创业实践,从浅到深、循序渐进。通过任务实施,使学生在完成任务的过程中学习知识、激发灵感、积累经验。

3. 全新理念,全新形态

本书结构编排合理,形式新颖,模块丰富,易教易学。依据学生职业岗位需求,紧紧围绕培养创新创业思维、进行创新创业实践为核心编排内容，每一任务均采用"引导案例—任务描述—知识链接—案例分享—任务实施—拓展阅读—课后练习"的层次编写。同时，在"知识链接"部分的知识讲解中穿插设置了"课堂互动""案例分享"等板块，既丰富了学生学习形式，又能调动学生的学习积极性和主动性。教材学习载体的选取，既有学生身边触手可及的案例，又给予学生充分的创新空间，所选内容具有明显的时代特征，充分考虑到学生将来创新创业的条件与环境，旨在培养学生永无止境地探索与进取精神。

4. 平台支撑，资源丰富

本书提供了配套的职业教育国家在线精品课程《创新创业基础》数字化教学资源，读者可以借助手机或其他移动设备扫描二维码获取相关内容的微课视频，学生也可以登录国家职业教育智慧教育平台学习在线课程相关资源，方便学生随时随地学习、研讨。所有教学视频均由具有多年创新创业教育和创业指导经验的一线教师录制，对相关知识的讲解深入浅出、生动有趣，便于学生学习。在学习过程中有任何疑问，都可登录该平台寻求帮助，教师在线随时答疑解惑，提升学生学习兴趣，拓展学习宽度。

本书共分9个模块，内容包括认识创新创业、唤醒创新意识、养成创新思维、掌握创新方法、体验创新发明、识别创业机会、盘点创业资源、缕清创业思路、创办创业实体。其中模块一、模块二、模块三由刘月梅编写，模块四由侯玉霞编写，模块五由杨红丽编写，模块六、模块七由韩静编写，模块八、模块九由杨雯雯、王小锋和中科京航科技产业（北京）有限公司董事长（延安京航创业孵化器有限公司总经理）王骞共同编写。全书由西安交通大学陆根书教授主审。

本书在编写过程中得到了大学生创新创业相关领域的专家及企业的支持，提供了先进的企业典型创新创业案例，教材内容将创新思维培养和创业教育有机结合，通过创新思维的学习和训练，提高学生解决实际问题和完成创业项目的能力，为以后自主创新、顺利创业打下坚实的基础。

在编写过程中，我们参阅和借鉴了大量的文献资料，在此对文献作者和资料提供者表示衷心感谢。由于编者水平有限，书中存在的疏漏与不当之处，敬请广大读者批评指正。

编　者

模块一　认识创新创业 /1

任务一　认识创新创业教育 /2
一、高校创新创业课程要求 /3
二、高校创新创业教育体系 /3

任务二　明确创新与创业的关系 /7
一、何为创新 /9
二、创新与创业的关系 /9

模块二　唤醒创新意识 /16

任务一　了解创新基础知识 /19
一、创新的分类 /20
二、创新的原则和阶段 /22
三、创新与创意的区别 /23

任务二　激发创新意识 /30
一、创新意识的概念 /31
二、创新意识的特征 /31
三、创新意识的激发 /32

模块三　养成创新思维 /38

任务一　激发创新思维潜能 /39
一、什么是创新思维 /40
二、创新思维障碍 /41

任务二　养成创新思维 /45
一、创新思维的形式 /47
二、突破思维障碍的方法 /50

模块四　掌握创新方法 /55

任务一　认识创新方法 /58
一、创新方法的概念 /58
二、创新方法的特点和作用 /59

任务二　运用头脑风暴法 /61
一、头脑风暴法的概念 /62
二、头脑风暴法的基本原理 /63
三、头脑风暴法的作用 /63

四、头脑风暴法的实施原则/63
　　五、头脑风暴法的实施要求/63
　　六、头脑风暴法的实施步骤/64

任务三　应用奥斯本检核表法/66
　　一、奥斯本检核表法的含义/66
　　二、奥斯本检核表法的使用原则/68

任务四　应用六项思考帽/70
　　一、六项思考帽的内涵/71
　　二、六项思考帽的实施步骤/73

任务五　应用综摄法/74
　　一、综摄法的含义/75
　　二、综摄法遵循的原则/75

模块五　体验创新发明/81

任务一　开展创新发明/83
　　一、发明与创新的关系/83
　　二、发明的种类/84

任务二　保护创新发明成果/89
　　一、创新成果的概念及特征/92
　　二、知识产权/93
　　三、创新成果的保护/93
　　四、专利申请的程序/95
　　五、商标注册的步骤/95

模块六　识别创业机会/103

任务一　识别创业机会/105
　　一、创业机会概述/105
　　二、创业机会识别/109

任务二　评价创业机会/115
　　一、评价创业机会价值的基本体系/115
　　二、评价创业机会的方法/118

模块七　盘点创业资源/124

任务一　整合创业资源/125
　　一、创业资源的概念/126

二、创业资源的分类/126
　　三、创业资源的获取/127
　　四、创业资源的整合/128
任务二　分析创业者素质与能力/130
　　一、创业者的概念/131
　　二、创业者应具备的素质/131
任务三　管理创业团队/135
　　一、创业团队的定义及组成要素/135
　　二、创业团队的分类/137
　　三、创业团队的组建/139
　　四、创业团队的激励/143
　　五、创业团队的执行力/145

模块八　缕清创业思路/152

任务一　创新设计商业模式/155
　　一、商业模式的内涵及构造/155
　　二、商业模式的创新/157
任务二　编写商业计划书/161
　　一、商业计划书概述/164
　　二、商业计划书的编写/165
　　三、商业计划项目路演/170

模块九　创办创业实体/177

任务一　设立新创企业/181
　　一、新创企业的组织形式选择/181
　　二、新创企业的注册流程/185
　　三、新创企业的选址/188
任务二　管理新创企业/193
　　一、新创企业的新产品开发/195
　　二、新创企业的营销管理/199

参考文献/210

认识创新创业

学习目标

◇ **知识目标**
- 了解高校创新创业教育课程要求
- 了解高校创新创业教育的目的及其教育体系
- 理解创新的含义
- 理解创新与创业的关系

◇ **能力目标**
- 能够初步树立创新创业意识

◇ **素质目标**
- 领会我国实施创新创业教育的重要意义
- 激发学生的创新创业意识和创业热情
- 增强学生的社会责任和家国情怀

> 党的二十大报告指出:"教育、科技、人才是全面建设社会主义现代化国家的基础性、战略性支撑。"实施科教兴国战略,强化现代化建设人才支撑,将教育、科技、人才工作进行一体化部署,为高等教育改革发展、办好人民满意的教育提供了根本遵循和行动指南。高校要坚持党的领导、深化综合改革、瞄准国家战略需求,把党的二十大提出的目标任务落到实处。

人工智能时代创新创业思维与实践

> **引导案例**

萌宠市场"弄潮儿"

"去东门吗？"近日，在北京农业职业学院校园里，马俊和迎面走来的同学打了个"暗号"般的招呼。他们说的是该校畜牧兽医系的大学生创业基地。虽然已是一名应届毕业生，但马俊还"泡"在校园里，与往常一样，在"东门"度过周末。

马俊走进这间位于学校东门口不起眼的平房，里面别有洞天。蜘蛛、蜥蜴、蛇、热带鱼……各色市面上不常见的萌宠都可以在这里找到。马俊的创业项目是饲养宠物蜘蛛，他给网店取了个特色鲜明的名字——"蜘蛛侠的盘丝洞"。

在马俊眼里，这些蜘蛛就是财富。"便宜的每只几元钱，贵的有几千元。"马俊告诉记者，学校为了激发学生的创新创业热情，结合本校特色，在畜牧兽医系的一个实训室里开辟空间，发展学生的创业基地。学校还为每个创业项目提供5 000元启动资金。马俊入校时，这个创业基地的团队已经繁育出多种动物，并且通过老生带新生的方式，不断传承。

马俊感觉如鱼得水，一头扎进了创业基地，而且一扎就是3年。除了上课、吃饭、睡觉，他几乎全部时间都花在蜘蛛身上。他一遍遍摸索尝试，为蜘蛛营造合适的孵化条件。为了弄清一些蜘蛛的习性，他和同学一起问老师、查资料，甚至啃起了平时看了就"头疼"的英文文献。

马俊认为，这种个性宠物在"90后""00后"群体中很受欢迎，而国内市场却刚刚起步，自己未来的发展空间就在这里。

如今，马俊是爬宠圈有名的"俊哥"。熟悉他的老师告诉记者："去年，央视来采访时，马俊还有些不知所措，时隔一年却能侃侃而谈，创业让他迅速成长起来。"马俊告诉记者，自己的父母都是普通职工，家里并没有太多条件支持自己创业，给他的期限是毕业两年干不出名堂就放弃。不过，对于自己的未来，马俊乐观地说："经过这样的锻炼，即使不走创业的路，也是一把就业的好手。"

资料来源：http://www.xinhuanet.com/politics/2016-07-18/c_129154887.htm

任务一　认识创新创业教育

> 创新是社会进步的灵魂，创业是推动经济社会发展、改善民生的重要途径。青年学生富有想象力和创造力，是创新创业的有生力量。大学生要树立创新创业理念，勇于创新创业，敢于挑战自我，努力在改革开放中闯新路、创新业，不断开辟事业发展新天地。

任务描述

高校开展创新创业教育容易被人误解,有些人认为创新创业教育就是教学生创业,把创新创业教育"狭义"为职业教育;还有一些人认为创新创业教育就是培养学生的创业意识,把创新创业教育"泛化"为素质教育。这可能是每名大学生在上创新创业课程前都会遇到的问题,通过本节课学习,你对高校开展创新创业教育课程会怎么理解呢?

知识链接

一、高校创新创业课程要求

2014年9月,在夏季达沃斯论坛上,李克强总理首次在公开场合发出"大众创业、万众创新"的号召;2015年,"大众创业、万众创新"第一次被写入政府工作报告。

微课学习

2015年3月,国务院办公厅发布《关于发展众创空间推进大众创新创业的指导意见》(国办发〔2015〕9号),鼓励高校开发开设创新创业教育课程,加强大学生创业培训,以创业带动就业。按照教育部《关于做好2016届全国普通高等学校毕业生就业创业工作的通知》(教学〔2015〕12号)文件要求,从2016年起所有高校都要设置创新创业教育课程,对全体学生开发开设创新创业教育必修课和选修课,并将其纳入学分管理。

2021年9月,国务院办公厅发布《关于进一步支持大学生创新创业的指导意见》(国办发〔2021〕35号),支持在校大学生提升创新创业能力,支持高校毕业生就业,提升人力资源素质,促进大学生全面发展,实现大学生更加充分更高质量就业。加强创新创业教育,是推进教育综合改革、提高人才培养质量的重要举措。

二、高校创新创业教育体系

近年来,高校创新创业教育不断加强,取得了积极进展,但也存在受众面较窄、针对性不强等不容忽视的突出问题。

高校实施的创新创业教育要注重与专业教育的紧密结合,要关注多数学生创业精神、创业意识的培养。"面向全体,分类施教"的创新创业教育就是要解决现存教育体系存在的不分阶段、不分层次所导致的目标不清、方向不明,教育的性质、对象、途径、方法不正确等突出问题。"面向全体"就是要将创新创业教育纳入教学主渠道,贯穿人才培养全过程,着眼于创新创业教育的广泛性和普及性,使之惠及每一个学生;"分类施教"就是要面向"各个学科专业的学生""有明确创业愿望的学生"和"初创企业者"开展不同内容的教育。

"面向全体,分类施教"的创新创业教育是一种全新的教育理念和模式,其突出特点是既考虑大多数,也不忽略极少数。为达到此目标,各高校既需要从整体上进行顶层设计,更需要分层次、分阶段、分群体具体推进,通常包括以下四个层面的体系框架。

一是"通识型"创新创业启蒙教育。教育对象是全体在校学生。教育内容以讲授创新创业知识为基础,以锻炼创新创业能力为关键,以培养创新创业精神为核心。教育目标是激发学生的创新创业意识,提高学生的社会责任感、创新精神和创业能力,使大学生成为高素质创新型人才。教育方法是将课堂教学与实践相结合,搭建起供大学生边干边学、做学结合、以学促做的"实践导向"教育培养体系。

二是"嵌入型"创新创业整合教育。教育对象是各个专业的学生,主要目标是根据不同专业特点,引导学生根据专业特长进行创新创业。通过将创新创业教育的理念和思想"嵌入"各个专业,开发多样化的与专业相结合的创新创业课程,从而实现创新创业教育与专业教育的"捆携式发展"。

三是"专业型"创新创业管理教育。教育对象是不同专业有创业意向的学生。教育内容是开展"创业企业管理"的知识与技能教育培养。主要目标是通过系统地创新创业教育,使学生掌握创办和管理中小企业的知识和技能,提高学生创业的实战技能。

四是"职业型"创新创业继续教育。教育对象是选择创业的大学毕业生。教育内容是对毕业生创业提供"继续教育和援助"。主要目标是通过对初期创业者的支持和援助,协助新创企业顺利度过企业初创期,快速走向正轨。

本教材内容属于第一个层次的创新创业启蒙教育,主要内容是通过加强创新思维的学习与训练,使大学生将创新意识贯穿于学习生活中,增强大学生的创新创业能力。

拓展阅读

大学生创新创业如何走稳走远
——《关于进一步支持大学生创新创业的指导意见》解读

教育部数据显示,2015—2020届毕业生中共有创业大学生54.1万人,其中毕业生44.4万人,在校生9.7万人。大学生是大众创业万众创新的生力军,近年来有越来越多的大学生投入创新创业的浪潮,但大学生创新创业实践也面临着融资难、经验少、服务不到位等问题。为提升大学生创新创业能力、增强创新活力,进一步支持大学生创新创业,国务院办公厅近日印发《关于进一步支持大学生创新创业的指导意见》(以下简称《意见》),这是国务院第一次出台专门的政策文件支持大学生创新创业。

加大财税金融扶持,为创业初期"送炭"

"大学生创业初期,资金是一大难题,虽然有一些好项目,但是因为资金链断裂无法继续,也很容易失败。"教育部有关负责人表示,针对该问题,《意见》明确提出要加大对大学生创新创业的财税扶持和金融政策的支持力度。

《意见》提出,高校毕业生在毕业年度内从事个体经营,符合规定条件的,在3年内按一定限额依次扣减其当年实际应缴纳的增值税、城市维护建设税、教育费附加、地方教育附加和个人所得税;对月销售额15万元以下的小规模纳税人免征增值税,对小微企业和个体工商户按规定减免所得税。

针对大学生创业融资难的问题,《意见》鼓励金融机构按照市场化、商业可持续原则对大学生创业项目提供金融服务。

《意见》提出,落实创业担保贷款政策及贴息政策,将高校毕业生个人最高贷款额度提高至20万元,对10万元以下贷款、获得设区的市级以上荣誉的高校毕业生创业者免除反担保要求;对高校毕业生设立的符合条件的小微企业,最高贷款额度提高至300万元。

对于大学生创业失败的情况,《意见》提出,探索建立大学生创业风险救助机制,鼓励有条件的地方采取创业风险补贴、商业险保费补助等方式对大学生创业予以支持。同时,规定毕业后创业的大学生可按规定缴纳"五险一金",减少大学生创业的后顾之忧。

完善平台建设,促进大学生双创成果转化

"将创新创业教育与社会需求相结合是目前创新创业教育升级面临的困难,解决这个困难的一个方法就是建立融通创新的生态,以社会需求为导向,利用好高校的智力资源为企业赋能。"中国高校创新创业教育联盟秘书处事业部部长王大力说。

《意见》提出,加强大学生创新创业服务平台建设,建强高校创新创业实践平台、科技创新资源开放共享平台、大学生创新创业信息服务平台、全球性创新创业竞赛平台等,优化双创环境,促进大学生双创成果转化。

连续三年担任中国国际"互联网+"大学生创新创业大赛总决赛评委的徐登峰认为,大学生创新创业项目比拼的不仅是项目团队,更是团队背后的大学在细分赛道上的科研实力,做好大学生双创成果转化有助于高校的科研成果从实验室走向市场,实现科技成果转化。

《意见》提出,研究设立大学生创新创业成果转化服务机构,建立相关成果与行业产业对接长效机制,促进大学生创新创业成果在有关行业企业推广应用。同时,做好大学生创新项目的知识产权确权、保护等工作,强化激励导向,加快落实以增加知识价值为导向的分配政策,落实成果转化奖励和收益分配办法。加强面向大学生的科技成果转化培训课程建设。

作为培养大众创业万众创新生力军的重要舞台,《意见》专门针对中国国际"互联网+"大学生创新创业大赛提出了新的要求。《意见》提出,支持行业企业深化赛事合作,拓宽办赛资金筹措渠道,适当增加大赛冠名赞助经费额度。同时,充分利用市场化方式,研究推动中央企业、社会资本发起成立中国国际"互联网+"大学生创新创业大赛项目专项发展基金。

深化创新创业教育,提升大学生双创能力

"新时代下,从'从业就业'到'创新创业'是大学生就业趋势之一。虽然不是所有大学生都适合创业,但都需要接受创新创业教育。"徐登峰认为,相比财税金融政策的配套优惠,提升大学生创新创业能力才是大学生创新创业能走稳走远的关键。

对此,《意见》提出,深化高校创新创业教育改革,建立以创新创业为导向的新型人才培养模式,健全校校、校企、校地、校所协同的创新创业人才培养机制,打造一批创新创业教育特色示范课程。

在提升教师创新创业教育教学能力方面,《意见》提出,实施高校双创校外导师专项人才计划,探索实施驻校企业家制度,吸引更多各行各业优秀人才担任双创导师。

在创新创业资金上,教育部将加大支持力度。《意见》提出,在现有基础上,加大教育部中央彩票公益金大学生创新创业教育发展资金支持力度,加大中央高校教育教学改革专项资金支持力度,将创新创业教育和大学生创新创业情况作为资金分配重要因素。

徐登峰建议重点关注三类大学生创新创业能力的培养:一是具有发明创造精神、动手和专业深耕能力强的理工类大学生;二是具有营销、会计、管理等专业知识,擅长资源整合的大学生;三是具有民营企业家族传承、产业创新迭代使命的大学生。

"《意见》出台后,各地、各部门支持大学生创新创业力度将进一步加大,协同支持大学生创新创业的机制将更加完善、顺畅,高校创新创业教育改革将进一步深入推进,切实提升大学生的创新精神、创业意识和创新创业能力。"教育部有关负责人说。

资料来源:https://www.xuexi.cn/lgpage/detail/index.html?id=8573299684026190842&item_id=8573299684026190842

任务实施

你认为高校开设创新创业教育课程的目的是什么?

_____

_____

通过本门课程的学习,你最想提高什么能力?

_____

_____

综合评价:_____

任务二　明确创新与创业的关系

创业者只有通过创新，才能使所开拓的事业生存、发展并保持持久的生命力，可以说创新是创业者实现创业的核心。作为大学生创业者，更需要有创新意识、创新思维、创新技能、创新品质，才能在严酷的市场环境下开辟创业之路。

任务描述

分享一下你在生活中见到的比较有创意的案例。

引导案例

时代造就青年，青年不负时代

时代是青年发展的宝贵沃土，青年是时代发展的不竭动力。"实现中国梦是一场历史接力赛，当代青年要在实现民族复兴的赛道上奋勇争先。时代总是把历史责任赋予青年。新时代的中国青年，生逢其时、重任在肩，施展才干的舞台无比广阔，实现梦想的前景无比光明。"习近平总书记在庆祝中国共产主义青年团成立100周年大会上的重要讲话，既道出了中国青年未来发展的光明前景，也提出了新时代中国青年的使命担当，更吹响了中国青年奋进新征程的时代号角。

这是传承的时代，"时代各有不同，青春一脉相承"。近代以来，中国青年不懈追求的美好梦想，始终与中华民族伟大复兴的历史进程紧密相连。中国共产主义青年团成立100年的历史，是一代又一代有志青年在中国共产党领导下，以青春之我创造青春之中国、青春之民族，绘就的一幅壮美画卷。共青团从诞生之日起，就以党的旗帜为旗帜、以党的意志为意志、以党的使命为使命，党有号召、团有行动始终是一代代共青团员的政治信念。习近平总书记此前在纪念五四运动100周年大会上的重要讲话中指出，新时代中国青年运动的主题，新时代中国青年运动的方向，新时代中国青年的使命，就是坚持中国共产党领导，同人民一道，为实现"两个一百年"奋斗目标、实现中华民族伟大复兴的中国梦而奋斗。此次又指明，"坚定不移跟党走，为党和人民奋斗，是共青团的初心使命"，强调"只有坚持党的领导，共青团才能团结带领青年前进，推动中国青年运动沿着正确政治方向前行"。这就意味着青年所传承的时代精神是与党的初心使命一脉相承、是与伟大建党精神一脉相承、是与实现中华民族伟大复兴的中国梦一脉相承，是把马克思主义基本原理同中国具体实际相结合、同中华优秀传统文化相结合的必然产物。

这是奋斗的时代，"奋斗是青春最亮丽的底色，行动是青年最有效的磨砺""中华民族伟大复兴，绝不是轻轻松松、敲锣打鼓就能实现的"。奋斗是新征程上的主题词。面对百年未有之大变局，面对新冠肺炎疫情的严峻考验，青年充分发挥了经济社会发展中的生力军和突击队的作用。《新时代的中国青年》白皮书中写道，"新冠肺炎疫情发生以来，青年不畏艰险、冲锋在前、舍生忘死，32万余支青年突击队、550余万名青年奋战在医疗救护、交通物流、项目建设等抗疫一线，为打赢疫情防控的人民战争、总体战、阻击战作出重大贡献。援鄂医疗队2.86万名护士中，'80后'、'90后'占90%。"新时代中国青年用实际行动证明，这不是"娇滴滴的一代"，而是堪当大任的一代。正如习近平总书记在考察中国人民大学时提出，中国青年的奋斗目标和前行方向就是要"努力成长为堪当民族复兴重任的时代新人"，这就要求新时代的中国青年要成为经济高质量发展的积极推动者、社会主义民主政治建设的积极参与者、社会主义文化繁荣兴盛的积极创造者、社会文明进步的积极实践者、美丽中国的积极建设者。

这是担当的时代，"追求进步，是青年最宝贵的特质，也是党和人民最殷切的希望"。中国共产党带领中国人民百年来的接续奋斗史是一部有志青年追求进步的历史，青年在其中成为了先进思想的传播者、社会理想的求索者、家国使命的担当者、民族大义的传承者。"士不可以不弘毅，任重而道远。"国家的前途，民族的命运，人民的幸福，是当代中国青年必须和必将承担的重任。习近平总书记此前在北京大学考察时指出，青年是标志时代的最灵敏的晴雨表，时代的责任赋予青年，时代的光荣属于青年。新时代的中国青年将继续参与实现第二个百年奋斗目标的宏伟征程，"强国一代"的使命极其光荣、责任尤为关键，这就要求青年进步必须要与时代使命同频共振，与人类发展同向而行，要勇做新时代的弄潮儿，有理想、有担当，自觉听从党和人民召唤，胸怀"国之大者"，争当伟大理想的追梦人，争做伟大事业的生力军，不负时代、不负韶华、不负党和人民的殷切期望。

这是创新的时代，"青年是常为新的，最具创新热情，最具创新动力"。列宁曾经引用恩格斯的话说过："我们是未来的党，而未来是属于青年的。我们是革新者的党，而总是青年更乐于跟着革新者走。"毛泽东同志也曾说过："青年是整个社会力量中的一部分最积极最有生气的力量。他们最肯学习，最少保守思想，在社会主义时代尤其是这样。"新思想引领新作为、新形势练就新本领。青年是创新的主体，是促进生产力发展的生力军，是推动历史发展和社会进步的重要力量。新时代中国青年富有想象力和创造力，思想解放、开拓进取，成为创新创业的有生力量。当今的国际竞争日益转向国家综合实力和科技实力的竞争，在国家创新驱动发展战略的引领推动下，一批具有国际竞争力的青年科技人才脱颖而出，在"天宫""蛟龙""天眼""悟空""墨子""天问""嫦娥"等重大科技攻关任务中担重任、挑大梁，北斗卫星团队核心人员平均年龄36岁，量子科学团队平均年龄35岁，中国天眼FAST研发团队平均年龄仅30岁。正如习近平总书记所言，青年是社会中最有生气、最有闯劲、最少保守思想的群体，蕴含着改造客观世界、推动社会进步的无穷力量。当今世界正经历百年未有之大变局，国际竞争日趋激烈，广大青年要主动于危机中育先机、于变局中开新局，向创新要答案，努力实现从"生力军"到"主力军"的转变，真正成为刻苦学习、锐意创新的模范，用青春的能动力和创造力激荡起民族复兴的澎湃春潮。

资料来源：https://www.gmw.cn/xueshu/2022-05/12/content_35727542.htm

知识链接

一、何为创新

创新是指以现有的思维模式提出有别于常规或常人思路的见解为导向，利用现有的知识和物质，在特定的环境中，本着理想化需要或为满足社会需求而改进或创造新的事物、方法、元素、路径、环境，并能获得一定有益效果的行为。

微课学习

具体来说，创新包括以下两种：一种是原来没有的，人们创造出来的；另一种是原来有但不够完善，人们对其进行更新或改变后产生的。所以说，创新包括以下三层含义，即创造、更新、改变。可以说，创新就是求变。

通常来说，创新主要具有以下几个特点。

（1）创新的目的是解决实践问题，是一项活动。

（2）创新的本质是突破传统、打破常规。

（3）创新是一个相对的概念，其价值与时间、空间有关。

（4）创新可以在解决技术问题、经济问题和社会问题的广泛范围内发挥作用，它是每个人都可以参与的事业。

（5）创新以取得的成效为评价尺度，有成效才能认为是创新。

二、创新与创业的关系

人们常说"创新创业"，创新与创业两个词通常是连在一起的，那么创新和创业有何关系呢？

创业是指承担风险的创业者通过寻找和把握创业机会，投入已有的技能知识，配置相关资源，创建新企业，为消费者提供产品和服务、为个人和社会创造价值和财富的过程。创业的本质在于把握机会，进行创造性的资源整合、创新和快速行动。

经济学家熊彼特在其所著的《经济发展概论》中提出："创新是指把一种新的生产要素和生产条件的'新结合'引入生产体系。它包括5种情况：引入一种新产品，引入一种新的生产方法，开辟一个新的市场，获得原材料或半成品的一种新的供应来源，新组织形式。"也就是说创新能够促进经济的发展。

由此可见，创新是创业的手段和基础，而创业是创新的载体，两者相辅相成、无法割裂。成功的创新对于企业来说能够实现技术与业务的完美结合，并且能够在企业内外实现广泛的合作，从而创造战略价值。

案例分享

华为的创新之路：从追赶到领先

华为技术有限公司（以下简称"华为"）成立于1987年，得益于改革开放，经过30多年的拼搏努力，我们把华为这艘大船划到了"与世界同步的起跑线"上。华为从小到大、从大到强、从国际化到全球化的全过程，就是基于创新的成功。

2019年上半年，在面临巨大的外部挑战和压力下，得益于客户的信任、伙伴的支持以及社会各界的帮助，华为依然取得了23%的同比增长，销售收入4 013亿元人民币，净利润8.7%。巨大的外部压力，不仅压不垮华为，只会使我们抛弃幻想，变得更加强大。

一、当前信息产业的发展瓶颈

70年来，信息产业的创新主要是"工程创新"；进入21世纪以来，科技创新层出不穷。但众所周知，信息产业经历了40多年的高速发展，如今遇到了发展瓶颈。

理论瓶颈。现在的创新主要是把几十年前的理论成果，通过技术和工程创新转换成市场需要的产品。信息通信领域的基础理论——"香农定律"，是71年前，1948年发表的；而5G时代，编码几乎达到了"香农定律"的极限。

工程瓶颈。"摩尔定律"驱动了信息和通信技术（ICT）产业的高速发展，但目前也暂时遇到了工程瓶颈。

华为当前已逐步进入了"无人区"。面向未来，将如何突破这些瓶颈？我们面临着巨大的挑战。

二、创新1.0：基于客户需求的技术和工程创新

华为过去30年的成功，是基于客户需求的工程、技术、产品和解决方案创新的成功。

遵循全球主流标准，搭"大船"出"大海"

只有主流标准才能孕育大产业，才能成为领先者。华为采用世界最先进的技术、零部件、软件及平台，站在"巨人"的肩膀上，与顶尖"高手"过招，才能更快进步，才能取得行业技术主导权。

华为积极参与国际产业组织及标准组织，加入全球400多个产业组织，3GPP、AII、IIC、ECC、LF、TMF等；担任了超过400多个的重要职位，IEEE-SA、BBF、ETSI、TMF、Linaro、Openstack、OPNFV和CCSA等董事会成员；华为在全球拥有8万多件授权专利，其中很多基础和核心专利被标准组织广泛使用，华为是5G标准的最大贡献者。

以客户需求为牵引，创立联合创新中心

以欧洲市场为例，该市场的成功拓展奠定了华为国际一流公司的地位，而其成功的原因就是基于客户需求的创新。欧洲市场是国际主流通信设备公司的本土市场，低价竞争只会扰乱市场，只有技术领先和创新才可能被欧洲领先运营商所选择。华为站

模块一 认识创新创业

在客户视角,站在帮助客户商业成功的角度主动创新。

2005年,华为突破传统基站的模式,开发了业界第一款分布式基站,解决了站址难找、安装困难、耗电和运维成本高等一系列难题,更快、更便宜地建设移动网络。

2007年,华为又在业界率先推出了SingleRAN(单一无线接入网)基站,实现2G、3G基站合一(现在可以2G、3G、4G、5G合一)……这些系列化的创新,其价值不仅仅是帮助运营商降低30%总拥有成本(TCO),更是极大地降低了网络建设的门槛,提高了建网速度。这些产品和解决方案的巨大技术和商业优势,使得欧洲厂商不得不跟随华为,也推出类似的产品,从而这些产品成了行业的事实标准并引领了无线产业的发展方向。

此外,2006年华为与沃达丰(Vodafone)公司建立了第一个联合创新中心,真正从客户战略、产品方案、商业模式、产业发展等各方面与客户深度合作创新,牵引客户需求,共同解决行业面临的挑战和难题,实现商业成功。发展到今天,华为与客户和合作伙伴建立了遍及全球的36个联合创新中心。

三、开放式创新,利用全球资源,与合作伙伴共建共享

围绕着全球技术要素及资源,华为在全球建立了超过16个研发中心,60多个基础技术实验室,包括材料、散热、数学、芯片、光技术等。我们围绕着全球人才和资源,建立研究中心。

产业的竞争,也是产业联盟之间的竞争,而产业联盟必须是开放的、先进的。2016年4月,在时任工业和信息化部副部长怀进鹏的领导和支持下,华为发起成立了绿色计算机产业联盟,共同拓展基于ARM的绿色计算机产业,目前已有国内外50多家成员单位。

为了推动各行各业的数字化转型的进程,华为还发起成立了跨行业、跨产业的全球产业组织(Global Industry Organization,GIO),共同推动数字化转型的框架、规范、标准和节奏,从抢蛋糕到做大蛋糕,做大产业空间。

压强原则,厚积薄发

技术、解决方案创新背后是持续的研发投入。华为在研发领域的投资不惜成本,不仅投资于现在,同时投资于未来。

早在1996年,华为预研部就明确要求预研费用必须占研发费用的10%以上,现在提高达到20%~30%,这意味着每年有20亿~30亿美元投入到前沿和基础技术研究。华为2018年研发费用达到150亿美元(1 000多亿元人民币),在全球所有公司中排名前5位。

华为在全球现有超过8万研发人员,占总人数45%左右。我们看到的是产品,而冰山之下的核心技术才是产品竞争力的来源,包括数学、芯片设计、材料、散热等。

早在1991年,华为就设计了第一片ASIC芯片,并成立了芯片设计室,也就是今天的海思半导体有限公司(以下简称"海思")的前身。现在,海思的"麒麟990"是世界上最先进的5G手机芯片;其实早在2005年,海思就决定开发3G手机芯片了。今天看到的技术进步,都是研发长期的投入、压强原则和厚积薄发取得的。

华为有60多个基础技术实验室,700多名数学博士,200多名物理学和化学博士,

这些都保障了持续的技术领先。

管理的创新

创新不是漫无目的布朗运动，创新是可以被管理的活动。从1997年开始，华为构建了研发、供应链、财经、人力资源、市场等国际化的并经过最佳实践证明了的流程体系，从而奠定了华为走向世界的管理基础。同时，确保了华为的运行和创新是有序的，通过确定性的流程和方法来应对创新的不确定性。

与科研院所的合作

开放合作，共同研究，以及把大家及科研机构的成果，通过产品转化成商业成功，这里要特别感谢中国科学院对华为的帮助和支持。2011年以来，在芯片、人工智能（AI）、计算机等领域，华为与中国科学院34家合作单位开展了286项合作。

资料来源：https://www.xuexi.cn/lgpage/detail/index.html? id=17295366789756114690

启示：创新是提升企业竞争力的法宝，尤其在高新技术产业领域，创新更是被称为一个企业的生存之本和一个品牌的价值核心。实现高水平科技自立自强，是中国式现代化建设的关键。有能力、有条件的民营企业要加强自主创新，在推进科技自立自强和科技成果转化中发挥更大作用。

任务实施

案例1：_____

_____

案例2：_____

_____

综合评价：_____

案例分享

大学生直播
创业大赛

大学生返乡创业
跨界做"木工"

大学生返乡创业
变身"职业羊倌"

资料来源：

1. 大学生直播创业大赛　激发创新创业活力

https://www.xuexi.cn/lgpage/detail/index.html? id = 2518800531680824547& item_id=2518800531680824547

2. 大学生返乡创业 跨界做"木工"

https://www.xuexi.cn/lgpage/detail/index.html?id=1942689495112702645&item_id=1942689495112702645

3. "90后"大学生返乡创业 变身"职业羊倌"

https://www.xuexi.cn/lgpage/detail/index.html?id=5452670207620889187&item_id=5452670207620889187

拓展阅读

西北师范大学：创新创业教育 打造学子成长"梦工厂"

近年来，西北师范大学积极统筹校内外创新创业资源，紧紧围绕管理制度创新、双创课程建设、创新创业实训基地建设等方面开展工作，深入探索地方高校人才培养模式与新时代素质教育路径。

构建"全链条式"创新创业教育体系

2011年，西北师范大学推进创新创业教育，建设中和大学生创意创业孵化基地。2016年学校整合资源、优化配置成立创新创业学院。

为更好引导和服务大学生"双创"，以文科见长的西北师范大学开始发挥自身优势，构建以创业意识激发、创新精神培养、创业能力提升、创业公司落地等环节为核心的"全链条式"创新创业教育体系，把创新创业教育贯穿人才培养全过程。

"作为推动创新型国家建设的基础性工程，'双创'必须有新的定位，它应该是高校人才培养范式变革的领跑者、高等教育新形态的演进者、社会高质量发展的践行者。"西北师范大学副校长董晨钟说。

建成辐射甘肃省各高校的大学生就业创业导师库，拍摄制作发行甘肃省大学生就业创业宣传片，面向全省开展科技创新教育普惠公益培训，承办"中国国际'互联网+'大学生创新创业大赛"，搭建辐射全省各高校的"互联网+校园工场"在线灵活就业创业实践平台……

如今，越来越多的西北师大学生聚集在实践基地，立足专业、乐于学习、勤于实践、勇于创新、理性创业、积极就业，西北师大双创新风尚逐步形成。

依托师范特色开展"特色"创新创业教育

在西北师范大学，有一门名为"创新创业大讲坛"的课，名为"讲坛"，实为西北师大开设的与创新创业教育相关的选修课，"创新创业大讲坛"每期都会设定不同的主题，并请来不同领域的专家教授、企业家以及创业人士，与学生共同探讨创业相关话题。

"作为一所师范类高校，我们注重依托教育特色开展创新创业教育，为学生们培养创新的理念。"西北师大创新创业学院院长慕小军说。

学校创新创业学院协调全校各实体学院资源，以校级立项方式建设25门专创融合和思创融合课，为大学生打开认识创新创业的一扇窗。同时，学校实施"1+26"模式，全校26个实体学院在学校中和大学生创意创业孵化基地的统筹下分别建设校内创新创业实训平台。通过近5年的建设,学校形成了以3个省级创新创业实践育人基地、10个"学业、生活、就业创业指导室"、17个"学院学生创新创业实践平台"、5个学院挂牌创新创业工作室为主的实训大平台。

此外,学校创新创业学院先后与甘肃省内外多家创业投资、创业教育企业达成战略合作关系,借助国内一流的创业投资机构和教育培训机构的优势资源,为学生创新意识培养和创业能力提升创造良好条件。

学生在"互联网+校园工场"在线灵活就业创业实践平台上开展创新实践训练

百廿老校结出"双创"硕果

近年来,学校累计孵化培育学生创业企业近100家。其中既有国家级高新技术企业、省级科技创新型企业,也有入选中国公益慈善项目交流展示会优秀项目库的学生公益创业企业……学生创业企业5年来累计提供就业岗位600余个,累计创造产值9 700余万元。

此外,西北师范大学还将学生餐厅建设为双创实训基地,让学生在真实企业管理场景中实训,输出现代管理理念,持续为餐饮企业提供智力支持。

"未来,学校将以国家级创新创业教育实践基地建设为契机,发挥教师教育优势,深化双创教育教学改革,以'新师范'教育为特色,通过'互联网+教育''人工智能+教育'的创新方式,实施'前沿引领、突出创新、以人为本'的卓越创新创业人才培养新方法,构建产、学、研、教、训五位一体的创新创业教育实践基地新模式。"董晨钟说。

资料来源:https://www.xuexi.cn/lgpage/detail/index.html?id=10343261561232236196&item_id=10343261561232236196

课后练习

一、判断题

1. 高等学校创新创业教育就是教学生如何创业。（   ）
2. 高等学校创新创业教育应该与专业教育紧密结合。（   ）
3. "大众创业、万众创新"第一次被写入政府工作报告是在 2015 年。（   ）
4. "面向全体，分类施教"的创新创业教育是一种全新的创新创业教育理念和模式。（   ）
5. "专业型"创新创业教育的内容以讲授创新创业知识为基础，以锻炼创新创业能力为关键，以培养创新创业精神为核心。（   ）
6. 创新包括创造和改变两层含义。（   ）
7. 创新是一个相对概念，其价值与时间、空间有关。（   ）
8. 创业是创新的手段和基础，而创新是创业的载体，两者相辅相成、无法割裂。（   ）
9. 成功的创新对于企业来说能够实现技术与业务的完美结合。（   ）

二、简答题

1. 按照自己的理解，说一说什么是创新。

2. 创新与创业是什么关系？

模块二

唤醒创新意识

学习目标

◇ **知识目标**
- 掌握创新的分类
- 了解创新的原则和阶段
- 了解创新意识的概念和特征

◇ **能力目标**
- 能够有意识地激发自身的创新意识

◇ **素质目标**
- 唤醒创新意识，激发创新潜力
- 培育社会责任意识，在自觉遵守社会公德的基础上进行创新

党的二十大报告指出："坚持创新在我国现代化建设全局中的核心地位。完善党中央对科技工作统一领导的体制，健全新型举国体制，强化国家战略科技力量，优化配置创新资源，优化国家科研机构、高水平研究型大学、科技领军企业定位和布局，形成国家实验室体系，统筹推进国际科技创新中心、区域科技创新中心建设，加强科技基础能力建设，强化科技战略咨询，提升国家创新体系整体效能。"

模块二 唤醒创新意识

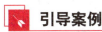 引导案例

中南大学外卖姐　拉肚子点亮创业灵感

学校食堂能不能做外卖？中南大学大三女生、邵阳妹子袁慧因为拉肚子引发的创意，不仅获得了国家级课题立项，还做成了全国第一个校园餐饮O2O创业项目，并且靠回答5个问题就获得了融资。这位"中南大学外卖姐"说，谁都有美好的想法，但光想、光写都不够，你要做出来。

因吃外卖拉肚子引发的创业

12月11日上午11点，中南大学七食堂。

戴上口罩、手套，拿出订单，大三的袁慧和两个"95后"学妹开始打饭菜。同是大三的男生刘国臣、徐连政熟练地打包并放入保温箱。原来，这群在校大学生正在将学校食堂的饭菜打包外卖。

淘点点、美团网、饿了吗等网站正在各大高校抢占外卖市场，以中南大学为代表的高校食堂开始了"自卫反击战"，主角正是这群"90后"。这是他们的校园餐饮O2O平台预餐网上线第四天，中午有100多份订单。这还是为保证服务质量、特意控制订单的结果。12月8日，预餐网上线第一天就有300多份订单。

预餐网打通线上、线下，通过微信服务号订餐、线下打包、物流配送，将学校食堂饭菜外卖到教学区的同学手中。这是全国高校首个食堂外卖平台。

创意的缘起其实并不美好

4月的一天，袁慧因吃了一份外卖拉肚子，身体虚弱，独自在寝室。"好想吃饭，可室友不在，又去不了食堂。点外卖吧，我正是吃外卖吃坏了肚子。我就想如果学校食堂有外卖就好了。"

几天后，化工院的刘国臣找她："全国大学生创新创业训练项目开始申报了，咱想个点子，报个项目。"

于是，一个因吃外卖拉肚子引发的感慨，被他们写成了课题"大学用餐网络化可行性分析及方案设计"。没想到，6月，方案竟通过了国家级课题项目立项。两人很吃惊，"为什么能获得国家级立项呢？我们琢磨着，这事儿有搞头！"而且，餐饮外卖是个大市场，何不把课题落地，真正地实践、创业呢？

令人吃惊的外卖市场

9月，袁慧和刘国臣巩固团队，寻找技术人员。13个成员来自公管院、商学院、信息院等7个学院，以袁慧等大三学生为主力，除了一个负责技术的研三同学，全是93后。

趁着国庆假期，他们走访了中南大学南校区周围165家有外卖服务的餐馆，结果让人吃惊不已："在165家店中，我们抽样统计了35家，这35家一天的外卖单量在3 500单到4 200单之间。我们还不敢拿35乘以4，谨慎地乘以2，保守估计整个南校区学生一天订外卖的量有8 000单。"

袁慧们想："校外来的外卖可能不干净，且比较贵，至少是10元一份，一般就一

17

个菜。很多送外卖的车辆进出校园也带来了安全隐患。通过互联网平台和线下配送，把食堂饭菜外卖，就把这些风险和隐患都规避了。"教学区之一的新校区没食堂，到本部、南校食堂有近20分钟路程，下午有课的同学来回赶很匆忙，很多人点外卖或吃泡面。他们将目标市场暂时锁定在新校区。

根据实际不断调整

11点25分，骑上电动车，载上保温箱，刘国臣和徐连政一人一骑往新校区驶去。

一路上他们经过了近10台校外的外卖车。到达约定的取餐教室不一小会儿，外卖都被取走了。这是研一的杨同学第二次在预餐网点餐。她告诉记者："很实惠，对食堂的油放心。预订也方便。要是实验室也能订就好了。"团队成员、大一的李林玉告诉记者："今天意外来迟了两分钟，来不及分类摆放餐品。我们预设的是提前3~5分钟到，按订单分ABCD四类摆好，大家很快可以拿到饭。"

分类摆放的点子源于第一天的实践。那天，订单多，场面有些混乱。分类摆放后，取餐就很有序了。

根据实际做的调整还真不少。袁慧说："最初做了10元土豪餐，有卤肉、鸡肉等，很丰盛。我们觉得应该很受欢迎。做方案时，觉得3元减肥餐可能没什么人订。第一天发现，3元餐大受欢迎，10元餐反而点得少。于是调整了菜单。"

在正式上线前，还试运营了一次。"最初，方案跟传统外卖一样，点餐即送。结果发现，物流完全跟不上。"于是，他们提出预订餐的概念，7：30—11：00接受点餐，11点后概不接单。没想到，同学们很接受这个理念，"8点之前就有很多单，且大多数都在10点前下单。"

最初，团队还设计了PC网站、手机网站，后来发现教学区的同学主要用微信订餐，于是集中运营微信渠道。

5个问题赢得2万元投资

趁着在大学，折腾一把。这是刘国臣最初的想法。袁慧接茬道："确实挺折腾！第一天宣传就让全校都知道了。12月5日，我们在朋友圈发了第一条宣传，大家开始疯转，挡都挡不住。"当时，不知是谁把测试版的内容发出去了，两个版本的宣传内容同时"疯传"着。

最让袁慧意外的是：融资这么少。"当时我们很天真，项目好，肯定很多人想投资我们。"但一个多月里，她带着融资计划和PPT四处找投资，却重复遭遇一个有趣的困境："投资者觉得这个项目新颖、有市场、有前途，可就是不投你。因为做餐饮，食品安全的风险大。"尽管袁慧觉得，做食堂外卖事实上已经规避了很多风险。

湖南省大学生创业孵化基地项目接受了项目申请，可他们的项目并没入围。一个朋友的项目入围了，需要人帮忙答辩，辗转找到了袁慧。袁慧去了答辩现场。"我猜肯定有投资人在场，就带着融资PPT去了。"帮朋友答辩完，她跟主办方沟通，想展示一下自己的项目。被拒绝后，她趁着中午吃盒饭的时间，"鼓起勇气、自作主张"跑到台上，介绍自己和自己的项目。

这"出格"的举动打动了一位投资人："先不看项目，你有这种勇气、魄力，很不错。你只要回答上我五个问题，我立马给你钱。"

模块二 唤醒创新意识

她的答案赢得了对方的赏识,"你们想得到,敢于做,正在做,而且我觉得你们能做成功。不管能不能赚钱,我看好这种精神。"

就这样,他们赢得了第一笔投资——2万元。投资人还答应,如他们需要,会继续投资。

做事永远不要停留在想法

袁慧团队打算先在中南大学做好,再辐射周边高校,这模式甚至可在全国高校推广。

开局不错,势头良好,甚至连校长张尧学、党委书记高文兵都纷纷点赞。但袁慧和小伙伴们并没有盲目扩张,而是专注质量,稳打稳扎。每一单赢取几毛钱利润,预餐网还处于稍微亏本状态。至于盈利模式,"先做餐饮,搭建平台。等到稳定完善后,平台可以选择和优质商家合作。我们是大学生,懂大学生想要什么。比如学车,很多驾校良莠不齐,我们可以选择最优质的驾校合作。"

事实上,这群"90后"已经赢得了很多。刘国臣告诉记者:"最大的收获是懂得了做事情永远不要停留在想法,想起来就马上去做。"

袁慧的外号由"袁慢慢"变成了"袁慢","之前效率不高,被他们逼、催甚至骂,那种紧迫感让我感动。"大一时,内向的她参加演讲比赛,上台就忘词了,"现在我可以大大方方地上台,自信地跟投资人、校长谈我们的项目和想法。"从前做课题,仅仅是纸上谈兵,最多设计问卷做小调查,"现在我们把方案搬到了现实里,做成了事业,内心的满足感很强,自信心和责任感大大提升了。"

他们要跟想创业的人分享——一定要落地,一定要实干。"'创业'有两个字,'创'是创新、创造,'业'是业绩、实业。谁都有美好的想法,但光想、光写都不够,你要做出来。而且,你要有承受失败压力、担当受损失责任的准备和魄力。"

资料来源:https://jy.yitsd.edu.cn/info/1068/1111.htm

任务一　了解创新基础知识

创新是社会发展的基础和源泉,而创新需要创新意识作为驱动因素,没有创新意识,创新活力根本无从谈起。大学生要想实现创新,就要敢于突破传统,摆脱从众心理,培养想象力,增强耐挫力,以激发自己的创新意识,在学习生活中,主动培养创新意识。

任务描述

分析《中南大学外卖姐 拉肚子点亮创业灵感》这个案例,说明案例中的创新点有哪些?以及你能从这个案例中学到些什么?

知识链接

一、创新的分类

（一）按照创新所属领域分类

1. 理论创新

微课学习

理论创新是指人们在社会实践活动中，对出现的新情况、新问题做新的理性分析和理性解答，对认识对象或实践对象的本质、规律和发展变化的趋势做新的揭示和预见，对人类历史经验和现实经验做新的理性升华。简单地说，理论创新就是对原有理论体系或框架的新突破，对原有理论和方法的新修正、新发现，以及对理论禁区和未知领域的新探索。例如，爱因斯坦提出的光量子理论及相对论都属于理论创新。

2. 制度创新

制度创新是指在人们现有的生产和生活环境条件下，通过创设新的、更能有效激励人们行为的制度与规范体系来实现社会的持续发展和变革的创新。所有创新活动都有赖于制度创新的积淀和持续激励，通过制度创新得以固化，并以制度化的方式持续发挥着自己的作用，这就是制度创新的积极意义所在。

例如，上海自由贸易试验区的快速发展就与其制度创新关系密切，其形成了更加开放的、透明的投资管理体制，实行了以贸易便利化为重点的贸易监管制度等。

上海贸易试验区

3. 科技创新

科技创新是原创性科学研究和技术创新的总称，是指创造和应用新知识、新技术和新工艺，采用新的生产方式和经营管理模式，开发新产品，提高产品质量，提供新服务的过程。科技创新可以分为三种类型，即知识创新、技术创新和现代科技引领的管理创新。

例如，100多年前，詹天佑主持设计出用长度换高度的"人字形"铁路，成为京张铁路设计中的一个创举。这不仅是技术创新的典型案例，也体现出创新必须要在一定知识储备的基础上才能更好地发挥作用。

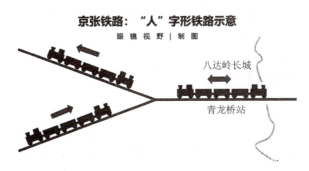

京张铁路"人"字形铁路示意图

4. 经济创新

经济创新是指新产品的开发、新市场的开拓、新生产要素的发现、新生产方式的引进和新企业组织形式的实施。在现代经济条件下，创新就是新的组合，如新技术与新产品的组合、新技术与新生产过程的组合、新技术与新生产原料的组合、新技术与新市场开发的组合及新技术（或新的生产力）与新产业组织的组合等。

总之，创新在经济学上的意义就是新的组合，而这个组合的最初起因可能是知识的创新和技术的创新，通过与经济生活中的某一活动相结合，就可能带来一场经济生活领域的革命。

5. 文化创新

文化创新就是在继承前人文化遗产精华的基础上，结合新的实践和时代的要求，结合人民群众精神文化生活的需要所进行的文化上的超越和创造。文化在交流的过程中传播，在继承的基础上发展，这些都包含着文化创新的意义。文化发展的实质，就在于文化创新。立足于社会实践，是文化创作的基本要求，也是文化创新的根本途径。

着眼于文化的继承，"取其精华，去其糟粕""推陈出新，革故鼎新"，是文化创新必然要经历的过程。一方面，不能离开传统文化，空谈文化创新，对于一个民族和国家来说，如果漠视对传统文化的批判性继承，其民族文化的创新就会失去根基；另一方面，体现时代精神，也是文化创新的重要追求。

（二）根据创新大小分类

根据创新程度大小，可以把创新分为根本型创新、适度创新和渐进型创新。

1. 根本型创新

根本型创新是指引入一项新技术，从而产生了一个新的市场基础。如果一个产业是由一项根本型创新引起的，那么这种创新必然会产生新企业和新顾客。

2. 适度创新

绝大多数创新都属于适度创新。它是由公司的原有产品线组成，但产品并不是创新型的，即市场对于它并不陌生，它只是企业当前产品线上的新产品，我们称这种新产品为适度创新。

3. 渐进型创新

渐进型创新是指为当前市场、当前技术提供新特色收益或升级的产品，是通过不断的、渐进的、连续的小创新实现的。

二、创新的原则和阶段

（一）创新原则

微课学习

创新原则就是开展创新活动所依据的法则和判断创新构思所凭借的标准。

1. 科学原理原则

创新必须遵循科学技术原理，不得有违科学发展规律。因为任何违背科学技术原理的创新都是不能获得成功的。

近百年来，许多才思敏捷的人耗费心思，力图发明一种既不消耗任何能量、又可源源不断对外做功的"永动机"。但无论他们的构思如何巧妙，结果都逃不出失败的命运。其原因就在于他们的创新违背了"能量守恒"的科学原理。

2. 市场评价原则

创新设想要获得最后的成功，必须经受走向市场的严峻考验，即要遵循市场评价原则。爱迪生曾说："我不打算发明任何卖不出去的东西，因为不能卖出去的东西都没有达到成功的顶点。能销售出去就证明了它的实用性，而实用性就是成功。"

3. 相对较优原则

在创新过程中，利用创造原理和方法，会获得许多创新设想，它们各有千秋。这时，就需要人们按相对较优的原则，对这些设想进行判断和选择。

4. 机理简单原则

在现有科学水平和技术条件下，如不限制实现创新方式和手段的复杂性，所付出的代价可能远远超出合理程度，使得创新的设想或结果毫无使用价值。在科技竞争日趋激烈的今天，结构复杂、功能冗余、使用烦琐已成为技术不成熟的标志。

（二）创新阶段

开发创新是一个复杂的过程，不同的创新内容会有不同的特点。一般认为创新的发展分为四个阶段：准备期、酝酿期、明朗期和验证期。

1. 准备期

准备期是问题的提出阶段，是创新过程中一个必不可少的阶段。在准备期，要做好以下三个方面的工作。

（1）增强问题意识。牛顿发现万有引力，是缘于一个苹果落到他的头上。每天都有很多人看到各种东西掉落到地面上，而他们之所以不能发现问题，是因为他们缺乏问题意识，往往与问题擦肩而过。

（2）增强好奇心。好奇心是人们主动探究未知世界的唯一通道，是人们保持年轻心态的唯一内在品质，是开启创新世界的一扇大门。

（3）注重问题导向。心理学认为问题是"如果你想做什么事情，但你不知道如何做，那么你就遇到了一个问题"。一切创新都是从发现问题、提出问题开始的。在创新的过程中，我们要注重问题导向，基于需要解决的问题进行思考。

2. 酝酿期

酝酿期是在创新过程中对所发现的问题进行分析加工的过程。在酝酿期要对收集的资料、信息进行加工处理，探索解决问题的关键。

3. 明朗期

明朗期即顿悟或突破期，是寻找到了解决办法的阶段。明朗期很短促、很突然，呈猛烈爆发状态。明朗期是创新过程中最重要的执行阶段，之前对于问题的分析在这个时候要付诸行动。

4. 验证期

验证期是评价、完善和充分论证的阶段，要把明朗期获得的结果加以整理、完善和论证。问题解决之后，必须经过实践检验和理论验证。

> 实践检验在创新过程中十分重要，任何创新都要经过实践的检验。所有知识要转化为能力，都必须躬身实践。要坚持知行合一，注重在实践中学真知、悟真谛，加强磨炼、增长本领。

三、创新与创意的区别

创意是指通过创新思维，进一步挖掘和激活资源组合方式进而提升资源价值的想法。

有了创意，才有创新的可能性。创新是改变旧事物，创造新事物的方法或手段，偏重技术性；创意则是具有新颖性和创造性的想法，偏重思想性。

微课学习

通常，创意容易在反常处、失败处、纠正严重谬误处，以及学科边缘和学科交叉处产生。同时，创意也来自知识、经验的积累。

人工智能时代创新创业思维与实践

> **案例分享**

努力在创新中实现产业高质量发展
——写在我国新能源汽车生产累计突破两千万辆之际

1995年，我国第一辆电动汽车"远望号"诞生。20多年后的2022年2月，我国新能源汽车累计产量突破1 000万辆。

17个月后，伴随着一辆广汽埃安纯电动轿车缓缓驶下生产线，我国新能源汽车生产累计突破2 000万辆。

从20多年到17个月，产量突飞猛进的背后，是我国已经成为世界上新能源汽车最大的生产国、消费国和出口国，连续8年产销量世界第一。

习近平总书记指出："发展新能源汽车是我国从汽车大国迈向汽车强国的必由之路，要加大研发力度，认真研究市场，用好用活政策，开发适应各种需求的产品，使之成为一个强劲的增长点。"

新能源汽车生产累计突破2 000万辆，更加坚定了我国从汽车大国迈向汽车强国的信心和决心。

从跟跑到部分领跑，为汽车产业电动化转型提供中国方案

7月5日，比亚迪宣布将投资约45亿元，在巴西设立由3座工厂组成的大型生产综合体，计划2024年下半年投产。年产15万辆整车的比亚迪首个海外工厂明年也将在泰国投产。

近日，海外销量连续7年位居国内车企首位的上汽集团宣布，正计划在欧洲地区建立整车工厂。"到2025年，欧洲工厂将生产十几款全球车型，其中多数为新能源汽车。"上汽集团总裁助理、国际业务部总经理余德介绍。

从由海外引进产品到加速布局海外市场，是我国新能源汽车从跟跑到部分领跑的一个重要表现。得益于财税金融、积分管理、道路通行等一系列新能源汽车支持政策，更得益于中国品牌车企紧抓市场机遇，加快推出智能电动新技术、新产品，我国新能源汽车全球市场份额已超60%。出口更是持续快速增长，今年前5月，我国新能源汽车累计出口45.7万辆，同比增长1.6倍。

——产业政策体系不断完善

在供给侧，先后出台两个中长期发展规划，有序放开新能源汽车准入门槛、取消新能源汽车外资股比限制、实施并两度优化新能源汽车"双积分"管理办法等，促进了车企电动化转型。

在需求侧，从"十城千辆"示范运行，到实施新能源汽车两级财政补贴政策，再到补贴退出后延续新能源免征购置税等相关政策、启动公共领域车辆全面电动化先行区试点、启动新能源汽车下乡活动……支持消费的政策措施相继出台，有效提升了新能源汽车的市场竞争力。

在配套设施领域，先后出台实施意见，提升充电基础设施服务保障能力，推进农

模块二　唤醒创新意识

村充电基础设施建设，加快建设动力电池回收利用体系，推动建立了适度超前、布局均衡、智能高效的充电基础设施体系和动力电池回收利用体系。

"近年来，各部门先后推出70余项支持政策措施，推动建立了结构完整、有机协同的产业体系，培育了全球最大的消费市场，形成了新能源汽车与相关行业互融共生、合作共赢的良好发展局面，为推动全球汽车产业电动化转型贡献了中国力量。"工业和信息化部副部长辛国斌说。

——创新能力大幅增强

继量产动力电池单体能量密度达到300瓦时每公斤、新型成组技术和高镍无钴电池等实现突破应用之后，我国动力电池技术再上新台阶。

日前，宁德时代宣布，第一代钠离子电池电芯即将首发落地；单体能量密度500瓦时每公斤的凝聚态电池，其车规级版本年内具备量产能力。2022年，全球动力电池企业销量前10强中，中国动力电池企业占据6席，市场份额达60.4%。其中，宁德时代市场份额37%，登顶全球第一。

我国驱动电机峰值功率密度超过4.8千瓦每公斤，最高转速达到16 000转每分钟，跻身世界前列。国产车规级激光雷达从无到有、从弱到强。

——整车企业竞争力大幅提升

产品种类日渐丰富。2022年行业在售新能源车型383款，销量排名跻身全球前列。在2022年全球新能源汽车集团销量前5强中，中国企业占据两席。其中，比亚迪居世界第一，上汽集团居世界第四。市场占有率和品牌价值全面提升。在国内市场，2022年中国品牌销量占比81.7%，今年一季度达到82.3%。在海外市场，我国新能源乘用车出口均价从2018年的0.3万美元每辆，涨至2022年的2.2万美元每辆。

全产业链协同创新，跨界融合加速推进

7月3日上午11点，福建厦门网约车司机陈炯明驾驶一汽奔腾纯电动汽车，缓缓驶入时代电服换电站。不用下车，短短5分钟，两块宁德时代特制的"巧克力"电池块就已完成更换。

"以前，路程远的订单都不敢接。现在，花几分钟时间换两块满电电池，续航能到400千米，去外地的单子也照接不误。"陈炯明说。

时代电服常务副总经理张凯介绍，宁德时代打造的"乐行"换电服务品牌，首创组合换电整体解决方案，采用通用型"巧克力"电池块，打通了电池与车型的适配壁垒，适用于大部分纯电平台开发的车型。目前，"乐行"换电服务已在福建、安徽、贵州等省份多座城市开展运营，并向全国加速推广。

组合换电、车电分离、电池银行、光储充一体化充电、有序充电、V2G（电动汽车向电网反向送电）、800伏高压快充平台……近年来，我国新能源车企与充换电企业协同技术创新与商业模式创新。截至去年年底，国产纯电动乘用车平均续驶里程达到424千米，累计建成充电桩521万个、换电站1 973座，形成了全球最大规模的充换电网络，大大缓解了消费者的"充电焦虑"，为新能源汽车市场快速发展打下坚实基础。

在产业链上下游协同创新的同时，由互联网、消费电子等行业企业跨界打造的新造车企业，以及跨界成为智能网联解决方案供应商的华为、百度、阿里、腾讯等为新能源汽车产业输入了"新鲜血液",并推动了商业模式的不断创新。

产业高质量发展同样离不开合资企业的创新转型。东风日产、长安马自达、东风本田、广汽本田、北京现代等合资企业,或已发布详细的转型战略,或正在磋商具体细节。在合资企业中充分发挥中方合作伙伴的技术和研发优势,建立全新合作模式,已成为中外双方共识。

成本平衡、高效研发、自主可控,书写高质量发展新篇章

铝锭熔炼、合模压铸成型、自动取件、自动切边、激光刻码……步入小鹏汽车广东广州智造基地一体式铝压铸车间,短短两分钟,小鹏汽车其中一款车型的前舱和后地板两个超大型压铸件毛坯就已分别生产完成。再经过整形清理、机加工以及检测工序,不到10分钟,前舱和后地板总成自动下线入库。

"这个智能车间可以实现前舱和后地板一体式铝压铸。按传统方式由160多个零件经过冲压、焊接组成的总成,在这里只需两个铝压铸件便可完全替代,车身减重达17%,扭转刚度提高83%。"小鹏汽车制造工程中心压铸工艺高级经理严兆凯告诉记者,创新制造工艺让焊接车间下车体线投资节省30%、土地占用面积节约40%、材料利用率超过97%。

"从创业造车之初,零跑就坚持全域自研,并实现了智能电动汽车所有核心系统和电子部件的自主研发设计与生产制造。目前,除电芯、内外饰外购,底盘、汽车电子电器为自研及外包生产外,零跑的自研自造已占整车成本70%。"零跑汽车创始人、董事长朱江明说,比起依赖外部,全域自研可能会损失一些"初速度",但只有把核心技术掌握在自己手里,才能不被"卡脖子",继而拥有成本优势,获得更快的"加速度"。

主动创新求变,靠新技术、新模式降本增效,源于产业界对当前新能源汽车产业发展态势的一个基本判断。

"新能源汽车产业正从以量取胜的'上半场',快速迈向高质量发展的'下半场'。"广汽集团总经理冯兴亚表示,"汽车产业竞争从来都不是'百米短跑',而是旷日持久的'马拉松'。要想赢得胜利,需要依靠科技创新、自主自强和高质量发展构筑起产业'护城河'。"

2022年,受碳酸锂价格大幅上涨影响,国内多数新能源车企亏损扩大。"新能源汽车动力传动系统占整车原材料成本的比例,比传统燃油车高出约20%。"长安汽车总裁王俊认为,除了通过规模效应降低成本,研发范式、合作关系、资源体系甚至商业模式也要转变,"比如一体式铝压铸、中央域控制器等,都将成为发展方向。"

"今年以来,我国新能源汽车行业经历了补贴政策切换、原材料价格波动等情况,行业运行依然压力较大。"中国汽车工业协会常务副会长兼秘书长付炳锋认为,加快完善以新能源汽车、智能网联、新型电池产业化为核心的产业体系,构建健康有序的市场环境,搭建行业间协同发展之路,已是当务之急。

"下一步,要强化技术创新,支持产学研用深度合作,开展车用芯片、固态电池、操作系统、高精度传感器等技术攻关;完善政策体系,制定加快充换电建设、公共领域新能源汽车推广应用等支持政策。"辛国斌表示,还要加强顶层设计,统筹推进产业发展全局性工作;建设海外政策、法规、标准等信息共享服务平台,支持中国品牌开

模块二 唤醒创新意识

拓海外市场，以更大力度、更高水平推动新能源汽车产业高质量发展。

资料来源：https://www.xuexi.cn/lgpage/detail/index.html？id=16798580661227295983&item_id=16798580661227295983

启示：在激烈的国际竞争中，我们要开辟发展新领域新赛道、塑造发展新动能新优势，从根本上说，还是要依靠科技创新。

▶ 任务实施

创新点1：_____

_____

创新点2：_____

_____

你的收获：_____

_____

综合评价：_____

▶ 拓展阅读

WISE十年，见证中国新经济创新迭变

WISE2022 新经济之王

自2013年第一届WISE大会举办以来，36氪WISE如今迎来了十年之期。这十年来WISE的规模和影响力不断攀升，聚拢了一批新经济领域的企业和行业精英，见证和记录了中国经济的蓬勃。

WISE2013

移动互联网快速崛起，WISE因势而生

这一年，随着移动支付的转正和智能终端的普及，移动互联网快速崛起，4G、大数据、可穿戴设备、O2O成为新热词、新经济展现出勃勃生机。在这样的背景下，首届WISE大会盛大开幕，大会以"你的时代"为主题，结合当前国内互联网创业环境，将目光聚焦在互联网创业者身上。1 000多位激情创业者，100多位投资人，40多位演讲嘉宾，微观聚焦新经济，共同解读移动互联网垂直领域的热门话题、创业行业趋势。知乎CEO周源、穷游网CEO肖异、果壳网CEO姬十三等当时的明星创业者分享各自的创业故事，掀开了中国新经济高水平产业交流的序幕。

WISE2014
从创业到融资,邀集大咖论道创投新玩法

本届WISE大会以"互联网融资,即氪启程"为主题,吸引了来自全球的1 000余位投资者和创业者,包括中国互联网协会秘书长卢卫、新东方创始人俞敏洪、凡客创始人陈年、经纬中国创始管理合伙人张颖、九合创投创始人王啸、STARVC合伙人任泉、春雨医生创始人张锐等众多的重量级人物,围绕创业融资的互联网化问题,进行了深度分享与对话,从资本到市场,从互联网生态链到创业趋势解读,给饥渴中的互联网创业者带来一场饕餮盛宴。会上,红杉资本、经纬创投、DCM、IDG资本、真格基金等15家知名投资机构组成的顶级投资机构联盟正式成立。36氪线上融资平台"氪加"和线下新型孵化器"氪空间"同步亮相,以"媒体+融资+孵化"为核心的36氪模式正式形成。这一年,WISE走出首届的懵懂之状,为新经济企业带来更多希望和可能。

WISE2015
聚焦双创生态环境,碰撞资本寒冬下创业趋势

2015年是"创业服务行业"元年,创业冰火两重天,一边是"资本寒冬论"大行其道,一边是"双创"的滚滚热潮,创业者和投资人正面对一个大变革的时代。本届WISE以"创新:改变世界的力量"为主题,吸引了上万人报名参加,来自互联网创业公司CEO、投资人出席了大会,红杉资本、优客工场创始人、Rockid机器人、积木盒子、春雨医生、蘑菇街、58赶集集团瓜子二手车、羽泉组合成员等60多名与会互联网企业、投资机构大咖,针对当时涌现出的互联网创业和投融资新热点趋势,从产业新矩阵、消费新生态、We are founder、投资变阵等不同维度展开主题演讲与交流,共同分享创投经验及资本寒冬下的创新创业趋势。本届大会上,WISE发布了中国创新创业指数,并公布了2015年创业公司氪估值排行榜Top500,为创业者和投资人提供新的投资参考标准。

WISE2016
资本寒冬"新常态",WISE为创业者加油

2016年,资本寒冬成为另一个"新常态",创业公司倒闭、关停、裁员等信息层出不穷,创业环境愈发严苛。在新的一年即将来临之际,创业领袖们齐聚WISE,用切身经历和创业感悟激励每一位同处寒冬中的互联网人。本届WISE大会由独角兽峰会、未来峰会、投资人峰会、时代峰会以及企服年会五部分组成,两天时间里,有101人登台演讲,近70家独角兽公司CEO分享创业经验。会上,WISE邀请30多位独角兽企业CEO,共同发布《创业者宣言》,柳传志、王石、李开复、张颖、古永锵等国内知名创业领袖共同参与宣誓,呼吁创业者不畏寒冬,"保持战斗,继续前行"。"从历史的角度回顾,今天只是昨天的明天,很多伟大的公司都诞生在市场冷清、处于低谷时的资本时代;从微软到联邦快递再到CNN,历史中写满了从萧条和熊市中起步的知名科技企业。"这份《创业者宣言》,今天读来,仍能感受到强烈的力量和鼓舞。

WISE2017
新商业时代欣然而至,WISE与未来同行

这一年,共享经济、新零售走上前台,跃升为年度最高频词汇,36氪借此提出的

模块二 唤醒创新意识

"新商业"概念，成为新的话题焦点。本届 WISE 以"基业长新"为主题，邀请李开复、黎万强、徐小平、贾斯汀·卡塞尔等著名企业家、投资人、学者到会，围绕新商业展开深入探讨。36氪CEO冯大刚在介绍新商业概念时表示，"2017年年初，我们判断随着移动互联网的快速发展、人工智能兴起，再加上资本的推动，将会催生出新的业态、新的经济增长和新的产业，这将改变现有的商业模式，由此提出了'新商业'概念，以技术和资本驱动的新商业时代到来。"会上，WISE 颁布了"新商业100家"，以表彰新商业时代先锋企业，同时，36氪研究院还发布了新商业研究报告。从初创到引领，伴随着中国新经济的成长，WISE 迈入全新的时代。

WISE2018

纵谈新经济，共探新商业

2018年，流动性紧张问题日益突出，市场信心如履薄冰，新经济公司却迎来大规模的上市潮。新经济公司纷纷登场的背后，是新一轮新经济模式的快速演变、突围。经过20年互联网和移动互联网大潮的推动，新经济在商业上的压倒性优势已经逐步显现，本届 WISE 以"新经济之王"为主题，希望找出正在高速成长的、颠覆行业的，甚至可能会改变世界的，最了不起的新经济公司。大会邀请监管机构代表、顶级投资人、优秀创业公司创始人、知名专家学者等数百名新经济领袖，一起纵谈新经济、共探新商业。并联合商富途证券、QuestMobile，共同发布"新经济之王名册"，评选出那些改变现在、影响未来的新经济创新公司和个人，以致敬新经济与新时代的探索者们。

WISE2019

持续聚焦"新经济之王"，WISE 链接"一切"

本次大会以"从颠覆到融合"为主题，关注新技术、新场景对传统产业的颠覆与融合，连接初创公司、互联网巨头、投资机构、地方政府、传统企业、个人用户等新经济社群主体，聚焦那些脚踏实地、以梦为马的未来产业之王的成长和成熟。邀请了御风集团董事长、万通集团创始人冯仑，今日头条CEO朱文佳，搜狗公司CEO王小川等分享对新经济探索的经验和对未来发展趋势的预判，并开设了成都市新经济新产品推介会、"渝·你有约"城市论坛等地方会场，为区域政府提供招商引资、招才引智、推介区域机会的平台。以平台链接，以链接赋能，WISE 以"链接一切"的"超能力"，帮助企业打开未来发展的无限想象。

WISE2020

专注创业投资，专情企业陪伴，迎36氪成立十周年

2020年，是 WISE 举行的第八届，也是36氪成立的第十年。大会以"崛起与回归"为主题，邀请了超过170位新经济代表进行分享，通过十年演讲、十年对谈、十年圆桌、十年榜单以及新经济十年白皮书等内容，对新经济的过去十年进行盘点、未来十年进行展望，并正式发布《2011—2020年中国新经济十年回顾研究报告》，整体盘点了自2011—2020年十年间发生的新经济里程碑事件，并对十大代表性行业的发展历史、产业图谱进行了全面解读，也对"未来十年新经济的发展机遇在哪里"的问题进行了探索性的回答。WISE2020，是对36氪成立十周年的纪念，也是一场面向整个新经济领域的盛典。

WISE2021
解构"硬核时代",寻找"时代硬核"

2021年,中国新经济迎来了非比寻常的一年,各领域的企业家和创业者正在经历前所未有的新变局。在中国经济高速跨越式向高质量发展的硬核时代节点,邀请著名经济学家李稻葵、英特尔中国区董事长王锐、小米集团总裁王翔、分众传媒创始人江南春、知乎创始人周源、抖音副总裁支颖等知名业界代表,从不同的业态视角出发,基于"一切皆需有硬核"与"硬核中的硬核"两大主题板块,深度探讨带领全产业实现硬核跃升的增长「原力」,共商「硬核时代」下中国未来新十年的发展之路。

WISE2022
坚定看多中国,创新驱动未来

2022年,WISE迎来十年之约。本届大会以"Long China Long Innovation 守望中国 保持创新"为主题,聚焦新能源、SmartEV、新消费、投资人、硬核科技、数字化、XR与元宇宙和机器人八大热门赛道,并将重磅推出"WISE2022新经济之王年度36人物""WISE2022新经济之王年度300企业""WISE2022新经济之王年度36焦点产品"三大年度名册。36氪希望"Long China Long Innovation 守望中国 保持创新"能成为一股信念力量,让改变和创新持续发生。全方位展望新经济领域的趋势动向,探索新经济领域新的增长点。

从互联网峰会到创业者大会,从独角兽大会到新经济之王大会,WISE十年,经历了中国新经济产业的蓬勃,见证了中国经济"新势力"的崛起,成了中国新经济产业的风向标。时至今日,WISE寄托的已不仅是36氪的愿景,更承载着无数新经济企业的梦想和希望,站在新起点,展望新十年,愿WISE能够坚守初心,为中国新经济、为创业者提供更多高效赋能。

资料来源:https://t.cj.sina.com.cn/articles/view/1750070171/684ff39b020017dro

任务二　激发创新意识

> 创新是一个民族进步的灵魂,是一个国家兴旺发达的不竭动力。

▶ 任务描述

收集市场上现有蓝牙耳机,分析一下它们各自的优缺点?如果让你设计一款新型蓝牙耳机,你会增加哪些功能?创新点来源于什么?

模块二　唤醒创新意识

 知识链接

一、创新意识的概念

创新意识是人们进行创新活动的驱动因素。创新意识是人们对创新的价值性、重要性的一种认识水平和认识程度，以及由此形成的对待创新的态度。它是一定社会主体产生稳定持久的创新需求的推动力量，是唤醒、激励和发挥人们所蕴含的潜在本质力量的重要精神力量。

微课学习

创新意识包括创造动机、创造兴趣、创造情感和创造意志。创造动机是创造活动的动力因素，它能推动和激励人们发动和维持创造性活动。创造兴趣能促进创造活动的成功，是促使人们积极探求新奇事物的心理倾向。创造情感是引起、推进乃至完成创造的心理因素，只有具有正确的创造情感才能使创造成功。创造意志是在创造中克服困难，冲破阻碍的心理因素，具有目的性、顽强性和自制性。

二、创新意识的特征

（一）创新意识是求新求变的意识

求新求变是创新意识最突出的特征。创新意识的产生或是为了满足新的社会需求，或是为了用新的方式更好地满足原来的社会需求，可以说创新意识就是求新求变意识。

（二）创新意识具有社会历史性

创新意识的社会历史性主要表现在两个方面：一方面，创新意识是以提高人们的物质生活和精神生活水平需要为出发点的，而这种需要很大程度上受具体的社会历史条件制约。人们的创新意识激起的创造活动和产生的创造成果，是为人类进步和社会发展服务的，因此必须考虑社会效果。"三聚氰胺""苏丹红"也是新事物、新技术，但这是有违社会道德的，所以这不是创新，而是违法。另一方面，不同的历史时代，人们的创新意识也不尽相同，所以创新是针对当时时代而言的，如古人不会想到马车被汽车取代，更不会想到人类能够登上其他星球。

（三）创新意识具有个体差异性

个体差异性是指人们的创新意识和他们的社会地位、文化素质、兴趣爱好、情感志趣等相关联，而在这些方面，每个人都会有所不同。你是否认为像乔布斯这样的人，生来就有创造力的基因，而其他人没有呢？科学家莫顿·列兹尼科夫等人通过大量研究发现：影响创造力的因素中，后天教育比先天禀赋更重要。

三、创新意识的激发

（一）要树立独立意识，摆脱从众心理

通常情况下，多数人的意见往往是对的，服从多数也是不错的选择。但是，创新是要做别人没有想过、没有做过的事情，如果没有独立意识、不做独立思考，而屈从于多数人的意志，就无法产生新的想法，创新也就无从谈起了。

（二）要敢于突破传统，克服权威心理

英国学者贝尔纳曾说："构成我们学习的最大障碍是已知的东西，而不是未知的东西。"知识是创造的必要前提与基础，但如果一味地笃信原有的知识、迷信权威，就无法跳出原有的思维模式，无法产生新的想法。要创新，就必须灵活运用已有知识，突破权威心理，敢于提出不同的意见。

（三）要培养想象力，敢于假设

创新意识作为一种复杂的心理活动，来源于想象。可以说，想象力是创新的基础。古今中外，许多伟大的科学家、思想家、艺术家都具有丰富的想象力，许多伟大的科学理论和发明创造都萌芽于想象。

（四）要培养意志力，增强耐挫力

在学习生活中，难免会遇到一些困难和挫折，只有不畏艰险，勇于面对，才能战胜困难和挫折，取得成功。创新活动也是如此，也会遇到困难和挫折，也需要顽强的意志力和耐挫力。

> **案例分享**

枣夹核桃，天生一对

近年，有一款产品火爆异常，继而发展成为一个全新的品类，这就是"枣夹核桃"。该产品将红枣和核桃两款传统农产品进行组合，使其变身时尚零食，赢得了广大消费者的喜爱。那么这款产品是如何产生的呢？

众所周知，红枣是一种营养佳品，其维生素含量非常高，有"天然维生素丸"的美誉，具有滋补脾胃、养血安神等作用。核桃含有丰富的钙、磷、铁等多种矿物质及胡萝卜素、核黄素等多种维生素，有益人体，是深受人们喜爱的坚果类食品之一，被誉为"长寿果"。

启示：只有保持好奇心，解放思维，打破常规，才能激发创新意识，打开创新空间。

（一）思维惯性

单独食用：按照传统的思维惯性，红枣和核桃都可以单独食用。

包装：按照传统的思维惯性，红枣和核桃都可以采用散装和独立封装两种方式包装。

（二）挖掘内在

红枣和核桃都选自胜产地，如新疆和田，味美且营养丰富。

红枣和核桃因种类不同需要分开包装，且有各自的售卖价格。

（三）突破常规

红枣与核桃虽是不同种类的食材，但同样都可以开袋即食，那它们能否组合成为全新的美食，带来另一番美味呢？于是，红枣和核桃走在了一起——"枣夹核桃"。红枣的香甜与核桃的香酥完美融合，带来了意想不到的美味。

（四）提升附加值

提升产品附加值即满足消费者对于产品基本功能之外的需求。提升产品附加值的途径有很多，如增加设计感、挖掘文化属性、塑造独特的品牌形象等。

"枣夹核桃"的设计团队提出了一个温馨浪漫、朗朗上口的宣传口号："'枣'想'核'你在一起"，让消费者耳目一新、印象深刻。

任务实施

款式1优缺点：_____

_____

款式2优缺点：_____

_____

你的设计：_____

_____

设计的创新点：_____

_____

综合评价：_____

> 拓展阅读

德鲁克提出的创新机遇的七种来源

1. 意外之事

（1）意外的成功。与其他成功方式相比，意外的成功不仅能提供更多创新的机遇，而且，它所提供的创新机遇风险最小，求索的过程也最不艰辛。但意外的成功几乎完全被忽视，更糟糕的是，管理人员往往积极地将其拒之门外。

（2）意外的失败。与成功不同的是，失败不能够被拒绝，而且几乎不可能不受注意。但是它们很少被看作机遇的征兆。当然，许多失败都是失误，是贪婪、愚昧、盲目追求，或者设计不周、执行不力的结果。但如果经过精心设计、规划及小心执行仍然失败，那么这种失败常常反映了隐藏的变化，以及随变化而来的机遇。

2. 不协调

所谓"不协调"，是指事物的状态与事物"应该"的状态之间，或者事物的状态与人们假想的状态之间的不一致、不合拍。不协调是创新机遇的一个征兆。引用地质学的术语来说，它表示下面有一个"断层"，这样的断层提供了创新的机遇。例如，集装箱的发明。20世纪50年代之前，航运公司一直致力于购买好的货船、招聘好的船员，他们认为，只有船跑得更快、船员业务更熟练，航运效率才会更高，公司才能赚钱，结果成本还是居高不下。后来大家才发现，影响航运效率的最大因素不是船和船员，而是轮船在港口闲置、等待卸货再装货的时间。于是，大家开始想办法提高货物装卸的速度，从而发明了集装箱。

3. 程序需要

程序需要方面的创新是通过寻找现有流程中的薄弱或缺失环节实现的。例如，巴西的阿苏尔航空公司，他们的机票价格很低，但乘客却不多。后来他们发现，这是因为乘客到机场很不方便，坐出租车很贵，而公交或地铁又没有合适的线路。也就是说，"从家到机场"是乘客出行流程的一部分，但其出行需求却没有得到有效满足。于是，阿苏尔航空公司开通了到机场的免费大巴，乘坐其航班的乘客越来越多。

4. 产业和市场结构

产业和市场结构的变化同样也是一个重要的创新机遇。比如数码技术的出现，让影像行业发生了巨大的变化。而柯达公司就是因为没有重视这个变化，很快就衰落了。其实早在1975年，柯达公司就发明了第一台数码相机，但其只想着保护自己的传统优势，没有看到这个变化带来的创新机会。

5. 人口变化

人口变化是指人口规模、年龄结构、人口组合、就业情况、教育情况及收入的变化等。人口变化在所有外部变化中最为一目了然。它们丝毫不含混，并且能够得出最可预测的结果。例如，中国现在的老龄化，就会带来很多创新机会。

6. 认知的变化

意料之外的成功和失败之所以能产生创新，就是因为它能够引起人们认知上的变化。例如计算机，最早人们认为只有大企业才会使用，后来意识到家庭也能使用，这才有了家用计算机。

7. 新知识

德鲁克认为，在所有的创新来源中，这个创新的利用所需时间最长。例如喷气式发动机，早在1930年就被发明出来了，但直到波音公司于1958年研制出波音707客机，喷气式发动机才被应用到商业航空中，中间隔了28年。因为新飞机的研发不仅是发动机的研发，还需要空气动力学、新材料及航空燃料等多方面知识技术的汇合。

资料来源：百度文库

 案例分享

新时代青年如何理解"守正创新"

在守正创新中坚定文化自信

创新推动中国航天高质量发展

资料来源：

1. 新时代青年如何理解"守正创新"

https://www.xuexi.cn/lgpage/detail/index.html？id＝9910310102893168197&item_id＝9910310102893168197

2. 在守正创新中坚定文化自信

https://www.xuexi.cn/lgpage/detail/index.html？id＝14504932195928727562&item_id＝14504932195928727562

3. 创新推动中国航天高质量发展

https://www.xuexi.cn/lgpage/detail/index.html？id＝17360675457025932595&item_id＝17360675457025932595

 拓展阅读

在传承、创新中坚定科技自立自强

中国丝绸技艺历经5 000多年，是享誉世界的中华民族伟大发明。一直以来，丝绸产业是中国的传统民族产业、重要民生产业和国际竞争优势产业。目前，中国是全球最大的丝绸原料生产和出口国，桑园面积、蚕茧产量约占世界产量的75%和73%，生丝、真丝绸缎和丝绸制成品出口量分别占世界的90%、70%和40%。

中国丝绸产业如何在新时代通过高水平科技自立自强实现高质量发展？我想，这离不开"传承"与"创新"两个关键词。

作为深耕丝绸领域近40年的科技工作者，我始终有一个"根在丝绸的强国梦"初心，深感责任重大。

高水平科技自立自强的底层逻辑是文化自信，文化自信可以通过优秀传统文化的"传承"来强化。众所周知，丝绸源于中国，是中华文明的象征和重要组成部分，对中华文明的确立和发展作出了巨大贡献，如今的丝绸已经成为中华民族的金名片，丝绸产业是中国不可多得的历史经典产业。中国蚕桑丝织技艺在2009年9月被联合国教科文组织列入《人类非物质文化遗产代表作名录》，包括栽桑、养蚕、缫丝、染色和丝织整个过程的丝绸生产技艺和所用到的各种巧妙精到的织机和工具，以及由此生产出来绚丽多彩的丝绸产品和过程中衍生出来的民俗活动。因此，丝绸"传承"的内涵不仅要传承丝绸技艺，还要传承丝绸产业的自信自立的价值观。深入挖掘中国丝绸历史文化和技艺资源、构建自主可控的丝绸资源数据库，是通过传承来增强产业自信自立和民族情怀的有效手段，也是实现丝绸科技自立自强的基础。

高水平科技自立自强的表层逻辑是发展，发展需要产业科技的不断创新来驱动。中国丝绸史可以说是一部丝绸科技不断进步的发展史，汉代马钧发明的新式织绫机、唐代窦师纶创造的陵阳公样，都给丝绸科技工作者留下了自立自强的创新范式。

从20世纪80年代开始，浙江理工大学耕耘20多年，终于解决了蚕丝生产质量、丝绸数码织造和丝绸色牢度提升的行业关键技术问题。如今，丝绸产业高质量发展"瓶颈"之一的全龄人工饲料工厂化养蚕技术也取得突破，这一技术变革揭开了工业化养蚕时代的序幕。未来，基于工业化养蚕形成全新的丝绸产业链，其发展必将对整个蚕桑丝绸行业的产业格局带来重塑性变革。

新时代，中国丝绸产业需要把"传承"与"创新"两个关键词的内涵参透悟全，把高水平科技自立自强放在自信的基点上，通过不断创新，牢牢掌握产业发展主动权，推进中国丝绸产业的高质量发展，实现"根在丝绸的强国梦"。（作者为中国工程院院士、浙江理工大学校长）

资料来源：https://www.xuexi.cn/lgpage/detail/index.html?id=9391141480019468042&item_id=9391141480019468042

课后练习

一、判断题

1. 社会实践是文化创作的源泉。（   ）
2. 所有的创新活动都有赖于科技创新的积淀和持续激励，通过制度创新得以固化，并以制度化的方式持续发挥着自己的作用。（   ）
3. 科技创新可以分为知识创新、技术创新和现代科技引领的管理创新三种类型。（   ）
4. 信息技术引领的现代科技的发展及经济全球化的进程，进一步推动管理创新。（   ）

5. 在科技竞争日趋激烈的今天，结构复杂、功能冗余、使用烦琐已成为技术不成熟的标志。（　　）

6. 明朗期是在创新过程中对所发现的问题进行分析加工的过程。（　　）

7. 创新是具有新颖性和创造性的想法，偏重思想性。（　　）

8. 创新意识在很大程度上受具体的社会历史条件制约。（　　）

二、不定项选择题

1. 按照创新所属领域，我们可以将创新分为理论创新和（　　）。
   A. 制度创新　　　B. 科技创新　　　C. 经济创新　　　D. 文化创新

2. 一般将创新的发展阶段分为（　　）。
   A. 准备期　　　B. 酝酿期　　　C. 明朗期　　　D. 验证期

3. 创新的（　　）是创新过程中最重要的执行阶段，之前对于问题的分析在这个时候要付诸行动。
   A. 准备期　　　B. 酝酿期　　　C. 明朗期　　　D. 验证期

三、简答题

1. 如果给宿舍中常用的上、下床增加一些新的功能，你有哪些好的创意？

_____

_____

2. 你认为目前市场上的直播软件哪一个最好？原因是什么？

_____

_____

模块三

养成创新思维

学习目标

◇ **知识目标**
- 理解创新思维的概念，明确创新思维的特点
- 熟悉各种创新思维形式
- 了解常见的创新思维障碍，掌握突破创新思维障碍的方法

◇ **能力目标**
- 能在学习和生活中培养自己的创新思维
- 能用新颖独创的方法解决实际问题，打破思维障碍

◇ **素质目标**
- 有意识地训练逆向思维，经常换个角度看问题
- 树立独立思考的意识，形成批判性思维
- 认识实践的重要意义，主动在实践活动中激发创新思维
- 激发学生的创新创业意识

创新是建立在广博的知识基础上的，因此，知识是产生创新思维的必要前提。科学的创新来不得半点虚假，没有任何捷径可走。所以，培养创新思维的第一步就是要做好知识的积累。大学生正处于人生积累阶段，需要像海绵汲水一样汲取知识。对于学习，大学生要谨遵习近平总书记的教诲，既要惜时如金、孜孜不倦，下一番心无旁骛、静谧自怡的功夫，又要突出主干、择其精要，努力做到又博又专、愈博愈专。特别是要克服浮躁之气，静下来多读经典，多知其所以然。

模块三 养成创新思维

引导案例

鲁班发明锯的故事

相传有一年,鲁班接受了一项建筑一座巨大宫殿的任务。这座宫殿需要很多木料,他和徒弟们只好上山用斧头砍木,当时还没有锯子,效率非常低。一次上山的时候,由于他不小心,无意中抓了一把山上长的一种野草,却一下子将手划破了。

鲁班很奇怪,一根小草为什么这样锋利?于是他摘下了一片叶子来细心观察,发现叶子两边长着许多小细齿,用手轻轻一摸,这些小齿非常锋利。他明白了,他的手就是被这些小细齿划破的。后来,鲁班又看到一条大蝗虫在一株草上啃吃叶子,两颗大板牙非常锋利,一开一合,很快就吃下一大片。

这同样引起了鲁班的好奇心,他抓住一只蝗虫,仔细观察蝗虫牙齿的结构,发现蝗虫的两颗大板牙同样排列着许多小细齿,蝗虫正是靠这些小细齿来咬断草叶的。

这两件事给了鲁班很大的启发。于是他就用大毛竹做成一条带有许多小锯齿的竹片,然后到小树上做试验,结果效果不错,几下子就把树杆划出了道深沟。但是由于竹片比较软,强度比较差,不能长久使用,拉了一会儿,小锯齿有的断了、有的变钝了,就需要更换竹片。

鲁班想到了铁片,便请了铁匠帮助制作带有小锯齿的铁片。鲁班和徒弟各拉一端,在一棵树上拉了起来,只见他俩一来一往,不一会儿就把树锯断了,又快又省力,锯就这样发明了。

资料来源:百度文库

任务一 激发创新思维潜能

思维是开启人类智慧大门的"金钥匙",创新思维是人类思维活动的精髓,是创新实践、创造力发挥的前提。而创新思维可以通过学习获得,大学生应学习并掌握创新思维的形式,掌握突破思维障碍的方法,并有意识地培养自己的创新思维。

任务描述

如何自动摘收番茄?很多人都认为能够自动摘收番茄的机器始终是可望而不可即的,这主要是因为番茄的皮太薄,任何机器都可能因抓得过紧而将其夹碎。那么,怎样才能实现自动摘收番茄呢?

人工智能时代创新创业思维与实践

> **知识链接**

一、什么是创新思维

（一）思维

微课学习

什么是思维？人们在工作、学习、生活中每逢遇到问题，总要"想一想"，这种"想"就是思维。思维是指通过分析、综合、概括、抽象、比较、具体化和系统化等一系列过程，对感性材料进行加工将其转化为理性认识，并解决具体问题的过程。

我们通常所说的概念、判断、推理都是思维的基本形式。

无论是学生的学习活动，还是人类的一切发明创造活动，都离不开思维，思维能力是学习能力的核心。

课堂互动

井盖为什么是圆的？

"圆形的井盖美观。"——美学大师或非常注重美观的人这样说。

"圆形的井盖可以滚动，容易搬运。"——爱劳动、喜欢实践的人这样想。

"圆形受力最均匀，所以最坚固，同时圆形也最省成本。"——物理学家这样分析。

"圆形的井盖在装卸的时候不容易失手掉下去。"——这可能是最有说服力的答案。

（二）创新思维

创新思维是指对事物间的联系进行前所未有的思考，从而创造出新事物、新方法的思维方式。创新思维是创新活动的灵魂和核心。

（三）创新思维的特征

1. 对传统的突破性

创新思维的突破性体现为创造者突破原有的思维框架。也就是说，人们在思考有待解决的问题时，要有意识地抛开头脑中以往思考类似问题时的思维程序和模式，排除它们对探寻新设想的束缚，就可能取得意想不到的创造性成功。

2. 思路上的新颖性

创新思维的第二个特征是思路上的新颖性。我们不应该想我能做什么，而应该想

我要做什么,因为你能做的全世界的人都能做到,而你想要做的可能全世界只有你一人能做。

思路上的新颖性就是指在看到同样的事物时,能够想出与别人不同的事物,能够提出不同寻常且又可以被人们所接受、所认可的观点。它以打破陈规、与众不同、独辟蹊径、别开生面为特点。思维的新颖性是创新思维的最高层次。

3. 程序上的非逻辑性

程序上的非逻辑性是指创新思维往往超出逻辑思维,它并不严密或暂时说不出什么道理。因此,创新思维的产生常常具有跳跃性,省略中间的推理环节。需要指出的是,创新思维的过程既包含逻辑思维,又包含非逻辑思维,是两者相结合的过程。

在创新思维活动中,新观念的提出、问题的突破,往往表现为从"逻辑的中断"到"思想的飞跃",通常伴随着直觉、顿悟和灵感,这使得创新思维具有超常的预感力和洞察力。

4. 视角上的灵活性

创新思维的第四个特征是视角上的灵活性。创新思维的思维视角能够随着条件的变化而转变,能够摆脱思维定式的消极影响。创新思维反对一成不变的教条,要求根据不同的对象和条件,具体情况具体对待,灵活地应用各种思维方式。

5. 内容上的综合性

创新思维的第五个特征是内容上的综合性。创新活动是在前人成果的基础上进行的,必须综合利用他人的思维成果,把对事物各个侧面、部分和属性的认识统一为一个整体,从而把握事物的本质和规律。

由此可见,创新思维过程总是指向某一具体问题,问题是思维的起点。创新思维与问题解决有着密不可分的联系,所有的创新思维无疑都包含着问题的解决。

二、创新思维障碍

> **课堂互动**
>
> 一位公安局局长在茶馆里和一位老先生下棋。正下到难解难分之际,一个小孩跑来,小孩着急地对公安局局长说:"你爸爸和我爸爸吵起来了。"老先生问:"这孩子是你什么人?"公安局局长回答道:"我儿子。"请问:两个吵架的人与这位公安局局长是什么关系?

人的大脑思维有一个特点,即一旦沿着一定方向、按照一定次序思考,久而久之就会形成一种惯性,再遇到类似问题或表面看起来相同的问题时,就会不由自主地按照以往的思考方向或次序去解决,这就是"思维惯性"。多次以这种惯性思维来看待客观事物、解决问题,就会形成非常固定的思维模式,即思维定式。思维惯性和思维定式合起来,被称为"创新思维障碍"。

微课学习

> **案例分享**
>
> **天才也需要突破思维的障碍**
>
> 拿破仑滑铁卢兵败后，被流放到圣赫勒拿岛。他的一位善于谋略的密友通过秘密方式给他捎来一副用象牙和软玉制成的国际象棋。拿破仑爱不释手，从此一个人默默下起了象棋，打发着寂寞痛苦的时光。象棋被摸光滑了，他的生命也走到了尽头。拿破仑死后，这副象棋经过多次转手拍卖。后来一个拥有者偶然发现，有一棋子的底部居然可以打开，里面塞有如何逃出圣赫勒拿岛的详细计划。

（一）习惯型思维障碍

习惯型思维障碍是指在特定的环境里，在相对固定的模式中，经过长期重复的、特定的、强化性的训练所形成的思维习惯。

习惯是长期形成且不易改变的行为和态度。人是习惯的动物，各种观念在人的大脑中形成了固定的思维锁链，所以人们在解决问题的过程中，往往会按照已有的经验进行思考，不加以改变，从而极大地阻碍了创新思维的产生与发展。

（二）直线型思维障碍

直线型思维障碍一般是指习惯死记硬背现成答案，生搬硬套现有理论，而不善于从侧面、反面等其他角度去思考问题的思维习惯。当人们遇到问题时首先考虑的就是如何直截了当地一击即中，这看起来能够更有效率地解决问题，但实际上却往往事与愿违。

（三）权威型思维障碍

权威型思维障碍是指人们对权威人士言行的一种不自觉的认同和盲从。人是教育的产物，来自教育的权威定式使人们逐渐习惯以权威的是非为是非，对权威的言论不加思考地盲信盲从，缺少"自我思索、冲破权威、勇于创新"的意识。

权威定势的形成主要有两种途径：一是人们在走向成年的过程中所接受的"教育权威"；二是由于社会分工的不同和专业技能的差异所导致的"专业权威"。

（四）从众型思维障碍

从众思维是指个体在群体的压力下改变个人意见而与多数人取得一致认识的思维倾向，是社会生活中普遍存在的一种社会心理和行为现象。在实际生活中，大多数人都有从众心理，有时明明稍加思考就能正确决策的事情，最后却因从众走弯路，这就是从众型思维障碍。

（五）书本型思维障碍

书本型思维障碍是指由于过分相信书本知识而不能突破创新的思维模式。大多数人认为，一个人书本知识多了，就必然有很强的创新能力。还有人认为，书本上写的就一定是正确的，遇到难题就先查书，如果自己发现的情况与书本上不一样就是自己错了。在这种观念指导下，书上没有说的不敢做，这种对于书本的迷信阻碍了人们去纠正前人的失误及对新领域的探索。

模块三 养成创新思维

（六）经验型思维障碍

经验型思维障碍是指在现实生活中，当长期处于某一环境，多次重复某一活动或反复思考同类问题时，人们会根据以往的知识和经验积累，逐渐形成一种判断事物的思维方式和固定倾向。所以说，过去的经验既是我们的财富，在某种程度上又是我们的包袱。

案例分享

用流水线组装汽车的方法

美国汽车大王福特一世在街上散步时，偶然间看到肉铺仓库里的几个工人在顺次分别切牛的里脊肉、胸叉肉、牛头肉，他的脑海里马上浮现出与此相反的过程：让工人顺次分别装上汽车的种种零部件，这就是用流水线组装汽车的方法。这种方法和以前让每一个工人自始至终地装配一辆汽车相比，由于每个工人只负责汽车中的一小部分，操作简单、容易熟练掌握，因此工人劳动效率大大提高，而且很少出差错。这次改进使福特公司脱颖而出，奠定了其在汽车行业中的地位。

资料来源：https://www.docin.com/p-108881669.html

任务实施

怎样才能实现自动摘收番茄呢？

_____

_____

_____

_____

启发： 思考问题时要注意从多个角度进行前所未有的思考。

综合评价：_____

拓展阅读

七部门联合发文促进生成式人工智能健康发展和规范应用

国家网信办联合国家发展改革委、教育部、科技部、工业和信息化部、公安部、广电总局公布《生成式人工智能服务管理暂行办法》（以下简称《办法》），自2023年8月15日起施行。

国家网信办有关负责人表示，出台《办法》，旨在促进生成式人工智能健康发展和规范应用，维护国家安全和社会公共利益，保护公民、法人和其他组织的合法权益。

近年来，生成式人工智能技术快速发展，为经济社会发展带来新机遇的同时，也产生了传播虚假信息、侵害个人信息权益、数据安全等问题，如何统筹生成式人工智能发展和安全，成了各方关注的问题。出台《办法》，既有利于促进生成式人工智能健康发展，也是防范生成式人工智能服务风险的现实需要。

在此背景下，《办法》明确了提供和使用生成式人工智能服务的总体要求，提出国家坚持发展和安全并重、促进创新和依法治理相结合的原则，采取有效措施鼓励生成式人工智能创新发展，对生成式人工智能服务实行包容审慎和分类分级监管。

此外，《办法》围绕促进生成式人工智能技术发展提出了具体措施：一是明确鼓励生成式人工智能技术在各行业、各领域的创新应用，生成积极健康、向上向善的优质内容，探索优化应用场景，构建应用生态体系。二是支持行业组织、企业、教育和科研机构、公共文化机构、有关专业机构等在生成式人工智能技术创新、数据资源建设、转化应用、风险防范等方面开展协作。三是鼓励生成式人工智能算法、框架、芯片及配套软件平台等基础技术的自主创新，平等互利开展国际交流与合作，参与生成式人工智能相关国际规则制定。四是提出推动生成式人工智能基础设施和公共训练数据资源平台建设。促进算力资源协同共享，提升算力资源利用效能。推动公共数据分类分级有序开放，扩展高质量的公共训练数据资源。鼓励采用安全可信的芯片、软件、工具、算力和数据资源。

同时，《办法》明确了训练数据处理活动和数据标注等要求。在生成式人工智能技术研发过程中进行数据标注的，提供者应当制定符合本办法要求的清晰、具体、可操作的标注规则；开展数据标注质量评估，抽样核验标注内容的准确性；对标注人员进行必要培训，提升遵法守法意识，监督指导标注人员规范开展标注工作。

围绕服务规范，《办法》明确，生成式人工智能服务提供者应当采取有效措施防范未成年人用户过度依赖或者沉迷生成式人工智能服务，按照《互联网信息服务深度合成管理规定》对图片、视频等生成内容进行标识，发现违法内容应当及时采取处置措施等。《办法》还规定了安全评估、算法备案、投诉举报等制度，明确了法律责任。

国家网信办有关负责人指出，生成式人工智能服务的发展与治理需要政府、企业、社会、网民等多方参与，共同促进生成式人工智能健康发展，让生成式人工智能技术更好地造福人民。

资料来源：http://www.ce.cn/cysc/tech/gd2012/202307/14/t20230714_38631206.shtml

模块三　养成创新思维

任务二　养成创新思维

思维是在实践基础上进行分析综合，然后做出判断推理的过程，创新思维也离不开实践活动。从伽利略在比萨斜塔上做的"两个铁球同时落地"的著名重力实验，到牛顿的"万有引力"，再到爱因斯坦的"相对论"，我们可以看到知识是在理论与实践交汇过程中的不断创新发展。大学生在工作、学习、生活中，应当注重观察细节，积累实践经验，从而为激发创新思维打下坚实的基础。

任务描述

（1）由老师出示一段文字或一幅图像，同学们用最快的速度看清楚，然后移开视线，努力回想刚刚看到的内容。

（2）同学之间进行上述训练。提示：用尽最大努力回想，这是训练的关键。若确实想不起来，看原文字或图像，并分析原因。

引导案例

"95后"医学女生的创业梦

中药做的小口罩，不仅防雾霾，还能预防鼻炎……这样脑洞大开的创意，在安徽中医药大学13级中医学专业学生肖淑雅的身上，变为了实实在在的专利产品，还开启了她的"95后"中医创业人之路，斩获了2017年自主创业类"安徽省优秀大学生"称号等多项荣誉。她，成了小有名气的"口罩西施"。

不安分的乖学生

翻开肖淑雅的简介，"共产党员，曾任安徽中医药大学中医学院学生会主席，入校至今担任班级团支书，获批国家重点创新创业项目两项，连续四年获得奖学金，其中'新绿药'社会奖学金一次……"，是一名品学兼优的乖学生。可是，乖学生也喜欢"搞事情"。

"谁说学医一定要当医生？"在安徽中医药大学中医学专业学习的时间里，虽然她深深折服于中医的魅力，但在全国"大众创业、万众创新"的热潮下，在校园大学生创新创业的浓厚氛围中，她也积极参与各种社会实践、大学生创业培训和比赛等活动，一有发明创造的想法就会跟好朋友们讨论。她认识到，"中医还有很大的发展空间，我们新一代中医人还有很多事情要做。"

肖淑雅曾经也是一名过敏性鼻炎患者，换季和刮大风的时候容易流鼻涕，她也一直不在意。直到在参加学校运动会3 000米长跑项目后,鼻炎的症状彻底爆发了,眼泪鼻涕一大把,跟重感冒似的,别提多难受了。她找到学校的中医周老师,开了7副中药,没想到吃了4副就好了。

灵光一现,她有了一个大胆的想法,把外治鼻炎的中药跟口罩结合起来,既方便使用,成本又不是太高。在查阅文献、口罩市场调研后,她发现,随着空气污染严重、亚健康人群增多等问题,中国的鼻炎人口数也越来越多,市场上还没有一款类似的口罩,既可以抵御空气污染,又可以治疗呼吸道疾病。肖淑雅意识到,"搞事情"的好机会来了。

查资料、收集数据、申请专利、联系工厂……她找到4个志同道合的大学好友,研发人员肖书毓、市场专员靳晨晨、新媒体运营宣传推广人员秦雨松、细致负责的外勤人员彭超,肖淑雅则负责项目规划和管理,再加上财务外包给会计专业的同学,"凑"了一个中医创业小团队。大学生创新创业比赛过程中积累到的人脉、学习到的实战知识,都为项目的成长和发展打下了坚实的基础。

"麻雀虽小,五脏俱全",2017年3月3日,安徽百会中医养生健康科技有限公司应运而生,并开始有条不紊的运转起来。不仅如此,产品深受前期用户的喜爱与支持,回购率达到70%,淘宝店的好评率更是达到了100%,目前已经达到三颗心的等级。

披荆斩棘的创业者

"这个口罩是双层设计,内层采用活性炭与金银花药粉灭菌滤网层。中层采用中药滤片层,这个是这款口罩的核心。口罩里放上中药滤片层,通过中药熏吸,就可以预防治疗鼻炎等部分呼吸道疾病……"这样的推荐介绍,对肖淑雅而言,已烂熟于心。

"你们的项目很好""我很感兴趣,有机会可以合作""我很看好你们"……这样的话,她听到得太多。创业之路很快遇到了瓶颈:怎样把金银花加进口罩,既能保证它的功效,又不会影响呼吸畅通?将理论转变为成果的第一步尤为艰难,但是没有人会轻易给予一个初出茅庐的大学生团队太大的投入。

了解到这种情况后,学校为团队提供了创业平台和资源支持。中医学院党委书记董昌武教授、纵横副教授等及时给他们进行专业性的指导,对产品进行改善。经过一遍又一遍的条件摸索,他们终于得到了合适的安放金银花粉的方法。除此之外,根据不同的季节,中医药保健口罩还推出了不同的明星产品。春季产品可以防治流感花粉柳絮过敏,夏季产品侧重于解暑清凉,秋季产品主打滋阴润肺防风,冬季产品则侧重于保暖防寒通窍。肖淑雅介绍,口罩上还有一个可塑硅胶鼻夹。"鼻夹一方面可以稳定口罩,同时可以按摩迎香穴,可以有效缓解鼻塞、喷嚏、流涕等症状。最新一代的鼻夹还有磁疗功能。"目前,公司已经租赁了一条专业生产线,并将加大对安徽市场的投放力度。

学校团委也将项目作为安徽中医药大学重点扶植项目,从学校的创业孵化基地成功入驻安徽省皖科融创创业平台,让项目走出学校、走向全国。在短短的一年时间,团队一路斩获"新奥杯"首届全国中医药高等院校创新创业大赛三等奖;"昆山花桥杯"第十一届安徽省大学生职业规划设计大赛暨大学生创业大赛"创客之星(金奖)";2017年度"青苗杯·中建智立方"安徽省项目资本群英会银奖;"百会中药保健口罩项目"此项目成为国家级重点大学生创新创业项目,团队代表学校参加第三届全国中医创客训练营。项目在比赛过程中得到了不少评委老师的青睐与认可,在各大比赛结束之后,一些评委成了项目的天使投资人。目前团队已经成功注册了"安徽百会中医养生健康科技有限公司",获批"皖新百会"商标和"一款中药保健口罩"专利一项。

创业的路上确实遇到了许多棘手的问题,最令肖淑雅难以忘记的一段经历,是寻找口罩的生产企业。"目前国内有资质的企业非常少,制造口罩的利润又很低,愿意和我们合作的企业就更少了。当时我们跑遍了合肥及周边几个城市,先找到工厂,然后和经理面谈,最后要尽力去说服对方生产我们的产品,这个过程真的很辛苦。"肖淑雅回忆道。

巨大的挑战摆在面前,肖淑雅从未想过放弃,而是始终和团队在一起。"一根筷子容易折,众人拾柴火焰高,我非常重视团队的力量,它比个人能力水平重要的多。"谈到团队合作的重要性,肖淑雅连用了六个"非常"来形容。用集体智慧解决问题,攻克一道又一道的难关,现在已经成了他们不断奋斗的动力。公司能不能顺利挺过"创业死亡谷",能不能成功完成天使轮的融资,甚至更现实的问题——公司有没有能力养活 5 个应届毕业生,能不能成功快速地在市场铺货,怎么在更新换代迅速的网络时代的电商平台上占有自己的一席之地……一系列问题摆在肖淑雅的面前。

2018 年,对她来说,也是至关重要的一年。"不想给自己划定太多界限。困难一直都有,我会随时调整面对它的心态。凡是不能打倒我的,都能让我更加强大。永远不放弃希望,对喜欢的事物会去尽力求索。"她很清楚,只有不断地学习、积累各方面的知识技能才能带好一个创业团队,才能发展壮大,追逐自己的创业梦、中医梦!

资料来源:http://edu.youth.cn/Figure/qnlx/201805/t20180503_11611769.htm

知识链接

一、创新思维的形式

人们常说,"不怕做不到,就怕想不到"。当面对问题束手无策时,我们的思维往往需要有所突破,有所创新。创新思维有很多种,以下是几种常见的创新思维形式。

微课学习

(一)发散思维

所谓发散思维是指从同一探索对象出发,思维向不同方向发散,充分发挥人的想象力,通过知识概念的重新组合,找出更多、更新的可能的答案、设想或解决办法。

发散思维是对问题进行关联式思考并全面展开的思维方式,它会围绕一个中心问题,进行多方面、多角度、多层次、多途径的思考,能找到的答案越多越好。

> **课堂互动**
>
> 鱼的吃法有哪些?
> 回形针的用途?
> 雨伞存在的问题?解决方案?

（二）收敛思维

收敛思维也叫聚合思维或集中思维，是指在解决问题过程中，尽可能利用已有的知识和经验，把众多的信息和解题的可能性逐步引导到条理化的逻辑序列中去，最终得出一个符合逻辑规范的结论。所以，收敛思维是以某个思考对象为中心，从不同的方向和不同的角度将思维指向这个中心，以达到解决问题的目的的。

发散思维是为了解决某一问题，从这一问题出发，想到的解决办法、途径越多越好，总是追求还有没有更多的办法。而收敛思维也是为了解决某一问题，但在解决问题时它和发散思维相反，思维主体总是尽可能地在众多的现象、线索、信息中向着问题的一个方向思考，根据已有的经验、知识或发散思维中针对问题的最好办法去得出最好的结论和最好的解决办法。

由此可见，发散思维以收敛思维为基础，收敛思维以发散思维为导向，发散的结果还要由收敛思维去加工整理。发散思维与收敛思维相互协同、交替运用的过程，就是创造性思维得以发挥的过程。任何一个创造活动的全过程，都要经过从发散思维到收敛思维，再从收敛思维到发散思维的多次循环，直到解决问题。

（三）形象思维

所谓形象思维是指在形象地反映客观的具体形状或姿态的感性认识基础上，通过意象、联想和想象来揭示对象的本质及其规律的思维形式。形象思维具有可感性、形象概括的特征。

（四）联想思维

联想思维是在原先并不相关的事物之间搭起一座认识的桥梁，将表面看来互不相关的事物联系起来的一种创新思维方式。也就是我们通常所说的"由此及彼、举一反三、触类旁通"。联想思维主要可分为以下几种。

（1）接近联想，指由一事物联想到在时间上或空间上相接近的另一事物的思维活动。例如，由"天安门"联想到"人民大会堂"，由鹅联想到鹅毛，进一步联想到羽绒被等。

（2）对比联想，指由一事物联想到和它具有相反特点的另一事物的思维活动。例如，由水想到火，由战争想到和平等。

（3）相似联想，指由一事物想到另一个与它在性质上接近或相似的事物的思维活动。例如，由大海想到海浪，想到鱼群，想到轮船，想到海底电缆，想到资源的开发和利用等。

（4）类比联想，指由一类事物的规律或现象联想到其他事物的规律或现象的思维活动。例如，以色列人将发明的反火箭入侵系统进行改良，做成微型导弹放在血管里打通血栓。

（5）对称联想，指由给定的事物联想到空间、时间、形状、特性等方面与之对称的事物的思维活动。例如，牛顿由树上掉下来的苹果引发联想，发现了万有引力。

模块三　养成创新思维

> **课堂互动**
>
> 给定两个词或两个物，然后通过联想在最短的时间里由一个词或物想到另一个词或物，如天空、鱼。其间的联想途径可以是：天空（对比联想）地面（接近联想）湖、海（接近联想）鱼，当然也可以用其他的联想途径。
>
> 猫—玻璃杯　大树—手表　地球—手机　算盘—窗帘　西瓜—铅笔

> **课堂互动**
>
> 运用联想思维从"电"开始通过接近联想、对比联想、相似联想、类比联想、对称联想等多种形式进行15次联想。
>
> 电_____联想（　　）_____联想（　　）_____联想（　　）
> _____联想（　　）_____联想（　　）_____联想（　　）
> _____联想（　　）_____联想（　　）_____联想（　　）
> _____联想（　　）_____联想（　　）_____联想（　　）
> _____联想（　　）_____联想（　　）_____联想（　　）

（五）逆向思维

逆向思维也叫求异思维，是从事物的反面或对立面提出问题、思考问题、解决问题的思维方式。

运用逆向思维，可以从以下三点把握。

一是面对新的问题，我们可以将通常思考问题的思路反过来，用常识看来是对立的，似乎根本不可能的办法去思考问题。

微课学习

二是面对长期解决不了的问题或长久困扰着我们的难题，不要沿着前辈或自己长久形成的固有思路去思考问题，而应该"迷途知返"，即从现有的思路上返回来，从与它相反的方向寻找解决问题的办法。

三是面对那些久久解决不了的特殊问题，我们可以采取"以毒攻毒"的办法，即从此问题本身来寻找解决它的办法。免疫理论的创立和付诸实践，就是这种思考方法的结果。

（六）批判性思维

批判性思维是一种无论思考什么内容，思考者都能通过分析、评估、重构自己的思维来提高自己的思维水平的思维模式。

批判性思维是对思维展开的思考，尤其是对自己得出的特定结论的过程进行评估，是走出思维误区的开端。

学习批判性思维，应该愿意对自己的思维方式进行分析，愿意正视自己思维方式中的弱点，要克服思维中刻板、想当然的倾向，并在此基础上对思维方式进行重塑。

在进行批判性思考时，要特别注意区分事实和观点，注意事实是客观的、有证可循的、可以验证的，观点是主观的、难以验证的，是个体的感受、想法和看法。

创新思维并不是指某一个或某类思维方式，而是对各种思维的有效利用。我们思考问题时，应进行全面、细致、多角度地观察、分析，并将由各个角度考虑后得出的结论加以融合、提炼，从而形成一个充分的、考虑周全的结论、观点。

二、突破思维障碍的方法

微课学习

对于创新而言，突破思维障碍，从思维方法上寻求解决办法是非常有必要的。那么我们该如何突破创新思维障碍呢？

（一）转换思维视角

1. 改变顺序思路

顺序思路可以使我们比较容易地找到问题的切入点，提高解决问题的效率。但客观事物是千变万化的，有时按照单一顺序思路，不能准确地揭示事物的内部矛盾。这时，我们就需要改变顺序思路，通过其他思路来解决问题。

 案例分享

强光照射下的进攻

第二次世界大战后期，在苏联军队向柏林发动总攻的前夜，苏联军队想趁着天黑发动突然袭击，可是这晚星光灿烂，部队难以隐蔽。经过仔细考虑，朱可夫元帅下令将所有的探照灯集中起来，用最强的光照射敌军的阵地。苏军在明晃晃的灯光下突然发动进攻，打得德军措手不及，最终取得了胜利。

资料来源：https://www.docin.com/p-932486042.html

2. 尝试对立思路

世界上的任何事物都是对立统一的，如果改变一方不能解决问题，那么可以尝试改变另一方，这样可能有助于问题的解决。

 案例分享

锅炉的改进

以前，工业锅炉和生活锅炉都是通过在锅炉里安装许多水管，用给水管加热的方法，使水温升高产生蒸汽的，但热效率不高。日本科学家熊田长吉想到，冷和热是相对的，不能只考虑热的方面，也要考虑冷的方面。于是，他在粗的热水管里又加了一根装冷水的细管，这样热水上升，冷水下降，加快了锅炉中热水和蒸汽的循环，使热效率提高了10%。

资料来源：https://www.docin.com/p-932486042.html

模块三 养成创新思维

3. 换位思考

如果用常规思路不能解决问题，那么不妨站在对方的立场上，重新思考一下这个问题，找到双方的契合点，可能有助于问题的解决。

 案例分享

冰箱的改进

最初的冰箱与现在的不同，其冷冻室在上面，冷藏室在下面。这样设计的目的是为了将上面冷冻室的冷空气引入到下面的冷藏室。后来，日本夏普公司的研究人员进行了换位思考，假设自己是用户，结果发现人们使用冷藏室的时间比较多，所以应该将冷冻室放在下面，冷藏室放在上面。但这样一来，冷冻室的冷空气就无法下沉到冷藏室了。经过多次设计、修改，他们在冰箱内安装了排风扇和通风管，将下面冷冻室的冷空气提升到上面的冷藏室，较好地解决了两者之间的矛盾。

资料来源：https://www.docin.com/p-932486042.html

（二）转换问题，获得新视角

问题是多种多样的，但彼此之间有很多相通的地方，对于难以解决的问题，与其抱着死理不放，不如把问题转换一下。

1. 复杂问题简单化

在解决复杂问题的时候，可以尝试化繁为简，也就是把复杂问题简单化，转换一种思维视角。

2. 生疏问题熟悉化

对于从未接触过的生疏问题，可能一时无法下手，找不到切入点。但如果尝试着把它转化为熟悉的问题，可能就会有新的视角，也许会产生意想不到的结果。

3. 直接问题间接化

俗话说，退一步海阔天空。有时为了前进，我们也可以绕弯、兜圈子，独辟蹊径。面对一个不易解决的问题，有时要设定一个新的问题作铺垫，为解决问题创造条件。

案例分享

土豆在法国的普及

法国有位农学家叫安瑞，他在德国当俘虏的时候吃过土豆，感觉非常好吃。回到法国之后，他一心想在自己的家乡种植土豆，可是遭到不少人的反对。后来，安瑞得到许可，在一块非常低产的土地上试种土豆，结果获得了成功，可还是没有人愿意吃土豆。为了引起人们对土豆的兴趣，他想出了一种很好的推广方法，他请求国王派卫队来看守土豆田。这引起了人们的好奇心，很多人趁晚上卫队不在的时候偷挖土豆，回去吃了以后觉得很美味，于是偷去种植，从而使得土豆在法国普及。

资料来源：http://www.wodefanwen.com/1hd25n4x02xoc4ddq343gxk4.html

任务实施

老师问题答案：_____

同学问题答案：_____

综合评价：_____

案例分享

中西融合创意菜
"新式臭鳜鱼"

"熊猫"抱竹
手擀面

营养创意美食
——山药水果球

资料来源：

1. 中西融合创意菜"新式臭鳜鱼"

https://www.xuexi.cn/lgpage/detail/index.html? id = 9257743487562239761& item_id=9257743487562239761

2. "熊猫"抱竹手擀面

https://www.xuexi.cn/lgpage/detail/index.html? id = 4098535190296719409& item_id=4098535190296719409

3. 营养创意美食——山药水果球

https://www.xuexi.cn/lgpage/detail/index.html? id = 15997112967859446817& item_id=15997112967859446817

拓展阅读

旅游发展向新求变：十年·创意创新增添"新活力"

生态兴则文明兴。党的二十大报告指出，中国式现代化是人与自然和谐共生的现代化。必须牢固树立和践行"绿水青山就是金山银山"的理念，站在人与自然和谐共生的高度谋划发展。蓝图已经绘就，号角已经吹响。站在新时代新征程的起点上，成都熊猫基地"我们这十年"系列报道，聚焦科研繁育、科普教育、文化旅游、国际合作等方面工作，回顾过去十年历程，记录非凡成就，展望新时代美好画卷，凝聚更多力量踔厉奋发、勇毅前行，更加积极主动地融入成都公园城市建设大局，在生态文

模块三　养成创新思维

明建设、生态环境保护领域和推动高质量建设国家大熊猫公园方面作出新的更大的贡献。

惟创新者进，惟创新者强，惟创新者胜。

通过创意驱动、科技赋能、美学引领、艺术点亮，推进文旅融合，创新发展，成都熊猫基地打造了众多优质旅游服务，激发出多层次消费能力，更好地满足了游客对"诗和远方"的向往。

从启动5A级旅游景区工作到决定试引入非物质文化遗产旅游项目，成都熊猫基地一直在为丰富基地园区参观内容，提升游客在基地旅游活动中的参与度而努力。工作人员先后走访各大景区（如浣花溪公园、成都非物质文化遗产公园、九寨沟、青城山），学习景区主要的管理模式、票务模式、商务理念，再结合自身特色，融汇成成都熊猫基地如今的管理体系。

带几只"萌"意十足、神态各异的熊猫手办回家，品尝清新爽口的特色竹笋美食，晒与熊猫合影，成了如今在成都熊猫基地旅游的"标配"。

坐拥得天独厚的资源禀赋，成都熊猫基地不满足简单的观光游。结合学、闲、情、奇等旅游发展要素和旅游市场随时代的变化，一次又一次提质升级，从旅游景区到旅游产品，从旅游线路到旅游消费，多维度拓展、全方位覆盖，开发建成多个景点，形成丰富多样的熊猫观光游、体验探秘游、科研科普游等旅游产品大格局。

资料来源：https://www.xuexi.cn/lgpage/detail/index.html？id＝16268364680235425121&amp；item_id＝16268364680235425121

课后练习

一、判断题

1. 概念、判断和推理都是思维的基本形式。　　　　　　　　　　　　（　　）
2. 追求创新，是创造性思维的本质。　　　　　　　　　　　　　　　（　　）
3. 思路上的新颖性是创新思维最明显的特征。　　　　　　　　　　　（　　）
4. 问题是思维的起点，创新思维与问题解决有着密不可分的联系。　　（　　）
5. 一个人书本知识多了，如上了大学，读了硕士、博士，就必然有很强的创新能力。　　　　　　　　　　　　　　　　　　　　　　　　　　　　（　　）
6. 收敛思维以发散思维为基础，发散思维以收敛思维为导向。　　　　（　　）
7. 逆向思维是从事物的反面或对立面提出问题、思考问题、解决问题的思维方式。　　　　　　　　　　　　　　　　　　　　　　　　　　　　（　　）
8. 学习批判性思维，应该愿意对自己的思维方式进行分析，愿意正视自己思维方式中的弱点。　　　　　　　　　　　　　　　　　　　　　　（　　）

二、不定项选择题

1. 常见的思维障碍有（　　）。
   A. 习惯型思维障碍　　　　　　B. 直线型思维障碍
   C. 权威型思维障碍　　　　　　D. 从众型思维障碍
2. 创新思维的形式有哪几种？（　　）
   A. 联想思维　　　　　　　　　B. 形象思维
   C. 逆向思维　　　　　　　　　D. 批判思维

三、简答题

1. 思维定式阻碍创新，日常生活当中你碰到过哪种类型的思维障碍？你又是如何克服的呢？

   遇到的问题：_____

   克服的方式：_____

2. 你能从火联想到棉花吗？请谈谈你的联想过程。

   _____

   _____

掌握创新方法

学习目标

◈ **知识目标**
- 了解创新方法的特点和作用
- 掌握头脑风暴法的特点及应用原则
- 掌握六顶思考帽的特点及应用原则
- 掌握奥斯本检核表法的特点及应用原则

◈ **能力目标**
- 能根据实际情况，灵活选择创新方法
- 能运用典型的创新方法解决学习和生活中的现实问题

◈ **素质目标**
- 培养创新意识，拓展创新思维
- 激发创新研发能力，提升个人综合素养
- 培养学生不畏艰难，勇于探索的开拓创新精神

创新是一个民族进步的灵魂，是一个国家兴旺发达的不竭动力，也是中华民族最深沉的民族禀赋。在激烈的国际竞争中，唯创新者进，唯创新者强，唯创新者胜。而创新创业，方法先行。创新方法应用可拓展创新思维，增强解决问题能力、创新研发能力以及个人综合素养；还可促进产业结构调整及产品转型升级，加快创新资源凝聚，浓郁创新发展氛围。

引导案例

西贝莜面村

西贝莜面村之前经历了两次定位策划：

第一次是定位西北菜；

第二次是定位为烹羊专家，就是烹调羊肉的专家。

第一次没给经营带来什么好处，因为只是一个说法，没有实质性的创新。第二次则造成了很大的损失，就迅速地止损了。为什么呢？因为第二次烹羊专家不仅改了说法，还实质性地改了产品，菜品向羊肉集中，客单价提高了，客人少了，毛利率下降了，赚钱更少了，所以就造成了损失。

2013年，华与华开始和西贝合作的时候，我们从营销4P的角度对西贝进行盘点。首先看看它当时的4P是怎么样的，我们要改善他的营销，最终得到了创新的结果。

第一个P是产品，西贝的产品是什么？是西北菜还是烹羊专家？都不是，不是说什么菜，而是那整个店。这个店是西贝的产品，有若干的包房，有大桌子，有100多道菜。

第二个P是价格，大概60元钱的客单价。

第三个P是渠道，西贝的渠道是什么？渠道就是它的店在哪里，大街就是它的渠道，因为它的店是开在大街上的。前面提到过，在大街上开一个店就是获得这个街道的流量，同时还获得了一个东西：这个街道上的广告位。一个大楼，你的大楼就是你的广告位，就是你的媒体。

第四个P是推广，就是它以前做的草原的牛羊肉、乡野的五谷杂粮，跟《舌尖上的中国》嫁接的这样一个推广。

在我们开始要调整这4P的时候，我们第一要调整的是渠道，为什么？因为渠道环境发生了变化，就是shopping mall 的兴起。所以西贝从2013年到现在的成功，首先是在渠道上的成功，是shopping mall 这个渠道带动了西贝从2014年到2018年这四年的高速发展。这个渠道的创新，可以对应熊彼特五个创新里面的"一个新市场"，在当时来讲，shopping mall 就是即将迅猛增长的一个新市场。

渠道变了，根据新的渠道，就要开发新的产品。原来开4层楼3 000平方米的店，有很多的包房，是做饭局的。但是做饭局，就适应不了在shopping mall 里面开店和两三个人吃饭的新的快节奏生活形态。所以我们就把饭局变成了随时随地可以吃一顿好饭。我们就从大街上3 000平方米的店，变成要在shopping mall 里面开发500~600平方米的没有包房的三四个人一桌的小店。

3 000平方米的店有包房，600平方米的店是不是就没有包房了呢？再有包房的话它的效率就降低了，包房的坪效是很低的。而且人们的生活形态也改变了，商业中心更多了，人们的活动半径实际上更小了。以前一个城市就一个商业中心，现在一个城市有很多的商业中心；以前七八个人点一桌子菜叫下馆子，现在是中午公司附近两三个、三四个人找个地方吃饭。所以 shopping mall 里面新店新品的开发，是我们在 2013 年的重点课题。

所以当我们研究西贝的 4P 中的产品的时候，并不是研究它做牛羊肉，还是做莜面，它的产品是它的店。

在 2014 年发生了一件事情，就是西贝北京公司的总经理王龙龙，他在财富广场租了一间 288 平方米的店面。当时同事们都笑话他，说咱光厨房就得 300 平方米，你整个店面才 288 平方米，这个店怎么开呀？

能怎么开？那只能不要厨房了，就变成简单的明厨。简单的厨房就不能进行复杂的加工了，那就只能做一些在中央厨房做好，然后拿到这里简单加工就能上桌的菜。这就把菜单从 100 多道菜砍到了 33 道菜，这是产品最大的改变。那些能够在中央厨房完成，然后在店里简单加工就可以上桌的菜。

刚开始的时候好多老顾客都投诉，怎么平常点的菜点不到了，还是西贝吗？大家都很担心，我也是第一次接触餐饮项目，懵懵懂懂的。只有贾国龙董事长最坚决，他说如果不愿意来没关系，不愿意来的就不是我的客户。他这句话倒是很对我的胃口，因为我历来就是先放弃后选择，这是兵法的基本原则，要想得到，必须先放弃。

在一次行业的交流会上，有人就问贾国龙，你是怎么样通过科学研究调研得出 33 道菜的决策，而不是 44 道菜呢？贾国龙说我也没为什么，我总得做出一个决定，我就选了 33 道，不够还可以再加嘛。所以很多东西都是在过程中形成的，创意和战略是在过程里不断涌现出来的，而不是说你在一开始就制定了一个详细的方案，然后按这个去执行。

认为自己一开始就能制定一个"科学的""精确的"方案，本身就是一种"只是的僭越"，人的理性和智慧都有边界，一切要在实践中修正。

我们的关键是要有正确的战略思维和在过程当中管理的战略，而不是狂妄地制定一个东西就让人去执行十年。

所以这个产品的变化就是从 3 000 平方米的大店到 300 平方米的小店，从有包房到没有包房，从大圆桌到全是四个人一组的小方桌，从 100 多道菜到 33 道菜，后来又到 44 道菜。也正是因为有了 44 道菜的产品，才有了西贝这几十年这么快速的扩张。正因为 100 多道菜变成了 44 道菜，才能够承诺"闭着眼睛点，道道都好吃"，100 多道菜怎么去做这个承诺呢？

这个产品的改变还没结束，每盘菜的分量也要从大分量到小分量。这不是西北菜的风格了，因为以前八个人一桌吃，那每个菜分量都要很大，现在两个人、三个人一桌吃，那每个菜分量要很小，而且牛大骨就要论根儿来卖。当分量变小，又论根儿来卖的时候，你想想，客单价是不是提高了，这就是贾国龙当时提出的"小吃小喝小贵"的原则。

所以，产品创新，是西贝成功的根本！

产品创新一：3 000 平方米到 300 平方米。

产品创新二：有包房到没有包房。

产品创新三：130 道菜到 33 道菜。

产品创新四：大分量变成小分量。

产品创新了，渠道创新了，生产方法也创新了，中央厨房生产，店里简单的加工，实现了独特价值——闭着眼睛点，道道都好吃；实现了总成本领先，还提高了客单价。西贝成功了。

前面我们讲熊彼特创新理论，讲创新的红利是短暂的，因为竞争对手会迅速模仿学习。创新的优势就没有了，需要再次创新了。那么，西贝从2013年开始，到2014年基本成型的创新，红利期有多少呢？观察的结果是到2018年，大概持续五年时间。

五年之后，从2018年开始显现出来，到2019年比较明显，这个创新红利开始消失了，从产品创新来说，除了菜品特色还在之外，"小店、小桌、小吃、小喝、小贵"的模式被广泛模仿，不是特色了；从渠道创新来说，五年前的新市场——shopping mall 太多了，单个 shopping mall 内的人流下降，我们又需要寻找新的市场。

资料来源：https://www.jianshu.com/p/d7b5e4a5b9c3

任务一　认识创新方法

创新是树，思维是花，方法就是如何使这棵树上的花开得多、开得美、开得长的方式、方法。如果把创新活动比喻成过河的话，那么方法就是过河的桥或船。创新方法是提高创新能力与创新成功率的有效工具。大学生应掌握各类创新方法，在学习生活中勤于实践，以提升自己的创新能力。

■ 任务描述

某公司想给新产品起个名称，可以运用什么创新方法？这种创新方法的主要作用是什么？

■ 知识链接

一、创新方法的概念

微课学习

所谓创新方法就是指创新活动中带有普遍规律性的方法和技巧，是人们通过研究有关创造发明的心理过程，在创造发明、科学研究或创造性解决问题的实践活动中总结、提炼出的有效方法和程序的总称。它是通过研究一个个具体的创新过程，如创新的题目是怎样确定的、创新的设想是怎样提出的、设想又如何变成现实等，从而揭示创新的一般规律和方法。例如，吸尘器由"除尘"到"吸尘"的变迁；汽车从手动挡到自动挡，再到现在各企业争相研发的无人驾驶等，无不体现着创新方法的魔力。

二、创新方法的特点和作用

（一）创新方法的特点

1. 可操作性。创新方法必须具有一定的实施程序和操作规程。能够按照一定程序或规程进行操作，从而取得创新成果的方法才是有意义的。

2. 可思维性。创新方法必须能有效地引发创新思维，能通过方法的操作步骤，逐步将创新者的思维引向深入，促进问题的求解。

3. 技巧性。创新方法在应用时离不开经验与技巧等因素的参与。一般来说，原理是解决问题的基础，方法是解决问题的前提，技巧是解决问题的保证。

4. 探索性。任何事情都有其独特性，因此应用创新方法时必须因人、因地、因时制宜，必须用探索的观点来运用创新方法，了解创新规律并指导创新活动。

由此可见，创新方法有规律可循、有步骤可依、有技巧可用、有方法可行。

（二）创新方法的作用

创新方法的应用不但可以启发人的创新思维，而且可以直接产生创新成果。同时，还能够提高人们的创新能力和创新成果的实现率。

创新方法一直为世界各国所重视。就我国而言，2008 年 4 月，我国科技部、国家发展改革委、教育部和中国科协四个部委共同发布了《关于加强创新方法工作的若干意见》；2018 年，首届中国创新方法大赛在湖南长沙举行，大赛的主题正是"创新创业，方法先行"。所有举措都说明：创新方法在发明创造活动中具有重要作用。据统计，目前共有 300 多种创新方法，可分为以下两大类。

第一类是偏于激励的方法。这种方法追求卓异，曲径通幽。例如，综摄法就属于这类方法中的联想类方法；逆向反转法、缺点逆用法和问题逆转法属于其中的逆类方法；而大家所熟知的头脑风暴法则属于该类方法中的集智类方法。第二类则是偏于理智的方法。这种方法追求完美，渐入佳境。例如，5W2H 法、奥斯本检核表法及和田十二分析法就属于这类方法中的设问类方法；缺点列举法属于其中的列举类方法；被各企业广泛应用的 TRIZ 法则属于该类方法中的程序类方法。

除此之外，我们还可以根据思维形式对创新方法进行分类。假如依托于我们的逻辑思维，根据方法原理可分为科学推理型、组合型、有序思维型；如果是非逻辑思维作用的结果，则可以分为联想型、形象思维型及列举型。

任务实施

1. 创新方法：_____

2. 主要作用：_____

_____

_____

综合评价：_____

 拓展阅读

创新方法应用

创新方法，是科学思维、科学方法和科学工具的总称，是更科学合理、更高效快捷引导创新研发开展、加快创新成果产出速度的理论体系和应用工具。实践证明，以TRIZ为主体、多方法融合的创新方法具有以下三个方面的功效：对企业而言，创新方法应用可增加80%～100%的专利数量，并提高专利质量。可提高60%～70%的新产品开发效率。可缩短一半的产品上市时间；对技术队伍而言，创新方法应用可拓展创新思维，增强解决问题能力、创新研发能力以及个人综合素养；对区域发展而言，创新方法应用可促进产业结构调整及产品转型升级，加快创新资源凝聚，浓郁创新发展氛围，提升区域经济收益。

"你可以等待100年获得顿悟，也可以通过这些原理用15分钟解决问题"。

一、国外创新方法推广应用典型案例节选

TRIZ应用案例：TRIZ是技术创新方法之一。韩国的三星公司1990年引入TRIZ系统，用它来进行发明思考。现在，每个新员工都要参加TRIZ培训，TRIZ已经成为三星的文化。2003年，三星TRIZ协会成立。由于三星集团在推广实施TRIZ过程中取得的突出成就，三星TRIZ协会成为国际TRIZ协会唯一的企业会员。三星机电SEM首次举办年度TRIZ竞赛。时任CEO尹钟龙表示：未来的发展取决于技术，而专利是技术的核心。2003年，三星电子产品生产因采用TRIZ理论指导项目研发而节约成本1.5亿美元，同时通过应用TRIZ理论研制开发的67项研发项目中有52项成果成功申请了专利。三星也因此在2003年成为全球品牌价值增幅之首；2004年，三星公司创造了全球市场份额第一的成绩；2005年，三星公司品牌价值达149亿美元；2006年，三星公司获得美国发明专利2 453项，公司市值突破了1 000亿美元，超过索尼公司410亿美元，从"技术跟随者"成了"行业领跑者"。

六西格玛应用案例：六西格玛是管理创新方法之一。摩托罗拉公司于1988年因推进六西格玛成为第一家荣获美国鲍得里奇国家质量大奖的公司。迄今为止，整个六西格玛项目给摩托罗拉带来的成本节约达到数百亿美元；R通用电气（GE）公司借鉴了摩托罗拉的成功经验，从1995年起开始在全公司全面推行六西格玛实践活动，取得了前所未有的成绩，并牢牢占据了本行业领先的地位；福特汽车公司引入六西格玛方法后，员工平均年节约成本达数千美元；Honeywell 公司从 1995 年开始实施六西格玛项目，到 2001 年从该项目中获益 35 亿美元。

二、国内创新方法推广应用成功案例节选

基于创新方法在创新主体培训、创新人才培养、创新思维拓展等方面的实际作用，在 863 计划、973 计划取消之际，国家创新方法专项仍得以保留，十三五期间国家创新方法专项将继续实施。

——海尔从 2009 年起开展新型洗涤技术的研发和"节水"洗衣机产品研发工作，并利用 TRIZ 方法进行各类节水节能新型洗涤方式的研究，确定了先进的产品研发方向，2011 年 6 月海尔推出了全球首台"魔粒"洗衣机，该产品是集新材料技术、新型洗涤技术以及产品结构设计于一体的全新概念的洗衣机，已申请 56 项专利。

——上海晨通科技集团在废空调铝箔回炉钢套筒与铝卷分离难题研究中，通过 TRIZ 理论的应用，利用设备卷曲轴的现有资源解决了这一行业技术难题，大大节省了人力和时间资源，将废铝卷分离时间从以前的 8 小时缩短到半小时，效率提高了 16 倍。

——天冠集团一年中应用 TRIZ 理论解决了包括国家重点实验室重大课题、河南省重大科技专项项目中及生产中的技术难题 12 项。已实施的研究课题为天冠集团新增效益 336.24 万元，全部项目若全部实施后可为天冠集团新增效益预计 1 800 余万元。

——一汽轿车集团应用管理创新方法后，销售规模增长从每年 6 万辆增长至 19 万辆，科技部时任部长万钢在一汽轿车的报告上批示指出："对创新活动的管理也是创新方法研究的一个重要内容，企业对各类技术创新的综合管理有助于推动产品以及产业链的创新，要高度重视这方面的工作。"

——武汉钢铁（集团）公司通过创新方法的应用，研发出的"冷轧汽车板表面质量自动评级系统"对关键缺陷分类准确率达到 90% 以上，超过了预定目标 85% 的要求，汽车板锌渣返修率≤8%，C 级板智能判级准确率≥85%。此外，该系统研发的成功经验可以分别推广到一冷镀锌组、二冷轧 2 号与 3 号热镀锌机组等表面检测系统。解决了行业共性关键难题，有效降低企业损失超过 2 000 万元。

资料来源：https://mp.weixin.qq.com/s/R_tu74-MJLLIlQKT3Qf4LQ

任务二　运用头脑风暴法

科技创新是国家强盛之基，创新是民族进步之魂。对于创新来说，方法就是新的世界，在改革创新之路上，只有不断探索符合实际的方法，才能让改革日臻佳境。

引导案例

滑雪板快递

安妮和瓦莱丽喜欢滑雪。她们不断寻找利用滑雪谋生的方式。在学校时，安妮和瓦莱丽发现了绘制思维图的方法——利用成组的气泡记笔记的方法。在一大张纸的中间，她们写下"滑雪"。在一个气泡里她们写下"旅行"。动力建立了起来。她们写下"初学者""青少年""女孩"和"父母"。然后她们写下"衣服""手套""裤子""太阳镜""靴子"和"鞋"。然后她们继续发挥想象力，写下"西部""东部""阿尔卑斯山脉""比赛""课程""旅行""乐趣""激动""溜冰板""交通""公共汽车"。

她们继续不断地探索着，直至想出了一个业务点子——①滑雪快递——在盐湖城附近的五个点提供周末往返班车前往滑雪胜地。每周她们都会选择不同的滑雪胜地。

她们开始预订旅程之后的两三周，她们又返回思维图，②"衣服"这个词一下子出现在她们的脑海中。她们前往一家主要的生产商，买光了她们的商品并在接下来的4周里以百分之百的利润卖给了其滑雪快递的顾客。

开业仅两个月，就有几名妇女询问安妮和瓦莱丽是否能够提供工作日旅行服务，这样她们就能趁孩子在校的时间去拥抱大山。一个新的市场出现了！一项市场空白被填补了！她们积极倾听顾客需求并推出了③"星期四滑雪"项目。

4月的某一天，顾客问安妮和瓦莱丽她们在夏天会有哪些举措。她们反问道："你们要在夏天做什么呢？"他们得到的回答一致都是："我们要骑山地车。"安妮和瓦莱丽于是就去探查骑山地车的路线。接下来与公共汽车司机交谈来决定她们的车是否有能力运送所有的自行车。掌握相关答案和完成市场调查后，④"山地快递"项目应运而生了。

资料来源：https://zhuanlan.zhihu.com/p/456894215

任务描述

《滑雪板快递》案例中应用到了什么创新方法？该方法的使用场景是什么呢？如何运用该方法呢？

知识链接

一、头脑风暴法的概念

看动画

头脑风暴法（Brain Storming，BS法）又称脑力激荡法、智力激励法、自由思考法，是由美国创造学和创造工程之父亚历克斯·奥斯本于1939年首次提出、1953年正式发表的一种激发性思维的方法，目的是通过找到新的和异想天开的解决问题的方法来解决问题。运用头脑风暴法

模块四 掌握创新方法

组织会议需针对某一主题，营造自由愉快、畅所欲言的气氛，让所有参加者自由提出想法或点子，并以此相互启发、相互激励、引起联想、产生共振和连锁反应，从而诱发更多的创意及灵感。俗话说，"三个臭皮匠，顶个诸葛亮"，正是奥斯本头脑风暴法的"中国式"译义。

二、头脑风暴法的基本原理

运用头脑风暴法的过程中，只专心提出构想而不加以评价，并且不局限思考的空间，鼓励天马行空，想出的主意越多越好。

三、头脑风暴法的作用

头脑风暴法可以帮助团队找出工作中的问题和机会；确定收集哪些材料；当做出因果图时帮助找出可能的原因；找出潜在的问题或机会的答案；找出实现答案的可能障碍等。

四、头脑风暴法的实施原则

1. 自由奔放去思考原则。就是要求与会者尽可能解放思想，无拘无束地思考问题并畅所欲言，不必顾虑自己的想法或说法是否"离经叛道"或"荒唐可笑"；欢迎自由奔放、异想天开的意见，与会者必须毫无拘束，广泛地想，观念愈奇愈好。例如，1901年，布斯看到风吹着灰尘到处跑，反转了此过程后，发明了吸尘器。又如，通常我们上下楼梯的时候，是人在动、楼梯不动；反过来，使楼梯动、人不动，就出现了电梯。

微课学习

2. 会后评判原则。禁止与会者在会上对他人的设想评头论足，排除评论性的判断。至于对设想的评判，留在会后进行，同时也不允许自谦。

3. 以量求质原则。鼓励与会者尽可能多地提出设想，以大量的设想来保证质量较高的设想的存在。设想多多益善，不必顾虑构思内容的好坏。

4. "搭便车"，见解无专利原则。鼓励与会者盗用别人的构思，借题发挥，根据别人的构思联想另一个构思，即利用一个灵感引发另外一个灵感，或者把别人的构思加以修改。例如，电脑显示器的屏幕保护/幻灯片播放功能，激发了"电子相框"的发明；根据飞机尾翼的设计概念，设计出了跑车的尾翼。

五、头脑风暴法的实施要求

运用头脑风暴法，首先应有主题，但不能同时有两个以上的主题，主题应单一；问题太大时，要细分成几个小问题；参与者的创造力要强，分析力亦要强，还要有幽默感；头脑风暴要在45～60分钟内完成；主持人要把构思写在白板上，字体清晰，以

63

启发其他人的联想；在头脑风暴后，对创意进行评价（即会后评价）；评价创意时，要做分类处理（即分类评价创意），可将其分为可以立即实施的构思，需较长时间加以研究或调查才能实施的构思及缺少实用性的构思。

六、头脑风暴法的实施步骤

1. 前期准备阶段。在前期准备阶段我们需要选定讨论的主题；选定参加者（一般不超过 10 名），其中记录员 1 名；确定会议时间和场所；准备好海报纸、记录笔等记录工具；布置场所，将海报纸（大白纸）贴于白板上，座位的安排以"凹"字形为佳。会议主持人应掌握头脑风暴法的一切细节问题，彻底了解头脑风暴法的基本原理、四大原则及要求等。

2. 头脑风暴阶段。在该阶段主持人需要介绍头脑风暴法的基本原理、四大原则及要求等，介绍本次会议主题，如与会者感到困惑，可做一个简单练习；然后，由主持人引导与会者提出各种构思，由记录员在白板上记录所有构思，主持人要鼓励与会者自由提出构思，直到各个与会者都无法再提出构思时，立即结束会议。

3. 评价选择阶段。该阶段是在会后以鉴别的眼光讨论所有列出的构思，也可以让另一组人来评价。首先，将会议记录整理分类后展示给参加者；然后，由参加者从效果和可行性两个方面评价各构思；最后，选择最合适的构思，尽可能采用会议中激发出来的构思。

任务实施

1. 创新方法：_____

_____

2. 使用场景：_____

_____

3. 运用方法：_____

_____

综合评价：_____

模块四 掌握创新方法

 **拓展阅读**

坐飞机扫雪

有一年,美国北方格外严寒,大雪纷飞,电线上积满冰雪,大跨度的电线常被积雪压断,严重影响通信。过去,许多人试图解决这一问题,但都未能如愿以偿。后来,电信公司经理为解决这一难题,召开了一次头脑风暴座谈会,参加会议的是不同专业的技术人员,经理要求他们必须遵守以下原则。

第一,自由思考。即要求与会者尽可能解放思想,无拘无束地思考问题并畅所欲言,不必顾虑自己的想法是否"离经叛道"或"荒唐可笑"。

第二,延迟评判。即要求与会者在会上不要对他人的设想评头论足,不要发表"这主意好极了!""这种想法太离谱了!"之类的"捧杀句"或"扼杀句"。至于对设想的评判,留在会后组织专人考虑。

第三,以量求质。即鼓励与会者尽可能多而广地提出设想,以大量的设想来保证质量较高的设想的存在。

第四,结合改善。即鼓励与会者积极进行智力互补,在增加自己提出设想的同时,注意思考如何把两个或更多的设想结合成另一个更完善的设想。

按照这种会议规则,大家七嘴八舌地议论开来,有人提出设计一种专用的电线清雪机;有人想到用电热来化解冰雪;也有人建议用振荡技术来清除积雪;还有人提出能否带上几把大扫帚,乘直升机去扫电线上的积雪。对于这种"坐飞机扫雪"的想法,大家心里尽管觉得滑稽可笑,但在会上也无人提出批评。相反,有一位工程师在百思不得其解时,听到用飞机扫雪的想法后,大脑突然受到冲击,一种简单可行且高效率的清雪方法冒了出来。他想,每当大雪过后,出动直升机沿积雪严重的电线飞行,依靠调整旋转的螺旋桨即可将电线上的积雪迅速扇落。他马上提出"用干扰机扇雪"的新设想,顿时又引起其他与会者的联想,有关用飞机除雪的主意一下子又多了七八条。不到一小时,与会的10名技术人员共提出90多条新设想。

会后,公司组织专家对设想进行分类论证。专家们认为设计专用清雪机,采用电热或电磁振荡等方法清除电线上的积雪,在技术上虽然可行,但研制费用大,周期长,一时难以见效。那种因"坐飞机扫雪"激发出来的几种设想,倒是一种大胆的新方案,如果可行,将是一种既简单又高效的好办法。

经过现场试验,发现用直升机扇雪真能奏效,一个久悬未决的难题,终于在头脑风暴会中得到了巧妙地解决。随着创造活动的复杂化和课题涉及技术的多元化,单枪匹马式的冥思苦想将变得软弱无力,"群起而攻之"的战术则显示出攻无不克的威力。

资料来源:http://www.795.com.cn/wz/52626 3.html

任务三　应用奥斯本检核表法

创新是一条敢为人先、勇立潮头的奋斗之路；创新是一条永无止境、不断超越的奋进之路。勇于用创新的理念革故鼎新，敢于用创新的方法攻坚克难，善于用创新的制度提升效能。

任务描述

试利用奥斯本检核表法对杯子进行创新改进，完成设计方案。

知识链接

一、奥斯本检核表法的含义

微课学习

创新的关键是能够发现问题，提出问题。而检核表法正是帮助人们面对任何事物都多问几个为什么的创新方法。

所谓检核表的意义就在于人们在考虑某一问题时，为了避免疏漏，把想到的重要内容扼要地记录下来制成表格，以便于以后对每项内容逐个进行检查。奥斯本检核表法正是引导主体在创造过程中对照9个方面的问题进行思考，以便启迪思路，开拓思维想象的空间，促进人们产生新设想、新方案的方法。奥斯本检核表法是一种产生创意的方法，在众多的创造方法中，这种方法是一种效果比较理想的方法。

奥斯本检核表法的基本做法如下：第一步，选定一个要改进的产品或方案；第二步，针对需要改进的产品或方案，或者其存在的某一问题，从不同角度提出一系列的问题，并由此产生大量的思路；第三步，根据第二步提出的思路，进行筛选和进一步思考、完善。

奥斯本创造的检核表原有9大项目76个问题，其实质就是从能否他用、能否借用、能否改变、能否扩大、能否缩小、能否替代、能否调整、能否颠倒、能否组合9个方面的76个角度，启发人们提出问题和思考问题，使人们的思路沿着正向、侧向、逆向及合向发散开来，是发散思维的典型应用。因此，它的侧重点是提出思考问题的角度而不是步骤，核心是启发和发挥联想的力量。

1. 能否他用

是否有其他用途？或改造后是否可作其他用途？例如，我们熟知的灯泡，除了照明外，还可用在烘烤的烤箱中；砖头可以改造为一个电炉盘。

2. 能否借用

能否从别处得到启发？能否借用别处的经验或发明？如借用功能、借用原理、借用创意、借用思路等，通过类比联想找到可供借鉴启迪的思路与技术，移花接木，借月生辉。例如，摩托车中使用的前悬挂系统来源于飞机的鼻端起落架，方便面的便捷激发了方便米粉、方便米饭的诞生。

3. 能否改变

可否通过改变获得新品？如改变功能、形状、材料、颜色、声音、味道、式样、花色等。

例如，1898年亨利·丁根把滚柱轴承中的滚柱改成了圆球，通过形状的改变发明了滚珠轴承。美国的沃特曼对钢笔尖结构做了改革，在笔尖上开了个小孔和小沟，通过结构的改变使书写流畅，成了钢笔大王。通过气味变化衍生出香味闹钟、香味领带、香味管理法等。通过颜色的变化寻找商机，如今各种产品都讲究颜色、造型以增加美感，"技术美学"由此创立。声音变化的运用比香味更早，科学已经证实了音乐的魅力，悦耳的音乐能够使人心旷神怡，激发创造力；轻松的音乐能提高人的学习效果，使乳牛多产奶，西红柿多结果。

4. 能否扩大

能否增加功能、时间、频度、强度、高度、长度、厚度、附加值、材料等，可添加、附加什么？使用范围可否扩大？如扩大体积，扩大功能，扩大需求，扩大形状，延长时间、长度，增加寿命、价值、强度、速度等。

例如，美国一家公司用聚丙烯处理水泥，使其弹性提高了30倍，抗冲击性提高了1 000倍，其刚度高于铝，韧性与有机玻璃相当，且防水、抗酸、抗碱、耐寒不开裂。日本化学公司制成一种乳胶液，将它加在钢筋混凝土中，可使其寿命从通常的60~100年增至500年，且有很强的抗腐蚀力，特别适于海洋建筑物。牙膏添加不同物质后可具有不同的功效。比利时科学家把人的基因植入油菜的遗传器官中，使这种在人脑细胞里只能少量合成的天然止痛基因——脑腓肽编码在油菜中产生。乙硫醇的臭气特别强烈，空气中只要有五千亿分之一，人们就可以闻得出来。所以，只要把极微量的乙硫醇混入煤气，就可以监视煤气是否有泄漏。

5. 能否缩小

能否缩小，如简化功能、缩小体积、压缩、变薄、减轻、分割、简略、简单化、拆折化、自动化、省力化、微型化等。通过省略部件、结构和程序的思路实现。

微课学习

例如，台式电脑缩小体积后诞生了笔记本电脑、平板电脑。瑞士提琴制造家史奈德精心制作了长度只有3.3厘米的袖珍小提琴，由著名小提琴家史兹克斯于1992年10月18日在维也纳公开演奏，引起轰动。阿根廷用转基因技术培育出高67厘米、重45千克的"袖珍牛"，已与游人见面，另外还培育出了矮型马、驴、绵羊、山羊等。还有不用内胎的自行车、一按即好的"傻瓜照相机"等。

在企业管理中，减去那些可有可无的环节，使生产过程简化。例如，日本丰田严格实行"准时性"管理，使前一道工序的产品，正好是下道工序所需的量，因而减少了车间储存的管理环节，降低了成本。现代技术正在向"短路化"进军，这是因为技术转化的环节越多，往往效率也越低，现代企业结构扁平化同样可使管理"短路"更直接有效。美国从事管理咨询的卡尼公司对41家大企业进行调查后发现，优胜企业的组织层次比失败企业少4层。拆折化是缩小的重要途径之一，主要是通过折叠、弯曲、盘卷、排放气体（液体）、拆卸等方法，让产品在非使用状况下变小，如折叠自行车。

6. 能否替代

能否由别的东西代替？能否利用其他材料、原理、方法、能源、成分等代替？

例如，用塑料、铁代替木材，可制成塑料筷、铁筷；随着科技的发展，"电脑汉字激光照排"印刷术代替了铅字印刷术；用甜菜制成的无毒印泥代替传统印泥，减少了猪肉的浪费。

7. 能否调整

能否调整顺序、布局、型号、规格、元件、速度、程序、连接、位置、因果关系等。

例如，将早期飞机的螺旋桨调整位置后，安装于头部，就成了直升机。

8. 能否颠倒

能否正反颠倒、上下颠倒、主次颠倒、位置颠倒、作用颠倒等。

这是一种逆向思维，如以毒攻毒、欲擒故纵、危机管理、废物利用等均为反向创新。可以让物体可动部分不动，不动部分可动，如加工中心中变工具旋转为工件旋转，健身器材中的跑步机，商场、车站等处的自动扶梯，还有大家所熟知的故事"司马光砸缸"，这些都是能否颠倒的典型应用。

9. 能否组合

能否进行原理、方案、功能、形状、材料、部件的组合等。

例如，清华大学研发的石墨烯人工喉，中国科学院深圳先进技术研究院研发的意念可控假肢，哈尔滨工业大学加州大学圣地亚哥分校研究团队研发的医用纳米机器人等。可以看出世界上任何事物都是由较为初级简单的事物组合而成的，所以组合被认为是创造创新的源泉。

二、奥斯本检核表法的使用原则

在使用奥斯本检核表法时，需要注意以下几点。

1. 要一条一条地进行检核，不要有遗漏。
2. 多检核几遍，效果会更好，或许会更准确地选择出所需创造、创新、发明的方面。
3. 检核每项内容时，要尽可能地发挥自己的想象力和创新能力，产生更多的创造性设想。
4. 检核方式可根据需要确定，一人检核也可以，三至八人共同检核也可以。集体检核可以互相激励，产生头脑风暴，更有希望创新。

模块四　掌握创新方法

▶ 任务实施

方案呈现：_____

_____

_____

_____

_____

综合评价：_____

▶ 拓展阅读

【创新人物】　亚历克斯·奥斯本

亚历克斯·奥斯本（1888年5月24日—1966年5月4日），创造学和创造工程之父，头脑风暴法的发明人，美国著名的创意思维大师，美国BBDO广告公司创始人，前BBDO公司副经理。他的许多创意思维模式已成为家喻户晓的常有方式。

1941年出版的《思考的方法》提出了世界上第一个创新发明技法——智力激励法。智力激励法又称为头脑风暴法（Brain Storming）或BS法，这种方法的目的是通过找到新的和异想天开的解决问题的方法来解决问题，是指一组人员通过召开特殊的专题会议形式，针对某一特定问题，与会成员之间互相交流、互相启迪、互相激励、互相修正、互相补充、集思广益，从而达到产生大量新设想的集体性发散技法。这是世界上最早付诸实践的创新技法，因此，大家都称他为"头脑风暴法之父"。头脑风暴法由奥斯本发明后在世界各国大受欢迎，当然，要想发挥最佳作用，它必须遵循四项基本原则。此法经各国创造学研究者的实践和发展，至今已经形成了一个发明技法群，如奥斯本智力激励法、默写式智力激励法、卡片式智力激励法等。1941年出版的世界上第一部创新学专著《创造性想象》，提出了奥斯本检核表法，此书的销量达到了4亿册，一度超过《圣经》的销量。20世纪40年代，奥斯本在其公司发起创新研讨。1953年奥斯本和帕内斯教授在纽约州立大学布法罗分校创办了世界上第一个创造学系，开始招收创造学专业的本科生和硕士研究生。1954年，奥斯本作为布法罗大学的董事会成员，促成该校建立"创新教育基金会"，开创了每年一度的创造性解决问题讲习会，并任第一任主席。"一日一创"的奥斯本文化程度不高，没有上过大学。1938年，21岁的他失业。他时刻梦想着做一名受人尊敬的新闻记者。为了实现自己的梦想，他鼓足勇气去一家小报社应聘。主编问："你有多少年的写作经验？"奥斯本回答："只有

人工智能时代创新创业思维与实践

三个月。不过请你先看看我写的文章吧！"主编接过他的文章看了后，摇着头说："年轻人，你这篇文章写得不怎么样，你既无写作经验，又缺乏写作技巧，文笔也不够通顺；但是你这篇文章也有独到的地方，内容上有独到的见解，这个独到的东西是创新。这就很可贵！凭这一点，我愿意试用你三个月。"奥斯本由此领悟到"创新性"的可贵，明白了自己的优势所在，他决心做一个具有创新能力的人。他反复研究主编给他的大摞报纸，又买回其他报纸进行比较。第一天上班后，奥斯本迫不及待地冲进主编的办公室，大声说："主编先生，我有一个想法。"主编瞪大眼睛看着这个毛头小伙子。他不顾主编的表情，只顾着自己的思路说下去："广告是报纸的生命线，我们无法与各大报纸竞争大广告，而小工厂、小商店也做不起大广告，他们又急于把自己的产品或商品告诉更多的人，我们何不创造头条广告，以低廉的收费满足这一层次工商者的需要呢？"主编说："好啊！真是一个了不起的想法！"这就是现在报刊上广泛采用的一条一条的分类广告。奥斯本坚持每天提一条创新性的建议，两年后，这张小报成了一个实力雄厚的报业托拉斯，奥斯本也当上了报业集团拥有巨额股份的副董事长。

资料来源：https://mp.weixin.qq.com/s/9vitQtR6sDeDIL_DiQzsAQ

任务四　应用六顶思考帽

对于创新来说，方法就是新的世界，最重要的不是知识，而是思路。

任务描述

在思考问题或者多人开会讨论问题时，当有人提出一个新观点时，我们本能地会判断这个主意是"行"还是"不行"，经常会有人马上会提出质疑（并且确实有理），然后对方也会辩论。每一方都试图用逻辑和推理来证明对方是错的。最后，辩解占用太多时间，结果也常常令人失望。类似的冲突，每天都在上演，无论是工作中，还是生活中。尽管辩论是一种有效的思维工具，但把它作为最主要的思维方法却存在很大的局限性。这不仅会造成沟通效率的低下，还会大大破坏团队的凝聚力，影响团队的协作。要避免这类情况发生，可以用到什么创新方法呢？试着用该方法分析一下毕业以后是继续深造还是直接就业呢？

知识链接

六顶思考帽法是英国学者爱德华·德·博诺博士开发的一种思维训练模式，或者说是一个全面思考问题的模型。在一些争论中，争论的双方常常都是对的，只是因为他们看到的是事物的不同侧面，所以产生了争论。这就好比一座漂亮的大房子，四个

模块四　掌握创新方法

人分别站在房子的四面，他们看房子时都有不同的视角。在对抗思维中，如果两个人互相争论，那么每一方都企图证明对方是错的。但在平行思考法的世界里，事情就简单多了，这四个人会绕着房子转上一圈，努力开辟出一条涵盖多种可能性的路。平行思考法，要求同一时刻的每个人都看向同一方向，从一个角度和侧面进行思考，两种观点不论如何互相

微课学习

冲突，都会被平行的同等对待。平行思维避免了浪费时间的争论和漫无目标的讨论。而六顶思考帽法正是用平行思维替代了对抗思维。

爱德华·德·博诺博士是平行思维理论的创立者，也是《六顶思考帽》的创作人。他在世界企业界和教育界拥有举足轻重的影响，被誉为"创新思维之父"，他在历史上第一次把创造性思维的研究建立在科学的基础上。

为什么要用帽子来比喻呢？这是因为帽子和大脑直接相关，"思维"和"帽子"之间有传统意义上的联系，将帽子和思维联系，使平行思维实用、易记，再用颜色加以区别，就是希望人们可以像换帽子一样轻易地转变思维类型，一顶帽子象征着一种角色。

六顶思考帽的价值在于只是提出一种规则，不同颜色代表不同的行为模式，令大脑在不同方向上的敏锐度达到极致。白色思考帽代表资料与信息，红色思考帽代表情绪，黑色思考帽代表逻辑与批判，黄色思考帽代表积极与乐观，绿色思考帽代表创造，蓝色思考帽代表系统与控制。他们分工明确，各司其职，可以单独使用一顶帽子，也可以有规则地连续使用以解决问题。

一、六顶思考帽的内涵

微课学习

1. 白色思考帽

白色是中立而客观的。戴上白色思考帽，人们关注的是客观事实和数据。

当戴上白色思考帽时，不需要加以解释，只需要中立、客观地举出事实即可。需要特别注意，所谓的事实是被验证过的事实，还是有待验证的事实。有待验证的事实即只来自个人信仰或信念的陈述，不能以科学实验去验证的事物。有待验证的事实也可以被运用在白色思考帽中，但必须清楚地说明，这些都是次级的事实。这就涉及了一个概念：双层次的事实系统，也就是验证的事实和有待验证的事实。

单独使用白色思考帽，会打消不切实际的念头，影响人们做出的决定。白色思考帽可以用来评价新情况、解决争端、谈判。

2. 红色思考帽

红色思考帽与白色思考帽完全相反，白色是中立客观而且不带任何感情色彩的，而红色则充满了情绪和感觉。红色是情感的色彩，是关于情绪、感觉和非理性的思考。它是让人们如实地表达出他们的感觉，而不是下一个结论。这类感觉可以是普通的感情，如强烈的恐惧、不喜欢和比较微妙的感觉（如怀疑）等，也可以是较复杂的感觉，如直觉、预感、知觉、品

微课学习

71

味、审美观和其他无从目测的感觉等。在使用红色思考帽时，我们可以表达自己的感觉、预感和直觉，无须论证或说明理由。

红色思考帽单独使用时，主要用来征求团队意见、探索内心情感、对决策进行投票、预测一种想法的可接受性。

3. 黑色思考帽

戴上黑色思考帽，人们可以运用否定、怀疑、质疑的看法，合乎逻辑地进行批判，尽情发表负面的意见，找出逻辑上的错误。

黑色思考帽一是强调"谨慎"，这能够把我们的注意力集中在值得警惕的事情上。二是强调"符合"：这个意见符合我们过去的经验吗？符合我们的伦理规范和价值观吗？符合我们的资源条件吗？符合已知的事实和他人的经验吗？

在运用黑色思考帽时，它可以帮助我们做出最佳决策，指出遇到的困难，弄清为什么某个事件失效等。用在黄色思考帽之后，它是一个强大的评估工具；和绿色思考帽一起使用时，则能提供改进和解决问题的方法。黑色思考帽单独使用时，可以避免错误，变化评估，检查可行性。

4. 黄色思考帽

黄色代表价值与肯定。戴上黄色思考帽，人们要从正面考虑问题，表达乐观的、满怀希望的、具有建设性的观点。黄色思考帽是一种正面的评估，会探索事物的利益和价值，然后努力地为他们寻找合理的证明。它可以提出具体的建议和提案，它关心的是如何操作，如何让事情成功，是具有建设性和启发性的思考，强化了创造性方法和新的思维方向。

黄色思考帽单独使用时，主要用来探寻新观点，减少负面性，处理重大变化，检查忽略的价值等。

5. 绿色思考帽

绿色代表茵茵芳草，象征勃勃生机。绿色思考帽寓意创造力和想象力，戴上它，人们应发挥主观能动性，进行创造性思考。

微课学习

绿色象征勃勃生机，代表着生命力和创造力。绿色思考帽寓意为创造力和想象力，带上它，人们必须提出创造性的意见或解决方案。在使用绿色思考帽时，需要寻求新想法，为"创造"提供时间和空间，同时平衡黑色思考帽的主导地位。

绿色思考帽单独使用时，只是寻求改进，寻求更多新方法和新理念，无须其他的束缚。

6. 蓝色思考帽

蓝色思考帽负责控制和调节思维过程。它负责控制各种思考帽的使用顺序，规划和管理整个思考过程，并负责做出结论。

当前五项帽子的思考方法在一个组织当中同时运行时，就需要运用蓝色思考帽安排思考过程中其他帽子的使用顺序。可以说它是一顶"主持人的帽子"。

蓝色思考帽单独使用时，可以在争论中提供思维架构、保持思维轨迹、探寻主题，最重要的一点是要求结果和设定时间限制。

二、六顶思考帽的实施步骤

一个典型的六顶思考帽法在实际中的应用可以按照下面的步骤实施。

1. 运用"白色思考帽"来思考、搜集各环节的信息，收取各个部门存在的问题，获得基础数据。
2. 戴上"绿色思考帽"，用创新思维来考虑这些问题，不是一个人思考，而是各层次管理人员都用创新的思维去思考，大家提出各自解决问题的办法、好的建议、好的措施。也许这些方法不对，甚至无法实施，但是，运用创新思考方式就是要跳出一般的思考模式。
3. 分别戴上"黄色思考帽"和"黑色思考帽"，对所有的想法从"光明面"和"良性面"进行逐个分析，对每一种想法的危险性和隐患进行分析，找出最佳切合点。"黄色思考帽"和"黑色思考帽"这两种思考方法，就好像是孟子的性善论和性恶论，都能进行否决或都能进行肯定。
4. 戴上"红色思考帽"，从经验、直觉上对已经过滤的问题进行分析、筛选。
5. 戴上"蓝色思考帽"，进行总结陈述，得出最佳方案。

在使用六顶思考帽法的过程中，需注意以下要求：帽子需要按照顺序使用，一个接着一个。在某一顺序中，任何一顶帽子都可以根据需要多次使用，也可以有若干颜色的帽子不被使用。最理想化的状态就是帽子的顺序能够事先被设定，而且，每个部分应该以蓝色思考帽作为开始和结束。没有唯一正确的帽子使用顺序，使用顺序会随着主题和思考者的不同而存在差异。

任务实施

1. 使用方法：_____

_____

2. 分析过程：_____

_____

_____

_____

综合评价：_____

人工智能时代创新创业思维与实践

 拓展阅读

六顶思考帽法的应用

1996年，欧洲最大的牛肉生产公司ABM公司由于疯牛病引起的恐慌一夜之间丧失了80%的收入。借助六顶思考帽，12个人用60分钟想出了30种降低成本的方法和35项营销创意，将它们用黄色帽子和黑色帽子归类，筛选掉无用的后还剩下25项创意。靠着这25个创意，ABM公司度过了6个星期没有收入的艰苦卓绝的日子。

全球最大的保险公司Prudential（保德信）长期运用"六顶思考帽"，其总部的地毯就是用彩色的"六顶思考帽"图案编织而成。Prudential保险公司运用爱德华·德·博诺的思维方法把传统的人寿保险投保人死亡后支付保险金改革为投保人被确诊为绝症时即可拿到保险金。这种方法目前已经被许多国家的保险公司效仿，被认为是人寿保险业120年来最重要的发明。

六顶思考帽还曾经拯救了奥运会的命运，1984年洛杉矶奥运会的主办者就是运用了"六顶思考帽"的创新思维，使奥运会从"烫手山芋"变成了今天的"炙手可热"，并且获得了1.5亿美元的盈利。2002年5月，爱德华·德·博诺曾应邀来华为北京奥运组委会官员做"六顶思考帽"培训，当时中国媒体曾为"六顶思考帽"的神奇惊呼。

资料来源：https://wenku.baidu.com/view/ab42feb169dc5022aaea00bc.htm

任务五　应用综摄法

创新的"高原"为"高峰"提供屹立之地，创新的"高峰"为"高原"立起标杆。以创新办法寻求化解矛盾的"钥匙"；以创新思路萃取化繁为简的"良方"；以创新举措打开实现突破的"锦囊"。

 任务描述

冰输油管的诞生

某南极探险队初次到南极过冬，没经验，在用输送船把汽油运到越冬基地时，才发现输送管的长度不够。又没有备用的管子，不知如何解决这一问题？

大家用综摄法提出了数十种建议，但都有一定的局限性。随后通过净化问题、理解问题等分析过程，最终激励产生了"用冰来做输油管"的创造性设想。

探险队队长考虑到南极非常冷，滴水成冰，于是很快就有了灵感："用医用绷带缠在铁管子上，淋水结冰，再拔出铁管，便形成了冰管子。再一节节地连接，要多长就有多长。"

在整个创造性构想中，首先是找出冰管来代替输油管，其次是将绷带的机能由包扎伤口转为包缠铁管。通过已知的事物做媒介，将毫无关联、不相同的知识元素有机地结合起来，也就是提取各种事物的长处，把它们综合在一起，创造性地找出了解决问题的办法。

看动画

资料来源：https://www.xzbu.com/2/view-374533.htm

《冰输油管的诞生》案例中运用到了什么创新方法？试着再收集两个该方法使用的应用案例。

 知识链接

一、综摄法的含义

综摄法是指通过已知的东西做媒介，把毫无关联的、不相同的知识要素结合起来，摄取各种产品的长处并将其综合在一起制造出新产品的一种创新方法。

微课学习

二、综摄法遵循的原则

运用综摄法时，要遵循"异质同化"和"同质异化"两个基本原则。

异质同化就是"变陌生为熟悉"的过程，是一种设法把自己初次接触到的事物或新的发现联系到自己早已熟悉的事物中去的思维方式。即把陌生的事物看成熟悉的事物，用熟悉的观点和角度认识陌生事物，认为陌生的事物具有与熟悉事物同样的性质、功能、构造、用途等，从而把陌生事物熟悉化，把陌生问题转为熟悉问题，得到关于新事物的创造构思。

同质异化，则是"变熟悉为陌生"的过程，是指通过新的见解找出自己非常熟悉的事物中的异质观点的思维方式。即用陌生的眼光看待熟悉的事物，利用与以往的观点和角度完全不同的观点和角度来观察已知的事物，找出已知事物的新性质、新用途、新功能、新结构、新结合等。

综摄法也被称为类比法。它的思维过程是应用类比联想思维进行创造。利用未知事物各种因素与已知事物各种因素，通过同质异化和异质同化的两个基本创造过程，越过两种事物表面上的无关，把他们联系和组合起来，以求得富有新意的创造性构思。通过对各种不同事物进行类比，将会不断产生出新颖的创造性设想，获取更多的创造成果。类比是由已知通向未知的桥梁，在创造发明活动中具有特别重要的意义。

我们可以通过直接类比、拟人类比、象征类比、幻想类比、因果类比、仿生类比、对称类比、综合类比等进行创造发明。

1. 直接类比

直接类比是指根据原型启发，直接将一类事物的现象或规律搬到另一类事物上去而创造出新事物的类比方法。例如，美国有一位制瓶子的工人，偶尔看到女友穿了一条漂亮的裙子，裙子的膝盖以上部分较窄，显得腰部线条更优美。这位工人就联想到了玻璃瓶子，进而设计出别开生面的"可口可乐"瓶。

2. 拟人类比

拟人类比是指将创造对象"拟人化"，赋予其人格、人的行为和人的功能，以获得创意和创造成果的类比方法。例如，挖土机的问世就是模拟人体手臂的动作来进行设计的，它的主臂如同人的手臂，可以上下左右弯曲，挖斗如同人的手掌，可以插入土中，将土挖起。

3. 象征类比

象征类比是一种通过具体事物的形象或象征符号来表达某种抽象的概念或情感的类比方法。在创造活动中，象征类比法的运用，往往别出心裁，给人耳目一新的感觉。例如，北京 2008 年奥运会吉祥物"五福娃"，贝贝、晶晶、欢欢、迎迎、妮妮象征着"北京欢迎您"，使抽象的欢迎语形象化，使海内外参加奥运会和关注奥运会的人感到格外的亲切。

4. 幻想类比

幻想类比是在创意思维中用超现实的理想、梦幻或完美的事物类比创意对象的类比方法。例如，有人根据孙悟空的金箍棒能变大变小、收缩自如的特点，进行幻想类比，发明了可以收缩的自行车。

5. 因果类比

因果类比可根据一事物的因果关系，推测出另一事物的因果关系。例如，在合成树脂（塑料）中加入发泡剂，使合成树脂中布满无数微小的孔洞，这样的泡沫塑料既省料，重量也轻，并有良好的隔热和隔音性能。日本一个叫铃木的人运用因果类比，联想到在水泥中加入一种发泡剂，使水泥也变得既轻又具有隔热和隔音的性能，发明了一种气泡混凝土。

6. 仿生类比

仿生类比就是在创意、创造活动中，将生物的某些特性运用到创意、创造上。例如，可以载重 40 多千克行进速度每小时能够达到 80 千米的四足机器人。

7. 对称类比

对称类比是指根据某些事物所具有的对称性的特点来进行对比性创新的一种类比方法。例如，英国物理学家狄拉克从描述自由电子运动的方程中，得出正负对称的两种能量解。一个能量解对应着电子，那么另一个能量解对应着什么呢？通过对称类比，他提出了存在"正电子"的大胆假设，后来由美国的安德学在宇宙射线实验中得到证实，这是首次发现的反粒子。

8. 综合类比

综合类比是指根据一个对象要素间的多种关系与另一对象综合相似而进行的类比。

模块四　掌握创新方法

综摄法是一个流程化的方法，其具体操作步骤如下。

（1）提出问题。提出待解决的问题，可由小组成员提出；也可来自外界，通过主持人宣读。

（2）专家分析。提出问题后，专家先对该问题进行解释和概要分析。

（3）净化问题。小组成员逐一谈想法，然后提交专家进行评价，由专家将十分新颖且具有启发性的观点记录下来，并做好标记。

（4）理解问题。从选择问题的某一部分入手，每一个参与者都要描述所感知到的问题，写下一种或多种见解，或者以期望性、理想化的语言对问题进行再定义。

（5）类比畅想。这一步是综摄法的关键所在。首先，主持人提出一些需要或激发类比性答案的问题。其次，小组成员用类比法进行创造性思考，提出具体的类比想法。最后，主持人从众多具体的类比想法中选择一种来进行详细分析或阐释。

（6）牵强配对。这一步通常有两种做法：戈登的做法是把类比畅想（第五步）与被理解的问题（第四步）牵强地进行配对。在这种情况下，通常会激发产生极具创造性的想法。另一种做法是把两种元素牵强地联系在一起，同时尽其所能幻想，将二者联系起来。

（7）实用配对。在此阶段，要有效结合解决问题的目标，对之前开发出的类比案例进行深入研究，从类比的例子中彻底找出更明确、详尽的启示。

（8）制定方案。使用综摄法最终要形成对问题的新观点和解决方法，要充分发挥专家的作用，把创意构思转化为对问题的解决方案。

任务实施

1. 使用方法：＿＿＿＿＿＿＿＿＿＿＿＿＿＿＿＿＿＿＿＿＿＿＿＿＿＿＿＿＿＿＿＿

2. 案例1：＿＿＿＿＿＿＿＿＿＿＿＿＿＿＿＿＿＿＿＿＿＿＿＿＿＿＿＿＿＿＿＿＿

案例2：＿＿＿＿＿＿＿＿＿＿＿＿＿＿＿＿＿＿＿＿＿＿＿＿＿＿＿＿＿＿＿＿＿

综合评价：_____

拓展阅读

详解六何法/5W1H分析法

六何法，又称6W分析法或5W1H，即何人（Who）、何事（What）、何时（When）、何地（Where）、何解（Why）及如何（How）。由这六个疑问词所组成的问句，都不是是非题，而是需要一或多个事实佐证的应用题。有时"如何"不计在内，因为"如何"可以被"何事""何时"和"何地"描述，变成"五何法"。

6W为西方的分析问题方法的总结，中华文化有"知其然，而不知其所以然"。"一问三不知"的典故出处《左传·哀公二十七年》：君子之谋也，始、衷、终皆举之，而后入焉。今我三不知而入之，不亦难乎！

邓拓在他的《变三不知为三知》一文中，对"始、中、终"做了很详细的阐述：'始'，就是事物的起源、开端或创始阶段，它包括了事物发展的历史背景和萌芽状态的种种情况在内。'中'，就是事物在发展中间的全部过程情形，它包括了事物在不断上升或逐步下降的期间各种复杂变化过程在内。'终'，这就是事物发展变法的结果，是一个过程的终了，当然它同时也可以说是另一个新过程的开始。

另外，利用佛学中的四谛也能够概括两重的因果关系（即是迷界的因果和悟界的因果），也可以用作分析问题。

5W+1H：是对选定的项目、工序或操作，都要从原因（何因Why）、对象（何事What）、地点（何地Where）、时间（何时When）、人员（何人Who）、方法（何法How）六个方面提出问题进行思考。

1. 对象（What）——什么事

公司生产什么产品？车间生产什么零配件？为什么要生产这个产品？能不能生产别的？我到底应该生产什么？例如，如果这个产品不挣钱，换个利润高点的好不好？

2. 场所（Where）——什么地点

生产是在哪里干的？为什么偏偏要在这个地方干？换个地方行不行？到底应该在什么地方干？这是选择工作场所应该考虑的。

3. 时间和程序（When）——什么时候

例如，这个工序或者零部件是在什么时候干的？为什么要在这个时候干？能不能在其他时候干？把后工序提到前面行不行？到底应该在什么时间干？

4. 人员（Who）——责任人这个事情是谁在干？为什么要让他干？

如果他既不负责任，脾气又很大，是不是可以换个人？有时候换一个人，整个生产就有起色了。

5. 为什么（Why）——原因为什么采用这个技术参数？为什么不能有变动？为什么不能使用？为什么变成红色？为什么要做成这个形状？为什么采用机器代替人力？为什么非做不可？

6. 方式（How）——如何手段也就是工艺方法，例如，我们是怎样干的？为什么用这种方法来干？有没有别的方法可以干？到底应该怎么干？有时候方法一改，全局就会改变。

课后练习

一、判断题

1. 创新的各种方法之间界限清楚，自成一体。（　　）
2. 头脑风暴的会议时间没有限制，越长越好。这样才能进行充分的讨论，激发更多的联想，产生更多的设想。（　　）
3. 目标不清晰不会影响头脑风暴的效果。（　　）

二、不定项选择题

1. 下列关于六项思想帽的配对哪一个是错误的？（　　）
   A. 主观——白帽　　　　　　　B. 收敛——蓝帽
   C. 情绪——红帽　　　　　　　D. 发散——绿帽
2. 令人开心的哈哈镜使用了检核表法中的哪个检核项目？（　　）
   A. 能否他用　　　　　　　　　B. 能否借用
   C. 能否改变　　　　　　　　　D. 能否组合
3. 准备长途旅行时，我们一般会预先制定一个需要携带的物品清单，在出发前逐项检查核对，这种做法类似下列哪个创新方法？（　　）
   A. 头脑风暴法　　　　　　　　B. 检核表法
   C. 和田十二法　　　　　　　　D. 5W2H法
4. 正电子的发现是狄拉克通过（　　）而来的。
   A. 直接类比　　　　　　　　　B. 因果类比
   C. 对称类比　　　　　　　　　D. 幻想类比
5. 一个典型的六项思考帽法在实际应用时的正确顺序是（　　）。
   ①评估建议的优缺点；
   ②陈述问题事实，并提出解决问题的建议；
   ③总结陈述，得出方案；
   ④对各项选择方案进行直觉判断。
   A. ④①②③　　　　　　　　　B. ④③①②
   C. ②①④③　　　　　　　　　D. ②④①③

6. 哪些不属于学习六项思考帽法的优势？（　　）
   A. 培养不同的思考方式　　　　B. 计划性思考
   C. 引导注意力　　　　　　　　D. 实现自我
7. 头脑风暴法适用于下列哪些领域？（　　）
   A. 研究产品名称　　　　　　　B. 设计广告口号
   C. 探寻销售方法　　　　　　　D. 复杂问题的求解

三、简答题

1. 针对"如何改善城市拥堵的交通状况"，运用头脑风暴法提出解决方案。

2. 利用奥斯本检核表法，构思出智能手机的创新思路。

3. 某公司最近遇到了一个困扰，公司员工主要是依靠电脑、网络进行办公，但办公室的电脑速度越来越慢，公司领导打算召开一次员工讨论会，运用"六项思考帽"商议如何优化电脑的运行速度。请以小组为单位，运用六项思考帽法为该公司出谋划策。

模块五

体验创新发明

学习目标

◇ **知识目标**
- 掌握发明的概念，理解发明与创新的关系
- 了解发明的种类
- 了解创新成果的概念、特征及分类
- 掌握保护创新成果的相关法律知识

◇ **能力目标**
- 能结合发明的相关知识进行创新发明思考
- 能够运用相关法律知识保护自己的创新成果
- 学会申请实用型专利和外观专利

◇ **素质目标**
- 树立科技创新与发明意识，积极进取、奋发前行、与时俱进
- 了解我国在科技创新和知识产权保护领域取得的成效，树立保护创新成果、尊重知识产权的意识，增强民族自信

党的二十大报告指出："坚持面向世界科技前沿、面向经济主战场、面向国家重大需求、面向人民生命健康，加快实现高水平科技自立自强。以国家战略需求为导向，集聚力量进行原创性引领性科技攻关，坚决打赢关键核心技术攻坚战。加快实施一批具有战略性全局性前瞻性的国家重大科技项目，增强自主创新能力。"

> **引导案例**

杭职院学生发明旅行神器一个行李箱瞬间变成两个大

外出旅行,难免买些好吃好玩的,到返程整理箱子的时候,很多人都遇到过一个崩溃的事情:原本带的箱子,根本塞不下为亲朋好友带的纪念品,不得不临时再买个新箱子。而杭州职业技术学院大二学生王佳炎给出的解决方法是:自己动手设计制造一个容量能大能小的旅行箱。

在日前举行的浙江省第十六届"挑战杯"大学生课外学术科技作品竞赛上,这个创新又实用的作品获得了一等奖。

与很多年轻人一样,王佳炎爱好旅行,一空下来就喜欢拖着旅行箱四处游玩。每次出门前,有一个问题总是困扰着他:应该带一个大箱子还是小箱子?

去年年初,王佳炎带着一个 20 寸的小箱子去桂林旅游,结果要回家的时候发现,东西根本塞不下了,"这个时候我就想,要是箱子可以伸缩,可以变成 24 寸的,该多好。"

回到学校,就读工业设计专业的王佳炎,把这件旅行囧事和班里的小伙伴们吐槽了一番,并提出了设计可伸缩旅行箱的想法,"能不能设计出一款根据随身物品增减可以进行容量调节的旅行箱"。

想到了就去试试,王佳炎和小伙伴杨帆、王思佳、叶灵杰立马行动起来,从最开始的调研,到后来的草图绘制、方案修改、最终定稿,到后来的三维建模、首版模型,再到最后选取材质、反复试验、做出成品模型"X-Lite suitcase 超伸缩旅行箱",整个设计过程用了一年多时间。

"我们从大一就开始设计这个行李箱,现在都快要读大三了,产品更新了好几代。"王佳炎告诉记者,"最开始,我们设计的是布料伸缩帘,既不能调节挡位,用起来也很费力,马上被否定了。"

现在,最新面世的旅行箱,用的是铝合金的"X"形伸缩支架,根据箱内物品的增减,可以多挡调整箱体厚度,进行相应的容量调节,箱体容积可以扩增至收缩状态的两倍,也就是一个箱子可以变为两个箱子那么大。

记者仔细观察了这个"X-Lite suitcase 超伸缩旅行箱",其中的可伸缩机构,主要由"X"形伸缩支架、控挡卡条结构及外部风琴防水罩式结构等部分组成,伸缩调节过程顺畅、控挡稳定。

目前,这个超伸缩旅行箱已经通过了浙江方圆检测集团股份有限公司的检测认证,获得了行业承认的质量检测报告,还受到了企业的青睐,签订了技术开发合同。

王佳炎透露,箱子在结构方面还在继续完善,与他们签订合同的企业主要是面对国外市场,"因为准备作为外贸产品销售,对产品各方面质量要求都非常高,当我们的箱子完善到符合外贸产品的标准后,就会推向市场。到时候,消费者就能在市面上买到这个超伸缩旅行箱了"。

资料来源:http://edu.people.com.cn/GB/n1/2019/0529/c1053-31108469.html

模块五　体验创新发明

任务一　开展创新发明

创新改变生活，发明改变世界，科技创新与发明极大地推动了社会的发展。创造力是上天赐予我们最珍贵的礼物，它能给我们带来很多意想不到的惊喜与精彩。一个人要想取得成就，一个民族要想走在时代前列，就一刻也不能停止各种创新发明。大学生是最富活力、最具创造性的群体，理所当然应该走在创新发明的前列，做锐意进取、开拓创新发明的时代先锋。

任务描述

每人收集一个发明案例，分析案例的创新点是什么？

知识链接

一、发明与创新的关系

（一）发明的概念

发明是指应用自然规律，解决技术领域中特有问题而提出创新性方案、措施的过程和成果。发明的成果，或是提供前所未有的人工自然物模型，或是提供加工制作的新工艺、新方法。机器设备、仪表装备和各种消费用品，以及有关制造工艺、生产流程和检测控制方法的创新和改造等，均属于发明。

微课学习

例如鼠标，它是"鼠标之父"在1964年发明的，1981年正式成为商业产品，现在已经成为我们每天工作、生活必不可少的工具。

（二）发明与创新的关系

发明与创新既有联系，又有区别。只有当发明投入生产，并投入市场取得经济效益时，它才能成为创新的起始部分。创新是一个经济概念，也是一个全过程的系统活动，而发明如果能成功也只是创新的一个阶段。正如彼得·圣吉所说："当一个新的构想在实验室被证实可行时，工程师称之为发明；只有当它能够以适当的规模和切合实际的成本稳定的加以重复生产时，才是创新。"

而发明与创新的区别主要在于以下几点：

首先，创新关注应用和效益，而发明则不然。创新的核心是"新"，或是产品结构、性能及外部特征的变革，或是造型设计、内容的表现形式和手段的创造，或是内容的丰富和完善。创新不仅要具有一定的新颖性，更重要的是要具有市场上的价值性。如果根据新的思维、方法生产出来新的产品不能应用，没有效益，即使再新颖都不是严格意义上的创新，而是发明创造。例如，手机指套、自动冰激凌等。

其次，创新是一个相对概念，而发明则是一个绝对概念。创新是一个相对的概念，其有一个相对的范围。进行创新时，不必考虑过去有没有人做过，只需了解前人所做的程度，在此基础上有所进步且能创造效益，就是创新。例如无线鼠标，它减少了"线"的限制，受到广大消费者的喜爱，创造了很高的经济效益，它就是一个创新。而发明申请专利时，首先要考虑其首创性。若不是，则无法申请发明专利，在"首创"和"第一"问题上发明创造是绝对的。

再次，创新必须是促进社会发展的积极创造；而发明既有促进社会发展的积极发明创造，也有阻碍社会发展的消极发明创造。例如，计算机的发明是积极创造，计算机病毒则是消极创造；核科学和技术的发明是积极创造，而核武器的发明，在一定意义上则是消极创造；生物和化学科学的发明是积极创造，而生化武器、毒品提炼技术则是消极创造。

最后，创新是永无止境的更新，而发明更强调的是首创。创新一般并不会全盘否定原有事物，通常是在辩证的否定中螺旋上升。例如，爱迪生发明了电灯，而后人在使用过程中为了适应不同使用环境，在外观、形状、颜色上进行了创新，日光灯、节能灯、霓虹灯、led灯、吸顶灯、水晶灯等应运而生。

二、发明的种类

发明种类繁多，根据不同的分类标准，可以分为不同的类型。

（一）专利发明和非专利发明

微课学习

根据发明的目的和结果，可以将发明分为专利发明和非专利发明。

1. 专利发明

专利发明是指以获得专利为目的，并且最终确实获得了相应专利的发明，包括发明、实用新型和外观设计三种。

2. 非专利发明

非专利发明是指不以获得专利为目的，并且最终也未获得专利的发明，主要包括科技发明、成果发明和日常发明等。

科技发明一般是指利用自然界的客观规律，制造出新的技术，强调首创性。其定义的界限相当严格，数量较少，如中国的四大发明、电灯的发明等。

成果发明是指同时具有"前人所没有的、先进的、经实践证明可以应用的"这三个条件的重大的科学技术新成就。

日常发明的数量最多，技术层次较低，使用过程也并不复杂，主要指实际生产、生活、管理、学习等各领域中具体应用的技术革新、新方法、新工艺、新器械、新用具等小发明、小改革。

（二）物品发明和方法发明

根据存在形式的不同，可以将发明分为物品发明和方法发明。

1. 物品发明

物品发明是指以有形的物品形式存在的发明。物品发明分为材料类物品发明和器具类物品发明两种。

材料类物品发明是指以构成器具类物品的原料或基质的形式为其存在和表现的物品发明，如塑料、玻璃、青铜等。

器具类物品发明有简单工具类物品发明和机械机器类物品发明所组成，前者如杠杆、弓箭、石斧等，后者如钟表、纺纱机、蒸汽机等。

2. 方法发明

方法发明是指以无形的现象或过程形式存在的发明。方法发明分为工艺性方法发明和非工艺性方法发明两种。

工艺性方法发明也称为工业技术性方法发明，是指那些可以作为工艺手段或工业技术手段，直接应用于工业生产领域中的用以制造工业产品的方法发明，如塑料制造工艺、酒的酿造工艺、玻璃的浮法生产工艺、无砟轨道的生产工艺等。中国高速铁路建设中使用的"一种路基九连板纵连张拉施工方法"就属于工艺性方法发明。

非工艺性方法发明是指无法作为工艺手段或工业技术手段用于工业产品生产和制造的方法发明，如疾病的诊断和治疗方法、学习方法和科学实验方法等。

（三）生活资料类发明和生产资料类发明

根据用途的不同，可以将发明分为生活资料类发明和生产资料类发明。

1. 生活资料类发明

生活资料类发明是指作为生活资料应用于人们生活中，满足人们日常需求的发明，其主要表现在人们的衣、食、住、行，以及娱乐、文化、清洁卫生等日常生活的各个方面。

生活资料类发明具体可分为以下几类：服饰类发明，如西服、休闲服、运动鞋、遮阳帽、项链、戒指等。饮食类发明，如冰激凌、可乐、三明治、蛋糕等。家具类发明，如沙发、茶几、衣柜、写字台等。家用交通工具类发明，如自行车、摩托车、家用轿车等。家电类发明，如录音机、电视机、影碟机、家庭影院等。清洁卫生类发明，如洗衣液、沐浴露等。体育用品类发明，如篮球、足球、健身器械等。

生活资料类发明是丰富人类物质文明生活及精神文明生活的重要手段。

2. 生产资料类发明

生产资料类发明是指作为生产资料应用于社会生产领域，以服务于社会生产活动的发明。

生产资料类发明主要分为农业生产资料类发明、工业生产资料类发明和服务业生产资料类发明三类。在农业生产领域中，如收割机、播种机、养殖池、温室等；在工业生产领域中，如纺织工业中的纺纱机、精梳机、织布机；建筑工业中的起重机、挖掘机、搅拌机；机械制造工业中的切割及焊接、机车床等；在服务业领域中，如教育服务业的多媒体教学软件；医学服务业中的超声诊断仪、核磁共振诊断仪、呼吸机、起搏器；通信服务业中的电报、移动电话、互联网等。

生产资料类发明是极其重要的发明，是人类生产文明得以发展和进步的根本推动因素。

案例分享

创可贴的发明

作为现代人最常用的一种外科止血胶布，创可贴已经成为每个家庭的生活必备品。有资料显示，全世界每年要用掉将近10亿个创可贴，难怪有人将它列为20世纪影响生活的十大发明之一。而看似不起眼的小创可贴，它的发明背后还有一个感人的故事。

20世纪初，在美国西部的一个小城，刚刚结婚的迪克森太太对烹调毫无经验，常常在厨房里切到手或烫到自己。那时，丈夫埃尔·迪克森（Earle Dickson，1892—1961年）正在一家生产外科手术绷带的公司里工作，他每次称赞太太厨艺进步的时候，都要为妻子的手指担心。每天回到家第一件事，迪克森不是吃饭，而是先帮妻子重新包扎伤口。为了妻子，迪克森决定发明一种绷带，让妻子在受伤而无人帮忙时能自己包扎伤口。

迪克森开始做实验，他考虑到，如果把纱布和绷带放到一起，就能用一只手来包扎伤口。于是，迪克森拿了一条纱布摆在桌子上，在上面涂上胶，然后把另一条纱布折成纱布垫，放到绷带的中间。但做这种绷带的粘胶暴露在空气中时间长了就会干。迪克森试着用许多不同的布料盖在胶带上面，期望找到一种在需要时不难揭下来的材料。经过多次试验之后，他发现，一种粗硬纱布能很好地完成这个任务。经过不断地改进，最初的"创可贴"诞生了。

1925年，迪克森向美国提交了名为"外科敷料"（Surgical dressing）的专利申请，并于1926年获得美国US1612267号专利权。迪克森发明的创可贴绷带给他带来了好运，他所在的公司主管将它命名为Band-Aid，Band指的是绷带，而Aid是帮助急救的意思，也就是"邦迪"。公司就把"邦迪"作为急救绷带产品的名称。随后，这种创可贴行销世界。

资料来源：https://www.sohu.com/a/275990785_100021931

微课学习

（四）简单发明和复杂发明

根据难易程度的不同，可以将发明分为简单发明和复杂发明。

1. 简单发明

简单发明是指结构简单，方法上容易实现的发明。简单发明分为简单物品发明和简单方法发明两种。前者如石刀、石斧、杠杆等,后者如摩擦生火方法、结绳记事方法等。

2. 复杂发明

复杂发明是指结构复杂,方法上难以实现的发明。复杂发明分为复杂物品发明和复杂方法发明两种。前者如蒸汽机、自动织布机、航天飞机等,后者如玻璃的浮法生产工艺、集成电路制造工艺等。

复杂发明的产生是以简单发明的存在为前提和基础的。从某种程度上讲,复杂发明就是简单发明的有机组合。例如,电视机是比较复杂的发明,是电阻器、电感器、电容器、显像管等简单发明的有机组合。

(五) 创建型发明和完善型发明

根据创造性程度的不同,可以将发明分为创建型发明和完善型发明。

1. 创建型发明

创建型发明是指处于最初始的发展阶段,仅有了基本雏形结构的发明,如纽可门发明的蒸汽机、贝尔发明的电话、巴贝奇发明的计算机等。

2. 完善型发明

完善型发明是指在原有发明的基础上,通过局部结构的改善和功能的丰富而形成的发明。完善型发明是处于发展阶段和成熟阶段的发明。我们通常所说的实用新型发明,如六角形铅笔、平面直角遥控电视、新型密码锁等,均属于完善型发明。

(六) 自然科学发明和社会科学发明

根据所依据规律的不同,可以将发明分为自然科学发明和社会科学发明。

1. 自然科学发明

自然科学发明是指通过对具体自然规律的能动利用而产生的发明。

自然科学发明分为物理类发明、化学类发明、生物类发明和数学类发明四类,如锯的发明、镜子的发明、雷达的发明、加减乘除的发明等。

2. 社会科学发明

社会科学发明是指通过对具体社会规律的能动利用而产生的发明。

社会科学发明分为政治管理类发明、经济管理类发明、法律类发明和军事管理类发明。例如,中国秦朝郡县制的建立、美国联邦会议制度的创建等均为政治管理类发明;金融制度、股份制度、福利制度等宏观经济制度的创建均为经济管理类发明;行政法律诉讼制度、辩护制度等的创建均为法律类发明;军衔制度、军区换防制度等的创建则属于军事管理类发明。

(七) 独立性发明和协作性发明

根据完成发明人数的不同,可以将发明分为独立性发明和协作性发明。

1. 独立性发明

独立性发明是指在整个发明过程中,发明者始终独自从事发明活动,未与其他发明者发生任何形式的合作而独自完成的发明。

绝对意义上的独立性发明是发明者绝对的完全的个人行为,如杠杆、石刀、石斧等结构非常简单的事物的发明,就属于绝对意义上的独立性发明。

相对意义上的独立性发明,实际上是特殊形式的协作性发明。因为从历史横向的角度来看,其完全表现为发明者个人独立行为,而从历史纵向的角度来看,则表现为众多发明者共同协作行为。例如,瓦特蒸汽机是对纽可门蒸汽机的改良,瓦特是在纽可门的基础上实现其发明的,因此我们可以将蒸汽机视为纽可门和瓦特的共同发明,所以瓦特对蒸汽机的发明仅是相对意义上的独立性发明。

2. 协作性发明

协作性发明是指在发明活动过程中,发明者与其他发明者或参与者通过不同形式的协作共同完成的发明。

狭义的协作性发明,仅是发明者与发明者之间的协作发明;而广义的协作性发明,还包括发明者与科学发现者、投资者、管理者,以及工程师和技师之间的协作发明。例如,原子弹的发明、航天飞机的发明、电子计算机的发明,均属于广义的协作性发明。这些发明不仅是发明家与科学家协作的产物,同时也是发明家与政治家、军事家、工业家、商业家共同努力的结果。

(八) 有益发明和无益发明

根据作用的不同,可以将发明分为有益发明和无益发明。

1. 有益发明

有益发明是指发明创造出来的产品或方法对现有条件来说是先进的、有推动作用的,对人类生产生活有益的发明。

2. 无益发明

无益发明是指发明创造出来的产品或方法对现有条件来说是落后的、无用的,对人类生产生活无益的发明。

任务实施

1. 任务中发明案例的创新点在哪里?

_____

2. 小组讨论该发明属于哪一类发明?

_____

综合评价:_____

拓展阅读

2022年我国发明专利有效量稳步增长

截至2022年年底,我国发明专利有效量为421.2万件,同比增长17.1%,知识产权审查质量效率稳步提升。

审批登记方面。我国知识产权审批登记数量保持增长,有效注册商标量为4 267.2万件,同比增长14.6%;著作权年登记总量为635.3万件,同比增长1.4%;全年受理农业植物新品种权申请1.1万件,同比增长15.2%,授权3 375件。

制度建设方面。2022年,我国全年修改后实施的知识产权相关法律法规3部,发布知识产权保护相关司法解释2个,出台实施知识产权保护相关规范性文件及政策性文件20余个,知识产权保护地方综合性立法取得积极进展。

为依法严厉打击商标、专利等领域违法行为,国家市场监督管理总局执法稽查局副局长佟波介绍,针对权利人反映强烈的侵权假冒突出问题、关系人民群众健康安全的重点商品,加大了违法线索摸排力度,通过督查督办、检查调研等手段,协调推动案件查办。2022年,全国市场监管部门共查办商标、专利等领域违法案件4.35万件,向司法机关移送涉嫌犯罪案件1 000余件。

资料来源:https://cy.ncss.cn/information/8a80808d8866c9090189239aa1710168

任务二　保护创新发明成果

加快推进知识产权改革发展,全面提升中国知识产权综合实力,坚持人类命运共同体理念,以国际视野谋划和推动知识产权改革发展,推动构建开放包容、平衡普惠的知识产权国际规则,让创新创造更多惠及各国人民。知识产权保护是一个系统工程,覆盖领域广、涉及方面多,要综合运用法律、行政、经济、技术、社会治理等多种手段,从审查授权、行政执法、司法保护、仲裁调解、行业自律、公民诚信等环节完善保护体系,加强协同配合,构建大保护工作格局。

任务描述

1. 收集知识产权纠纷案,分析产生纠纷的根本原因。
2. 结合自己的专业申报一个实用新型专利或者外观专利。

引导案例

谢邦鹏：扎根一线，探索各种创新发明守护"万家灯火"

穿着灰色工装的谢邦鹏，一手拿着电动螺丝刀，一手摆弄着万用表，乍一看并没有什么特别。但实际上，他是本硕博都毕业于清华大学的"三清博士"。15 年前，他推掉不少高薪、高福利工作机会，选择成为国家电网上海浦东供电公司的一名基层员工。从扎根一线打磨技能，到创新打造智慧能源"双碳"云平台，再到统筹数据顶层设计，"博士工匠"谢邦鹏的身份不断转换。

有很多人诧异，师从中国电力系统泰斗级学者、中国科学院院士卢强的谢邦鹏，为什么要做一名基层员工，而且一干就是好几年？从小就想当一名工程师的谢邦鹏却很清楚，"我喜欢在一线工作，那里有我成长需要的土壤。"一个博士需要补什么课、在哪里可以补上这门课，"实践要多一些，越多越好"。

"三清博士"成一线电力工人

谢邦鹏一直记得，2009 年年初有一次跟着师傅到设备抢修现场，他就被现实"上了一课"。当时，谢邦鹏自信满满地对照图纸查找故障，但仔细检查了每个回路，却一直没查出原因。最终，他向班组师傅请教，师傅分秒之间就解决了问题。

自信受挫、失落彷徨过后，谢邦鹏决定给自己"清零"，一切从头学起。脏活、苦活、累活，周末、深夜、凌晨，他都无怨无悔。

谢邦鹏花了大量时间钻研打磨技能，成了班组里拧螺丝、接线头、看图纸、做笔记最多的人。三年后，凭着扎实的理论和出色的专业能力，谢邦鹏被任命为继保班班长。

扎根一线，为谢邦鹏探索各种创新发明，提供了沃土。

在日常的变配电站验收工作中，谢邦鹏发现在大电流试验中，短接开关柜出线连接排时，没有合适的专用短接工具，只能采用自制铝网线、自制铜排头等临时工具，不仅接触不牢靠，还有触电的风险。

他从晾晒衣物的夹子获得灵感，发明了安全省时、实现一秒接入的大电流试验万用组合短接工具，获得国家发明专利和 2014 年度上海市科技进步奖三等奖。这项创新发明，不仅在一线班组被广泛推广，提升了现场工作效率，还在迪士尼乐园供电、中国国际进口博览会保电等重要供电保障工作中大放异彩。

谢邦鹏一直铭记导师卢强院士的教诲："青年才俊扎根于生产一线，不但不是轻用人才，反而是锻炼和造就能担当未来大任的精英之正道，有利于科学技术的进步与发展，更有利于促进学术界和产业界的沟通与交汇。"

打造全国首个高可靠性示范区

2013 年，浦东迎来中国（上海）自由贸易试验区和科创中心建设的战略机遇。国网上海浦东供电公司决定在浦东沿江 10 平方公里的核心区域打造全国首个高可靠性示范区，谢邦鹏作为核心骨干参与了示范区继保和配电自动化工作。

经过调查研究，谢邦鹏和同事们创新性地提出国内首个高可靠性建设标准工作流程，首创了配电自动化无线远程调试方法。依托这一系列创新，浦东陆家嘴区域供电可靠性达 99.999%。

为将个体优势转化为群体优势，2015 年 2 月，以他名字命名的"谢邦鹏劳模创新工作室"正式成立。短短几年，工作室就开创了国内首套用于配电线路的动态增容系统、国内首次利用移动箱变旁路法带电更换柱上变压器等多项佳绩。

截至目前，"谢邦鹏劳模创新工作室"累计获得发明专利授权 16 项、实用新型专利授权 44 项，发表 EI（工程索引）收录论文 11 篇、核心期刊论文 27 篇，并荣获全国企业管理现代化创新成果二等奖、上海市科技进步二等奖等省部级及以上奖项 37 项。

服务上海张江建设综合性国家科学中心的国家战略，是谢邦鹏自 2018 年开始承担的新使命。2018 年 4 月，国网上海浦东供电公司张江科学城能源服务中心挂牌成立，这是国家电网有限公司首个批准设立的"能源服务中心"。在没有任何经验可借鉴的情况下，谢邦鹏直面挑战，成了这个全新团队的带头人。

那段时间，谢邦鹏每天穿梭在张江科学城里走访调研。他意识到，张江汇聚了大量科技型企业和各类研发机构，能源需求高速增长，传统供电模式已无法满足多元化用能需求。谢邦鹏团队参照"全科医生"理念，创新性地提出了"能源管家"服务模式，还协同政府打造了智慧城市能源云平台。

谢邦鹏认为，这是适应新时代国内外形势和社会发展趋势的科学选择。一方面，大学生、高学历人才要勇于扎根基层一线，理论结合实践，踏实努力劳动；另一方面，一线劳动者也要坚持终身学习，不断丰富自己的业务技能，在平凡的岗位上努力干出不平凡的事。

以工匠精神守护"万家灯火"

2020 年，谢邦鹏团队为辖区内发热门诊医院开展隐患排查，保证供电万无一失。他还亲自上阵，为重要保障紧急增容供电，"当天完成核定容量、当天方案正式答复、当天完成出图，一周内外线工程施工条件全部到位"。

此后，谢邦鹏团队又有了新的攻关方向。他们基于智慧城市能源云平台的大数据分析，形成了复工电力指数、电力经济指数等一系列数字产品，向浦东新区政府、浦东新区大数据中心、张江管委会等推送了 90 余份分析报告。

浦东新区大数据中心数据资源部部长沈王恒说，企业能耗数据变化能较为准确地反映张江区域企业生产的真实情况，为政府部门决策提供了科学依据。

2022 年 10 月，谢邦鹏有了新身份——国网上海浦东供电公司首席数据师兼张江中心数据组组长。新岗位意味着新使命，过往参与"云平台""掌上管家"建设的经历，让谢邦鹏看到了大数据、人工智能等新兴技术在创新实践中的生命力，"使用数字化、信息化的手段替代人工流转，突破传统的工作方式，能有效提升工作效率，切实解决客户需求"。

在谢邦鹏的牵头下，涵盖规划、建设、生产、营销和培训五大核心业务流的二十余项数字化转型任务应运而生。目前，国网上海浦东供电公司正全力推进电网设施与数字基础设施深度融合，提升电网全息感知和灵活控制能力，加速全业务、全环节数字化转型，推动新型电力系统和能源互联网升级落地，以便更好地守护"万家灯火"。

以谢邦鹏参与推广的"网上电网"平台为例，该平台可实时显示出电网概况信息，帮助员工迅速完成用电负荷测算，确定供电方案，压减前期近50%的工作时间，有效推进项目建设速度。

坚持创新、勇于突破，谢邦鹏的成长有目共睹，荣誉也纷至沓来。近几年，他先后获得全国劳动模范、第七届全国道德模范提名奖、全国五一劳动奖章、上海市劳动模范等荣誉。有人称谢邦鹏是"博士工匠"，但在他看来，工匠精神就是要精益求精、开拓创新，踏实做好每一件小事，拧好每一颗螺丝，接好每一根线头，保质保量完成每一项工作。

"有理想守信念、懂技术会创新、敢担当讲奉献，这是我们新时代产业工人的使命和担当。"谢邦鹏说，在扎实推进中国式现代化的新征程上，开拓创新的道路永无止境，知识型、技能型、创新型劳动者大有可为。

资料来源：https://www.xuexi.cn/lgpage/detail/index.html?id=3097988191233435044&item_id=3097988191233435044

知识链接

创新是社会发展的动力，如果创新成果得不到保护，让投机取巧者有机可乘，轻易利用他人的领先技术去赢得市场和利润，那么人们的创新热情将大幅减退，产业的竞争力也将大幅下滑。

一、创新成果的概念及特征

微课学习

创新成果是指在创新过程中，行为人为了达到一定的目的，遵循事物发展的规律，对事物的整体或其中的某些部分进行变革，从而使其得以更新与发展的活动成果。简单地说，创新成果就是创新活动取得的成果。

一般来说，创新成果主要具有以下几个特征。

1. 明确的目的性。创新活动是一种有特定目的的生产实践。例如，科学家进行生物遗传技术的研究，目的在于认识生物遗传进化的现象，发现遗传的规律，从而更好地为人类服务。

2. 价值取向性。价值是主体根据自身需要对客体所做的评价，是客体满足主体需要的属性。创新活动通常具有一定的目的，其目的性决定着创新活动必然有自己的价值取向。创新活动的成果满足主体需要的程度越大，其价值就越大。一般来说，具有社会价值的创新成果，将有利于社会的进步，如X光透射与X射线的应用。

3. 新颖性。创新成果的新颖性，简单来说就是前所未有。用新颖性来判断劳动成果是否为创新成果，有两种情况：一是指创新成果能体现出前所未有的特点，科学史上的原创性成果大多属于这种情况，这是高水平的创新；二是指创新成果与另外的创新成果相比，能体现出具有新思想的特点。例如，相对于现实中的个人来说，只要他产生的设想和成果是自身历史上前所未有的，同时又不是按照书本或别人教的方法产生的，而是自己独立思考或研究成功的成果，就算是相对新颖的创新。

4. 高风险，高回报性。创新活动的影响因素较多，创新成果的取得具有很大的风险性，而创新成果的成功应用则能产生较高的社会回报。即创新成果具有高风险、高回报性。

二、知识产权

所谓知识产权，一般认为是指法律赋予智力成果完成人对其特定的创造性智力成果在一定期限内享有的专有权利。

张玉敏教授认为，知识产权是民事主体所享有的支配创造性智力成果、商业标志，以及其他具有商业价值的信息并排斥他人干涉的权利。其主要具有以下几个特征。

1. 专有性。知识产权的专有性，指独占性和排他性。独占性，即知识产权为权利人所独占，权利人垄断这种专有权利并受到严格保护，没有法律规定或未经权利人许可，任何人不得使用权利人的知识产品。排他性，即对同一项知识产品，不允许有两个或两个以上同一属性的知识产权并存。

2. 地域性。知识产权作为一种专有权，在空间上的效力并不是无限的，而要受到地域的限制，即具有严格的领土性，其效力只限于本国境内。

3. 时间性。知识产权仅在法律规定的期限内受到保护，一旦超过法律规定的有效期限，这一权利就自行消灭，相关知识产品即成为整个社会的共同财富，为全人类所共同使用。

狭义的知识产权制度，即传统意义上的知识产权法，包括著作权（含邻接权）、专利权、商标权三个主要组成部分。广义的知识产权制度包括著作权、邻接权、商标权、商号权、商业秘密权、产地标记权、专利权、集成电路布图设计权等各种权利。创新成果是一种无形资产，具有获得知识产权保护的价值。

三、创新成果的保护

创新成果保护是保证所有者权益的重要内容。由于创新成果表现形式及类型不同，采用的保护策略也不同，一般情况下常采用的保护策略主要有专利保护、商业秘密、将新产品快速投向市场、加快产品更新升级速度。对创新成果的保护，主要体现在知识产权的法律保护上。

微课学习

与西方发达国家相比，我国对知识产权的法律保护起步较晚。随着社会主义市场经济目标的确立和世贸组织的加入，我国对知识产权相关法律进行了不断地修订和完善。目前，我国的知识产权法律体系主要包括我国缔结和参加的国际公约，以及我国制定的保护知识产权的相关法律法规。

(一) 专利权法律保护

我国制定并颁布的与专利权有关的法律有《中华人民共和国专利法》《中华人民共和国专利法实施细则》《专利代理条例》等。与专利权相关的法律法规中，对专利权的主体、客体、取得方式、保护范围、保护时间等都做了明确规定。

专利权的主体涉及发明人、专利申请人和专利权人。专利权人与发明人、专利申请人是三个不同的概念，这三类人可以是同一人，也可以是不同的人。如果发明人自己申请专利获批后，则专利权人与发明人、专利申请人为同一人。如果某职务发明人的职务发明由单位申请专利，专利获批后则专利权人和申请人为单位，职务发明人仅为发明人。

专利权的客体指受专利法保护的发明创造，主要包括发明、实用新型和外观设计。我国专利法规定，专利权申请并经批准后才能取得。国务院行政部门授予发明和实用新型专利权的条件，就要求其具有新颖性、实用性和创造性；授予外观设计专利权的条件则为新颖性、实用性、创造性和美感。《中华人民共和国专利法》第59条规定，发明或者实用新型专利权的保护范围以其权利要求的内容为准，说明书及附图可以用于解释权利要求的内容。外观设计专利权的保护范围以表示在图片或者照片中的该产品的外观设计为准，简要说明可以用于解释图片或者照片所表示的该产品的外观设计。

不同类型的专利权，其保护时间不同。发明专利权的期限为自申请日起20年，实用新型专利权和外观设计专利权的期限为自申请日起70年。

(二) 著作权法律保护

我国制定并颁布的与著作权有关的法律法规有《中华人民共和国著作权法》《中华人民共和国著作权法实施条例》《实施国际著作权条约的规定》《著作权集体管理条例》《计算机软件保护条例》《计算机软件著作权登记办法》《信息网络传播权保护条例》等。

根据著作权相关法律法规的规定，著作权具有权利自动产生、权力主体多样、权利客体多样和权利内容复杂4个特征。

(三) 商标权法律保护

我国制定并颁布的与商标权有关的法律法规有《中华人民共和国商标法》《中华人民共和国商标法实施条例》《特殊标志管理条例》《奥林匹克标志保护条例》等。

与商标权相关的法律法规中，对商标权的取得、内容和保护期限等都做了明确规定。商标权的取得有原始取得和继承取得两种。商标权的内容包括专用权、转让权、禁止权、许可权、标记权和续展权。商标权的保护期为十年，可续展注册。

(四) 反不正当竞争法保护

1993年，我国制定了《中华人民共和国反不正当竞争法》，主要针对在生产经营活动中发生不正当性损害他人知识产权的行为，在各项知识产权制度无特别规定或规定不完备时补充使用。

（五）计算机软件和集成电路布图设计保护

计算机软件和集成电路布图设计均属著作权保护范畴，但因其有一定的特殊性，现单独说明。

2001 年，我国出台了新的《计算机软件保护条例》，对计算机软件实行登记保护。计算机软件著作权的内容包括发表权、署名权、修改权、复制权、发行权、出租权、信息、网络传播权、翻译权等。计算机软件的保护期限为自然人终生及其死亡后第 50 年的 12 月 31 日；合作开发的，截止于最后死亡的自然人死亡后第 50 年的 12 月 31 日。法人或其他组织的软件著作权，保护期为 50 年，截止于软件首次发表后第 50 年的 12 月 31 日，但软件自开发完成之日起 50 年内未发表的，本条例不再保护。

2001 年，我国制定了《集成电路布图设计保护条例》。该条例规定，集成电路布图设计专有权，包括复制权和发行权，保护年限为十年，自布图设计登记申请之日，或者在世界任何地方首次投入商业利用之日起计算，以较前日期为准。但是，无论是否登记或者投入商业利用，布图设计自创作完成之日起 15 年后，不再受本条例保护。

四、专利申请的程序

专利申请的程序包括提交申请、受理、初步审查、公布、实审及授权 6 个阶段。其中，实用新型和外观设计的专利申请不进行公布和实质审查。

1. 提交申请。申请人向国家专利局提出专利申请，并提交相关文件。提交的文件必须采用书面形式，并按照规定的统一格式填写。申请发明或实用新型专利的，应当提交请求书、说明书及其摘要、权利要求书等文件；申请外观设计专利的，应当提交请求书及该外观设计的图片或照片等文件。

2. 受理。专利局收到专利申请后进行审查，如果符合受理条件，专利局将确定申请日，给予申请号，并在核实过文件清单后，发出受理通知书，通知申请人。若不符合规定，则不予受理。

3. 初步审查。经受理后的专利申请按照规定缴纳申请费的，自动进入初审阶段。在初审时要对申请是否存在明显缺陷进行审查，初审合格的，将发给初审合格通知书。

4. 公布。发明专利申请从发出初审合格通知书起进入公布阶段。公布以后，申请人就获得了临时保护的权利。

5. 实质审查。在实审期间将对专利申请是否具有新颖性、创造性、实用性及专利法规定的其他实质性条件进行全面审查。

6. 授权阶段。经实质审查未发现驳回理由的，由专利局做出授予发明专利权的决定，发给发明专利证书，同时予以登记和公告。发明专利权自公告之日起生效。

五、商标注册的步骤

要取得商标权，需依照有关法律法规进行商标注册，一般包括以下几个步骤。

1. 选择注册方式。一种是自己到国家市场监督管理总局商标局申请注册；另一种是委托一家经验丰富的商标代理组织代理注册。

2. 准备资料。准备商标图样10张（指定颜色的彩色商标，应交着色图样10张，黑白墨稿1张），长和宽不大于10厘米，不小于5厘米；商标图样方向不清的，应用箭头标明上下方。若是个人申请，还需准备身份证及其复印件、个体营业执照复印件；若是企业申请，则需准备企业营业执照副本及其复印件，以及盖有单位公章的商标注册申请书。

3. 提出申请。目前，商品和服务项目共分为45类，其中商品34类，服务项目11类。申请注册时，应按商品与服务分类表的分类确定使用商标的商品或服务类别；同一申请人在不同类别的商品上使用同一商标的，应按不同类别提出注册申请。

4. 确定申请日。由于商标注册采用申请在先原则，一旦发生商标权的纠纷，申请日在先的将受法律保护。所以，确定申请日十分重要，申请日以商标局收到申请书的日期为准。

5. 审批。经过商标局审查通过，且在刊登公告三个月后无人提出异议即注册完成，该商标即受法律保护。

6. 领取商标注册证。商标完成注册后，商标局向注册人颁发证书。

拓展阅读

不得作为商标使用与注册的标志

下列标志不得作为商标使用。

（1）同中华人民共和国的国家名称、国旗、国徽、国歌、军旗、军徽、军歌、勋章等相同或者近似的，以及同中央国家机关的名称、标志、所在地特定地点的名称或者标志性建筑物的名称、图形相同的。

（2）同外国的国家名称、国旗、国徽、军旗等相同或者近似的，但经该国政府同意的除外。

（3）同政府间国际组织的名称、旗帜、徽记等相同或者近似的，但经该组织同意或者不易误导公众的除外。

（4）与表明实施控制、予以保证的官方标志、检验印记相同或者近似的，但经授权的除外。

（5）同"红十字""红新月"的名称、标志相同或者近似的。

（6）带有民族歧视性的。

（7）带有欺骗性，容易使公众对商品的质量等特点或者产地产生误认的。

（8）有害于社会主义道德风尚或者有其他不良影响的。

县级以上行政区划的地名或者公众知晓的外国地名，不得作为商标。但是，地名具有其他含义或者作为集体商标、证明商标组成部分的除外；已经注册的使用地名的商标继续有效。

模块五 体验创新发明

下列标志不得作为商标注册。
(1) 仅有本商品的通用名称、图形、型号的。
(2) 仅直接表示商品的质量、主要原料、功能、用途、重量、数量及其他特点的。
(3) 其他缺乏显著特征的。

以三维标志申请注册商标的,仅由商品自身的性质产生的形状、为获得技术效果而需有的商品形状或者使商品具有实质性价值的形状,不得注册。

资料来源:《中华人民共和国商标法》

 案例分享

华为诉三星侵犯知识产权案一审胜诉

2018年1月11日,华为向深圳市中级人民法院知识产权法庭诉三星侵犯知识产权案一审公开宣判,华为胜诉。法庭宣布,被告三星立即停止以制造、销售和许诺销售的形式,侵害华为涉案两专利权的行为,驳回华为的其他诉讼请求。

华为诉三星侵害两专利权

2016年5月,华为率先以专利侵权状告三星,对外宣布正式在加州北区法院和深圳市中级人民法院对韩国三星公司提起知识产权诉讼。

宣判的两案为2016年5月华为在深圳中院提起的两宗标准必要专利侵权纠纷案,华为请求保护名称为"一种无线网络通信装置"、专利号为201110269715.3的发明专利,以及"载波聚合时反馈ACK/NACK信息的方法、基站和用户设备"、专利号为201010137731.2的发明专利。

华为诉称:涉案两项发明专利均为4G标准必要专利,被告方未经原告许可,以制造、销售、许诺销售、进口的方式侵害其专利权。同时,原告在与被告方的谈判代表人、也是被告方的控股公司韩国三星电子株式会社进行标准必要专利交叉许可谈判时,三星未遵循FRAND(公平、合理、无歧视)原则,具有明显过错,请求法院判令被告方立即停止涉案专利侵权行为。

法院认定三星谈判过程存在明显过错

法院经审理认定,原告华为享有201110269715.3号、201010137731.2号两项发明专利权,这两项发明专利均为4G标准必要专利。

法院认定,从2011年7月至今,原告华为与三星进行标准必要专利交叉许可谈判已6年多,原告华为在谈判过程中无明显过错,符合FRAND原则;而三星在谈判过程中,在程序和实体方面均存在明显过错,违反FRAND原则。被告方在我国生产、销售相应4G智能终端产品,一定会使用原告华为的这两项标准必要专利技术,因此,在原告华为取得两项发明专利权以后,被告方未经许可在我国实施原告的两项专利技术,侵犯了原告的专利权。

法院表示,原告华为寻求谈判和仲裁等方式来解决双方之间的标准必要专利交叉问题,经法院组织双方进行调解,三星一直恶意拖延谈判,存在明显过错,违反

人工智能时代创新创业思维与实践

FRAND 原则，鉴于此，原告华为要求被告方停止侵害其涉案 4G 标准必要专利技术，法院予以支持。

资料来源：https://www.sohu.com/a/216005258_465968

启示：加强知识产权保护，不仅是维护企业合法权益的需要，更是推进创新型国家建设、推动高质量发展的内在要求。

 案例分享

西安 23 岁大学生创业　用互联网为原创作品维权

如今许多年轻人都想自己创业，但干什么，商机在哪里，却不一定明白。在西安，一个 23 岁的大学生，利用自己所学知识，用互联网做起了为原创作品维权的事。据说，著名作家贾平凹、《武媚娘传奇》的编剧潘朴、喜马拉雅电台副总裁李海波，都把自己的作品交给他保护。那么，利用互联网怎么保护原创作品？今天我们就来看看唐凌的故事。

2013 年 9 月，18 岁的唐凌考入西安交通大学，进校不久，他觉得在西安交大这所偏重理工科的名牌院校，缺少了点"人文气氛"。于是，他和几个谈得来的校友创办了"微品交大"微信公众号，推送西安交大鲜为人知的校史、建筑、校友等文章视频，很快"微品交大"就成为全校师生乃至其他高校热议的话题。

西安纸贵互联网科技有限公司创始人 &CEO 唐凌："发出交大的声音，让社会能够听到交大的声音，当时就是一帮充满理想主义的人。"

随着"微品交大"知名度的提升，2014 年初冬发生的一件事，让唐凌和小伙伴们很是气愤。

唐凌："组织了摄影师，开始出去采集，同时也找了小编写了一首诗，讲了交大的雪。"

谁也想不到，短短几个小时之后，他们的原创就被另一所高校的公众号模仿抄袭了，愤怒的唐凌和小伙伴们找到对方质询。

唐凌："不署名，不回复，直言去举报我啊，我就觉得这是一个很残酷的现实。"

无奈之下，同学们又向公众号平台投诉，结果却被平台告知，要提供确凿的事实和法律证据。

西安纸贵互联网科技有限公司联合创始人宣松涛："当时学生也没有这个时间和成本去做这样的一个维权的事情。"

作品被剽窃，如何保护自己作品的版权成了唐凌的一个心结。那时，在版权局登记一个作品费用在 400 元左右，周期将近一个月，这对在校大学生来说是无法承受的。为了保护自己的原创作品，大二时唐凌辅修了法律专业。

唐凌："希望能够自己理解法律，用法律的武器来保护自己。"

高中时，唐凌获得过全国计算机奥赛一等奖，他觉得互联网时代的版权侵权问题最终还是要通过互联网技术去解决。于是，他找到交大法学院副院长、陕西省哲学社会科学重点研究基地——知识产权研究中心主任马治国教授指点迷津。

马治国："就建议他们专门做这么一个平台协助版权管理机构做版权登记，做版权的管理，做版权的运营、许可和权利保护。"

在我国，传统的版权登记依靠人工，不仅确权难、周期长，而且费用也比较高，唐凌想通过"互联网+版权"的模式来解决传统版权行业存在的这些问题，而他的想法也得到了陕西省版权局的支持。2016年4月，唐凌顺利拿到了100万元的风投。

西安纸贵互联网科技有限公司投资人袁军民："我们做投资的话，实际上来说，第一个看人，靠谱的人加上靠谱的项目，等于成功。"

一番招兵买马后，唐凌的"互联网+版权"的公司应运而生。2016年8月，在线版权登记网站"纸贵"正式上线，在这一平台上，版权所有方只需在线提交自己的创作证明、权属证明文件和样本，可免费由"纸贵"平台利用区块链等技术对作品进行验证、确权并提供数字版权证实，也可以选择由陕西省版权局提供的有官方存证的登记服务，费用为100元。

马治国："迅速地电子登记，并且能够很好地固定证据和取得证据，为后来的管理、许可和保护，给予技术支持。"

平台有了，需要原创者来捧场入住，然而，市场的拓展却给唐凌和他的同事们浇了一盆冷水。

宣松涛："我记得当时是2016年8月，我们顶着39度的烈日，基本跑遍了西安每一家做书画的做书法的那些书画馆。"

原以为陕西是文化大省，活跃的书画市场一定会给他们带来第一批优质用户，可现实却是，即便免费登记版权也没能得到书画家们的青睐。而更令他们感到不安的是，他们意识到自己的创业项目很可能是一个伪需求。

宣松涛："他们放任这种侵权行为，他们认为他们的作品在网上不断被转发被传播，是对他们名望和声望的提升。"

唐凌决定对版权行业的所有门类包括摄影、编辑、软件等类目进行一一排查，要找到版权行业最真实最迫切的需求，终于找到了真正的需求者。

北京海客瀛洲网络科技有限公司西安分公司文学监制康慨："我们的产品叫故事App，上面有一万七千多名作者，其中有580多个是我们独家签约的，尤其是我们独家签约的版权，如果他们被抄袭，对我们的利益是有直接的这种侵害的。"

最终，网络写手、作家、编剧成了纸贵的第一批意向用户。而这种新型的版权登记模式也吸引了多位名人——著名作家贾平凹授权"纸贵"给自己的13部文学作品做了版权登记；电视连续剧《武媚娘传奇》编剧潘朴；喜马拉雅FM的副总裁李海波也相继成了"纸贵"的用户。然而，创业的路并不好走。

西安纸贵互联网科技有限公司前端技术组长马立斌："后来到年会的时候，我们公司整个走得差不多剩七八个人了，加上老板就剩七八个人了。"

宣松涛："发不出工资了，当时公司账面上已经没有钱了。"

从初创时的近30人，到2016年年底只剩5名员工，唐凌和宣松涛经历着"创业企业，九死一生"的魔咒，纸贵能否熬过这个寒冬？

马治国："你越是新的创业,风险越大,他找过我,我告诉他两个字:坚持。"

最终,唐凌和宣松涛以个人名义向投资人借债20万元,决定继续坚持下去。

西安纸贵互联网科技有限公司投资人袁军民:"因为我自己也做企业,我知道做企业从零到一是非常难的,从零到一的难度比从一到一百的难度要大很多。"

2017年年初,唐凌和他的小伙伴们渡过难关,并在在线版权登记、保护领域,获得行业一片赞誉。版权登记、维权服务以及IP孵化三个部分的业务均为纸贵创收,实现盈亏平衡。

如今,成立一年半的"纸贵",在线登记作品已超过2万份,数据库储量达1 000多万,注册客户超过2 000人,公司估值已达2.5亿元,而且在北京、硅谷、伦敦等地都有办公室,年轻的"纸贵"已成为一家名副其实的跨国企业。

资料来源:https://www.163.com/dy/article/DBJ37HAT0514CKJ1.html

启示:拥有知识产权的自然人和法人要提升产权意识,自觉运用法律武器依法维权。

任务实施

1. 小组讨论该知识产权纠纷案的原因。

_____

2. 申报一项实用新型专利或者外观专利。

专利申请步骤:_____

_____

综合评价:_____

拓展阅读

不正当竞争行为的具体表现

《中华人民共和国反不正当竞争法》规定了以下几种不正当竞争行为的具体表现形式。

(1)假冒名称。假冒他人的注册商标;擅自使用知名商品特有的名称、包装、装潢,或者使用与知名商品近似的名称、包装、装潢,造成和他人的知名商品相混淆,使购买者误认为是该知名商品;擅自使用他人的企业名称或者姓名,引人误认为是他人的商品;在商品上伪造或者冒用认证标志、名优标志等质量标志,伪造产地,对商品质量作引人误解的虚假表示。

(2)独占排挤。公用企业或者其他依法具有独占地位的经营者限定他人购买其指定的经营者的商品，以排挤其他经营者的公平竞争。

（3）滥用行政权力。政府及其所属部门滥用行政权力，限定他人购买其指定的经营者的商品，限制其他经营者正当的经营活动。

（4）暗中贿赂。经营者采用财物或者其他手段进行贿赂以销售或者购买商品。

（5）虚假宣传。经营者利用广告或者其他方法，对商品的质量、制作成分、性能、用途、生产者、有效期限、产地等作引人误解的虚假宣传。

（6）侵犯秘密。通过不正当手段，违法获取、披露、使用或者允许他人使用其所掌握的商业秘密。

（7）低价倾销。以排挤竞争对手为目的，以低于成本的价格销售商品。

（8）强行搭售。销售商品时违背购买者的意愿搭售商品或者附加其他不合理的条件。

（9）有奖销售（特定）。采用谎称有奖或者故意让内定人员中奖的欺骗方式进行有奖销售；利用有奖销售的手段推销质次价高的商品；抽奖式的有奖销售，最高奖的金额超过 5 000 元。

（10）损害名誉。捏造、散布虚伪事实，损害竞争对手的商业信誉、商品声誉。

（11）串通投标。投标者串通投标，抬高标价或者压低标价。投标者和招标者相互勾结，以排挤竞争对手的公平竞争。

课后练习

一、判断题

1. 专利发明是指以获得专利为目的，且最终确实获得了相应专利权的发明创造。
（   ）
2. 物品发明是指以无形的现象或过程形式存在发明。（   ）
3. 完善型发明是指在原有发明的基础上，通过局部结构的改善和功能的丰富而形成的发明。（   ）
4. 知识产权无论何时都不会失效。（   ）
5. 专利权的主体涉及发明人、专利申请人和专利权人，这三类人只能是同一人。
（   ）

二、不定项选择题

1. 创新的本质是（   ），即突破旧的思维定式和常规戒律。
A. 突破   B. 新颖
C. 价值体现   D. 以上都有
2. 发明创造是一个（   ）概念，而创新则是（   ）概念。
A. 绝对，相对   B. 绝对，绝对
C. 相对，绝对   D. 相对，相对

3. （　　）发明是丰富人类物质文明生活及精神生活的重要手段。
   A. 生产资料类　　　　　　　　B. 生活物资类
   C. 科技发明　　　　　　　　　D. 工艺类
4. 完善型发明是处于（　　）的发明。
   A. 最初始的发展阶段　　　　　B. 发展完成阶段
   C. 发展阶段和成熟阶段　　　　D. 都不是
5. 核电站是（　　）的发明，而核武器则是（　　）的发明。
   A. 有益，无益　　　　　　　　B. 无益，有益
   C. 有益，有益　　　　　　　　D. 无益，无益
6. 计算机软件和集成电路布图设计，均属（　　）保护范畴。
   A. 专利权　　　　　　　　　　B. 著作权
   C. 商标权　　　　　　　　　　D. 使用权
7. 知识产权具有哪些特征？（　　）
   A. 专有性　　　　　　　　　　B. 地域性
   C. 时间性　　　　　　　　　　D. 实践性
8. 对创新成果的保护，主要体现在（　　）的法律保护上。
   A. 知识产权　　　　　　　　　B. 许可权
   C. 经营权　　　　　　　　　　D. 使用权

三、简答题

1. 浅谈创新和发明的区别与联系。

2. 结合案例浅谈如何保护创新成果。

模块六

识别创业机会

学习目标

◇ **知识目标**
- 理解创业机会的概念，熟悉创业机会的内容
- 熟悉创业机会识别的基本方法
- 了解创业机会的来源和类型

◇ **能力目标**
- 能够发现并采取行动把握创业机会
- 能够合理评价身边的创业机会

◇ **素质目标**
- 树立机会意识，提升识别创业机会的能力
- 提高实践能力，能够及时筛选创业机会并行动
- 锻炼团队成员组织协调能力，提高语言表达能力
- 保持乐观、积极的心态，正确面对挫折，迎接挑战

推进大众创业、万众创新，就是要通过转变政府职能、建设服务型政府，营造公平竞争的创业环境，使有梦想、有意愿、有能力的科技人员、高校毕业生、农民工、退役军人、失业人员等各类市场创业主体"如鱼得水"，通过创业增加收入，让更多的人富起来，促进收入分配结构调整，实现创新支持创业、创业带动就业的良性互动发展。

引导案例

贵州遵义:"90后"青年返乡创业小蘑菇迸发"大能量"

天刚亮,贵州省遵义市桐梓县马鬃苗族乡石板村的毕松就在自己的马桑菌基地忙活了。

"这个菌棒现在比较缺水,会影响出菇以及质量品相,夏季中午不能进行补水,这会儿趁早安排工人进行补水工作。"话音刚落,只见毕松拿出手机打电话安排工人的工作。

今年24岁的毕松,2021年毕业于铜仁职业技术学院,毕业后便返乡发展食用菌。

计算机专业毕业怎么会想到种植食用菌?这是毕松听得最多的问题。

毕松和食用菌的缘分要从2020年回村实习的经历说起。2020年毕松回村实习,负责村里的产业发展,当时村里发展平菇产业,毕松也很感兴趣,2021年4月,便试着租了10个大棚发展26 000棒平菇,由于技术欠缺,收益自然不理想。

2021年毕业后,毕松并没有按照父母的想法去找一份稳定的工作,而是选择返乡创业发展食用菌。

"因为姐姐身患残疾,父母年龄越来越大,所以就想着回家发展。"谈起回家发展的原因,毕松告诉记者,一方面可以照顾家里,另一方面自己对食用菌产业比较感兴趣。

毕业后,在发展的26 000棒平菇采收后,当年10月,毕松通过学校老师认识了食用菌发展的技术人员,便收拾行李去铜仁学习,从菌种生产、种植技术要领、管理要求等方面一步一步学起来,就这样,早出晚归学习半年后,毕松满怀信心回乡发展食用菌。

由于平菇的经济效益相对较低,这一次毕松选择了技术含量更高、收益更好的马桑菌。

说干就干,去年3月便联系购买了4 000棒马桑菌菌种,这一次有了技术的保驾护航,毕松在管理上更加精细,最后收益还不错,除去所有的成本,挣了两万多块钱,这让毕松发展食用菌的信心更足了。

"在去年种植的经验基础上,今年,目前发展了3 000棒马桑菌,预计今年将种植1万多棒马桑菌。今年还有10万棒平菇。"毕松告诉记者,平菇已经实现从菌种生产、管理、销售一条龙发展。

在毕松经营管理的林下马桑菌种植基地,只见一排排菌棒排放整齐,一朵朵肥硕饱满的马桑菌长势喜人,毕松轻轻地一朵朵摘下放在篮子里。

"去年我们试验了一下,最多的一棒可以产2斤多鲜马桑菌,还是很不错的,今年的产量预计更好点。"话音刚落,毕松便忙着采摘马桑菌。

前期为了开拓市场,毕松拉着新鲜的食用菌到绥阳等周边县城的农贸市场进行销售,受到了人们的喜爱。如今,马桑菌供不应求,平菇主要销往重庆市场。

模块六 识别创业机会

"现在食用菌发展逐渐稳定了，还要逐步提高食用菌种植技术管理水平，将食用菌销往更多的地方，结合当地的旅游进行采摘式体验，多元化发展，增加收益。"对于以后的发展，毕松早就做好了规划安排。

资料来源：https://www.xuexi.cn/lgpage/detail/index.html?id=5683618189468874395&amp

任务一　识别创业机会

作为创业者，最难能可贵的就是能够发现其他人所看不到的机会，并采取行动来把握创业机会并实现创业价值。法国雕塑家罗丹曾说过，"世界上并不缺少美，只是缺少发现美的眼睛。"对于创业者来说也是如此，世界上并不缺少机会，只是缺少发现机会的眼睛。大学生应在日常生活中练就一双发现机会的眼睛，独具慧眼、抓住机会、创造价值。

任务描述

在当今这个信息时代里，信息对创业成功具有重要的推动作用。能够在第一时间获取有用信息，并且把握住机会的人，获得成功的概率自然就很高。如何能够及时地捕捉到创业机会，并且选择适合自己的创业机会进行创业呢？

知识链接

一、创业机会概述

（一）创业机会的概念

创业机会是指在市场经济条件下，社会经济活动过程中形成和产生的一种有利于企业经营成功的因素，是一种带有偶然性并能被经营者认识和利用的契机。

微课学习

大多数创业者都是因把握住了创业机会从而成功创业的。例如，蒙牛的牛根生看到了乳业市场的商机，好利来的罗红看到了蛋糕市场的商机，在现实生活中类似的例子不胜枚举。

（二）创业机会的内容

创业机会主要包括技术机会、市场机会和政策机会。

技术机会是指因技术变换带来的创业机会，新技术、新产品的产生是创业机会缔

105

造的最重要来源。例如，计算机的发明带来了一系列的创业机会，如电脑维修、软件开发、网店开设、办公自动化等。

市场机会是指因市场变化产生的创业机会，即当民众在某些方面有需求，尤其是迫切需求的时候，大量的创业机会就会涌现出来。例如，共享单车满足了用户对短距离出行追求方便快捷的需求，各类网店满足了消费者对足不出户就能购物这一愿望的需求。

案例分享

摩拜单车：被资本追逐的骑行创新

对于饱受"最后一公里"困扰的大城市来说，基于移动互联网的无桩共享单车无疑是 2016 年一个重要的商业模式创新。

摩拜将自己定位为最后一公里出行难题解决者。2016 年 4 月，摩拜单车 App 正式上线，并于当月在上海正式运营，9 月摩拜单车全面登陆北京，随后进驻广州、深圳、成都、宁波、厦门、佛山、武汉等城市。在上线仅 8 个月的时间里，连续完成了从 A 轮到 D 轮的融资，在资本寒冬中受到投资机构的追捧，估值超过 100 亿元人民币，正式迈入"独角兽"行列。

摩拜单车创始人胡玮炜毕业于浙江大学城市学院新闻系，之后在汽车行业做了近十年的媒体记者。胡玮炜是一个很瘦小的女生，她并不像现如今大多数年轻创业者那样侃侃而谈，而是看起来很安静，甚至充满了感性。她不止一次说，摩拜单车更像是一场城市复兴运动，改变了城市的生态，远不止于交通出行本身。

资料来源：https://wenku.baidu.com/view/709576b2bfeb19e8b8f67c1cfad6195f312be829

启示：政策机会是政府政策变化带来的商业机会。国家政策对商业活动有着重大影响，往往一个新政策的出台就能带来巨大的商机，如国家现在大力提倡低碳环保，那么环保产品的研发和生产就能产生众多的创业机会。

知识积累

《21 世纪创业》的作者杰夫里·A. 第莫斯教授提出，好的创业机会有以下 4 种特征：

第一，它很能吸引顾客。

第二，它能在你的商业环境中行得通。

第三，它必须在机会之窗存在的期间被实施。机会之窗实际上指的是将商业想法推广到市场上去所花的时间。如果竞争者已经有了同样的思想，并且已经把产品推向了市场，那么机会之窗也就关闭了。

第四，你必须有资源（包括人、财、物、信息、时间）和技能才能创立业务。

（三）创业机会的分类

1. 按创业机会的来源分类

按创业机会的来源分类，创业机会可分为问题型机会、趋势型机会和组合型机会。

（1）问题型机会，是指由现实中存在的未被解决的问题所产生的创业机会。问题型机会在人们的日常生活和企业实践中大量存在，如顾客的抱怨、大量的退货、服务质量差等，在这些问题的解决中，会存在着价值或大或小的创业机会，需要用心发掘。

> **案例分享**
>
> 西部淘金，淘出牛仔"金矿"
>
> 世界著名服饰品牌"Levi's"的创始人李维·施特劳斯，20多岁时曾深入美国西部，投入到美国加州的淘金热潮中。在途中，一条大河拦住了去路，许多人感到愤怒，但李维·施特劳斯却说"棒极了！"他设法租了一条船给想过河的人摆渡，结果赚了不少钱。不久，摆渡的生意被人抢走了。李维·施特劳斯继续前往西部淘金。采矿时，他观察到由于采矿时工人跪在地上，裤子的膝盖部分特别容易磨破，而矿区里却有许多被人丢弃的帆布帐篷，于是，他就把这些旧帐篷收集起来洗干净，做成裤子，就这样，他缝出了世界上第一条牛仔裤。随后，牛仔裤风靡全球，最终李维·施特劳斯成为举世闻名的"牛仔大王"。
>
> 资料来源：https://www.taodocs.com/p-145664856.html

李维斯将问题当作机会，最终实现了致富梦想，也得益于他有一种乐观、开朗的积极心态。积极心态即：人要满意地对待过去、幸福地感受现在和乐观地面对将来。在日常生活和学习中，大学生应保持乐观、开朗、自信等积极心态，这样才能具有较强的自我调节能力，才能提升接受教育的积极性、主动性，才能在实践过程中以积极的心态去面对挫折、困难和挑战。

（2）趋势型机会，是指在变化中看到未来的发展方向，预测到将来的潜力和机会。这种机会一般容易产生在重要领域改革或时代变迁的时期。

例如，米勒啤酒公司根据消费者消费习惯的改变而调整生产策略，把淡啤变成主流，变成年轻、有男子气概、更注重健康的男人的选择。随着淡啤的成功推出，米勒啤酒公司从第7名一跃成为美国啤酒厂中的第2名。1975年，淡啤只占美国啤酒销售量的1%，而到1994年就占到了35%，销售额达到160亿美元。

（3）组合型机会，是指将现有的两项以上的技术、产品、服务等因素组合起来，实现新的用途和价值而获得的创业机会。

例如，3D打印与生物医学的组合创新。3D打印和生物医学是两个具有潜力的领域，它们的组合创新可以实现更精准、更个性化的医疗服务。例如，3D打印可以用于生产人工器官、医疗器械、医疗模型等，可以应用于医疗诊断、手术治疗、康复训练等领域。

2. 按目的—手段关系的明确程度分类

按目的—手段关系的明确程度分类，创业机会可分为识别型机会（目的—手段关系明确）、发现型机会（目的—手段关系有一方不明确）和创造型机会（目的—手段关系均不明确）三种。

（1）识别型机会，是指市场中的目的—手段关系十分明确时，创业者可通过目的—手段关系的连接来辨识机会。例如，当商品供求之间出现矛盾或冲突，不能有效地满足需求时，就会出现大量的创业机会。常见的问题型机会大多属于这一类型。

（2）发现型机会，是指目的或手段任意一方的状况未知，等待创业者去发掘机会。例如，一项技术被开发出来，但尚未有具体的商业化产品出现，因此需要通过不断尝试来挖掘出市场机会。

（3）创造型机会，是指目的和手段皆不明确，因此创业者要比他人更具先见之明，才能创造出有价值的市场机会。

> **知识积累**
>
> 在商业实践中，识别型、发现型和创造型三种类型的创业机会可能同时存在。一般来说，识别型机会多半处于供求尚未均衡的市场，创新程度较低，这类机会并不需要太繁杂的辨别过程，反而强调拥有较多的资源，就可以较快进入市场获利。而把握创造型机会就非常困难，它依赖于新的目的—手段关系，而创业者往往拥有的专业技术、信息、资源规模等都相当有限，更需要创业者的创造性资源整合与敏锐的洞察力，同时还必须承担巨大的风险。发现型机会最为常见，也是目前大多数创业研究的对象。

案例分享

张一鸣的创业史：前4次都失败，第5次创业成功影响6亿中国人

提到张一鸣，不得不说他打造的在国内站上第一阶梯队伍的流量分发平台——今日头条。

2017年，今日头条用户量达到6亿，活跃用户有1.4亿，每天每人平均花费76分钟在今日头条上。

张一鸣硬是在BAT的夹击下借助AI技术强劲地杀出了一条血路，而今日头条也是唯一没有接受BAT投资，却在BAT眼皮底下迅速成长的小巨头。

现在张一鸣旗下有今日头条、激萌、悟空问答、抖音小视频、内涵段子、火山小视频等多款产品，张一鸣的公司也正在成长为一个超级平台。

其实，在创立今日头条之前，张一鸣有过4次创业经历，但差不多都以失败而告终。

张一鸣，1983年出生，2005年毕业于南开大学软件工程专业，大学毕业后，张一鸣断断续续进行了5次创业。

第一次创业：2005年大学毕业，组建团队开发企业的协同办公系统，以失败告终。

第二次创业：2006年，进入旅游搜索网站酷讯，负责酷讯搜索研发。2008年离开酷讯，去了微软。

第三次创业：2008年9月，离开微软，以技术合伙人身份加入饭否创业，负责饭否的搜索、消息分发、热词挖掘、防作弊等方向。

第四次创业：饭否被关闭后，2009年10月，张一鸣开始第一次独立创业，创办垂直房产搜索引擎"九九房"。

第五次创业：2012年，张一鸣辞去九九房CEO的职务，开始第五次创业。同年5月推出实验性产品"内涵段子"，收到不错的反响。8月推出"今日头条"。

2012年，几大门户网站才刚刚开始布局移动端，而张一鸣打造的今日头条已经超前了一大步，在当时情况下，执行力强，占领市场快、准、狠。

2017年，今日头条营收150亿元，抢占的不仅是信息流的广告份额，还有所有互联网广告份额，从某种意义上说，今日头条是所有互联网广告行业的竞争对手。

今日头条的核心是"数据+算法"，个性化的定制，用户在使用头条的时候，也是千人千面，一千个人，可能面对的是一千个今日头条。张一鸣大学的时候，曾详细分析过网络信息传播规律，他隐约感觉到信息的组织和分发有较大的发展潜力。

在酷讯工作的一件事，让张一鸣感受异常强烈。当时张一鸣想要订一张回家的火车票，那时候还没有抢票软件，网上买票很难。张一鸣花费中午吃饭一小时的时间写了一个小程序，根据买票的需求上网站自己去搜索买票，一有搜索结果就短信通知他。结果他写完这个程序半个小时就收到了短信通知，不用找黄牛就买到了票。

张一鸣思考了很长一段时间，如果客户有信息的需求，一旦机器发现了，能及时有效地发现这些信息并推送给客户就好了。

如今，成为成熟产品的今日头条，将算法和信息分发技术发挥到极致。0.1秒内计算信息的推荐结果，3秒完成文章提取、挖掘、消重、分类，5秒计算出新用户兴趣分配，10秒内更新用户模型。

从2012年到2017年，短短5年时间，今日头条已获得20亿美元的融资，价值超过200亿美元。

资料来源：https://www.sohu.com/a/234123682_100094340

启示：善于把握创业机会，是创业成功的关键。

二、创业机会识别

马克·吐温曾说："我极少能看到机会，往往在我看到机会的时候，它已经不再是机会了。"识别创业机会一半是艺术，一半是科学。我们应该并且能够学习的就是创业机会识别的科学规律。那么，究竟如何识别创业机会呢？总的来说，可

微课学习

以从以下几方面进行识别。

（一）着眼于问题发现机会

通常，许多成功的企业都是从解决问题起步的。所谓问题，就是现实与理想的差距。例如，顾客需求在没有得到满足之前就是问题，而设法满足这一需求，就抓住了市场机会。因此，创业者应多关注还未解决的问题，从而发现机会、抓住机会。

> **案例分享**
>
> #### 好利来蛋糕店的创立
>
> 二十多年前，好利来公司总裁罗红只是一个拥有梦想与激情的年轻人。在母亲退休后的第一个生日，为了表达孝心与祝福，他希望能为母亲选购到一个式样新颖、口味馨香的生日蛋糕。然而，他几乎跑遍了全城，仍然没找到让他满意的一款蛋糕。"天下的妈妈把孩子抚养长大，不知道要做多少顿饭，可竟然没有一家能让孩子表达爱心的蛋糕店"，就是怀着这样一种无法尽心报答母爱的遗憾，罗红下定决心：创立自己的蛋糕店。如今，好利来的连锁店已经开遍了全国。
>
> 资料来源：https://wenku.baidu.com/view/977f6a25453610661ed9f46c.html

（二）利用变化把握机会

通常，变化中常蕴藏着无限商机，许多创业机会产生于不断变化的市场环境。环境的变化可带来产业结构的调整、消费机构的升级、思想观念的转变、政府政策的变化、居民收入水平的提高等，而创业者可透过这些变化，发现新的创业机会。

> **案例分享**
>
> #### "指甲钳大王"梁伯强
>
> 梁伯强，广东中山圣雅伦公司总经理，中国"隐形冠军"形象代言人。被誉为"指甲钳大王"的梁伯强决定生产指甲钳，是因为朱镕基总理的一句话。
>
> 1998年年底，梁伯强读到一篇文章，名为《话说指甲钳》，这篇文章让梁伯强的命运从此改变。文章写道，当时的朱镕基总理在参加本次会议时讲道："要盯住市场缺口找出路，比如指甲钳子，我没用过一个好的指甲钳子，我们生产的指甲钳子，用了两天就剪不动指甲了，使大劲也剪不断。"朱镕基总理以小小的指甲钳为例，要求轻工企业努力提高产品质量，开发新产品。梁伯强则从这一句话中发现了指甲钳的商机。
>
> 资料来源：https://www.docin.com/p-1493537989.html

（三）在市场夹缝中把握机会

一般而言，创业机会存在于为顾客创造有价值的产品或服务中，而顾客的需求又是具有差异的。创业者要善于找出顾客的特殊需要，盯住顾客的个性需求并认真研究其需求特征，以此发现和把握机会。

案例分享

大码时尚女鞋市场

凯瑟琳·科里甘身高1.8米多，从初中开始，就穿男孩子的运动鞋。要找到一双适合其他特殊场合穿的鞋子，对她来说十分困难。她的父亲曾经带她去了六家超市，依然无法给她买到一双合适的舞鞋。

上学时，她并不十分在意鞋子是否时尚，但选择读MBA以后，她发现她能穿的都是平淡无奇的鞋子。MBA课上要求写一份商业计划书，于是她就想写一篇关于创建一家时尚女鞋公司的计划书，而且专门设计、销售大号女鞋，当时她仅仅是为了完成学业。她为了写计划书而访谈了200位个子较高的女性，结果发现其中175位都和她有着相同的抱怨，因为压根就没人生产这种大号女鞋。毕业后，她创建了专做大码时尚女鞋的公司，填补了240亿美元女鞋市场的空隙。2007年，她被评为全美30岁以下最佳女性创业者。

资料来源：http://www.docin.com/p-1443292814.html

（四）跟踪技术创新把握机会

产业的变更或产品的替代，在满足顾客需求的同时也带来了前所未有的创业机会。技术变革可以使人们去做以前不可能做到的事情，新技术的出现也改变了企业之间的竞争模式，使得创办新企业的机会大大提高。

例如，乔布斯创造了智能手机，带来了移动智能时代，为社会带来了无数创业机会。

（五）捕捉政策变化把握机会

一般情况下，新政策的出台往往会引发新商机，如果创业者善于研究和利用政策，就有机会抓住商机进而把握机会。

例如，环境保护和治理政策出台，会将那些污染严重、对环境破坏厉害的企业的资源，转移到保护人类环境的创业机会上来。

（六）弥补对手缺陷发现机会

在日常生活中，很多创业机会是由于竞争对手的失误而"意外"获得的，如果能及时抓住竞争对手策略中的漏洞进行研究，从而比竞争对手更快、更可靠地提供产品或服务，也就有可能发现新的机会。因此，创业者应追踪、分析和评价竞争对手的产品和服务，找出其现有产品和服务中存在的缺陷，进而有针对性地提出改进方法，从而出其不意，发现创业机会。

案例分享

烤鸡蛋的商业价值

创业失败的吴胜营时刻都在思考着如何通过一个好项目来赚钱还债。秋天的博山城里弥漫着烧烤的味道,他看到烧烤业正在走俏,就把赚钱的目光首先盯在了烧烤上。

通过细心观察,他发现烧烤非常走俏,烤鸡、烤肠、烤肉,烤什么的都有,唯独没有烤鸡蛋的。于是,他不断实验摸索,并取得了初步成功,每天可以卖出四五百个烤鸡蛋。但他并不满足,为了把市场做大,他有了依靠饭店的想法。他先用烤鸡蛋试着做了六道菜,又印制了菜谱。然后,到饭店亲自下厨按照菜谱做菜,结果顾客吃后都挺满意。有了饭店的订单,他的烤鸡蛋每天能卖到 3 000 多个。紧接着,他又改进了烤鸡蛋的包装,注册了商标并开发了多种口味。有专家估计,他的这项发明市场价值可达 500 万元。

资料来源:https://www.docin.com/p-2041437127.html

任务实施

1. 识别创业机会的方法有哪些?

_____

_____

2. 以团队为单位,通过头脑风暴法,寻找身边的创业机会。

_____

_____

综合评价:_____

拓展阅读

管远航:手作"道具"十年创业路

从痴迷动漫的大学生"宅男"蜕变为年营业额 800 万元的青年创业者,管远航用了整整 10 年。回顾这 10 年创业路,管远航看到了手持"宝剑"、身披"盔甲"的逐梦少年,看到了艰辛旅途中伸出援手的良师益友。10 年来的翻山越岭,管远航饱尝了在

模块六 识别创业机会

新兴行业创业的苦涩，如今他终于看到了最初的梦想正落地生花。

启航：创业源自兴趣

为何选择动漫道具服装制作这一行？管远航坦言，一切都源于兴趣和热爱。高中时，管远航就喜欢看国内外动漫，曾模仿着手工制作了几件道具，身边的动漫爱好者觉得做得不错，这增加了管远航的信心。他开始对道具服装制作逐渐上心，想做出更精美的道具。

2012年，管远航考入安徽信息工程学院材料成型专业。刚上大学的他只是一个喜欢二次元的"宅男"，选择该专业的原因也只是想学手工制作相关专业知识。尽管对手作道具感兴趣，也加入了学校Cosplay社团，但管远航从未将这一爱好与创业联系起来。他在参与社团活动时制作了一些宝剑、铠甲道具，很受同学欢迎。辅导员赵靓得知班上有一个精通手工的学生，对这个行业前景十分看好，就劝管远航立项参加各级创新创业比赛。"创业大赛前，赵老师直接打电话给我妈，让她劝我去参赛。"至今，管远航仍十分感激赵靓当年的"逼迫"，"没有赵老师的帮助，就没有现在的我"。当时，校内喜欢动漫的大学生并不少，管远航很快结识了一群爱好相同的小伙伴，大家常聚在一起商量道具的选材和服装版型。就这样，一项立足于二次元领域的创业项目有了雏形。

2013年，管远航带着原创的"动漫与游戏道具制作工作室"项目参加了"昆山花桥杯"第八届安徽省大学生职业规划设计大赛暨大学生创业大赛，获得了安徽信息工程学院在创新创业类赛事上的第一个省级铜奖。次年，他又在"创青春·中国联通"安徽省大学生创业大赛决赛中摘得金奖，在国家级"创青春"赛事斩获铜奖。"我们参赛时穿的衣服都是自己制作的动漫服装，在比赛现场有很高的回头率，甚至赛后就有人来咨询业务想要下单。"几次在比赛中获得佳绩，让管远航开始系统思考项目落地实践的可能性。

转向：被浇了一盆凉水

从想法到落地，管远航经受了创业人必经的坎坷。由于缺人缺钱缺门路，创业初期的管远航只能单干，他先成立了工作室，一个人负责生产、经营和销售。后来学校伸出援手协调，两名工商管理专业的学生参与项目管理，再加上几个室友的支持，早期创业团队就此形成。

"我观察到，那时二次元经济刚刚兴起，市场供小于求，订单不缺，缺的就是人才。"但当时多数人觉得Cosplay是"不务正业"，管远航很难招聘到懂制作、会手工的设计师。2018年，管远航招来8名学徒，经过半年的学习，只剩下一个人，有的人甚至干一两个月就离开了。

"其实，类似于传统手工业，Cosplay道具制作也要静下心来系统学习，仅花几个月就学好并且赚到钱是很难的。"管远航说。缺少宣传渠道和客户来源，管远航就在电商平台上销售。网店开业不久，接到的第一笔订单是批量制作某知名网游中的一把宝剑，"我们租赁广告公司的雕刻机，再手工打磨、上色，这一单整整耗时一个月才交付"。管远航清楚地记得，除去租赁费用、人工、运输等费用后，他亏了近千元。

现实的财务数据给此前还梦想着扩大规模的管远航浇了一盆凉水。"最开始只能赚些加工费，有时候加工费都挣不回来。"由于缺少科学管理且规模尚小，管远航常常遇

113

到结款不顺利的情况，这就导致时常亏损。从那时开始，管远航认识到，光有创业的热情和美好的展望并不够，要想生存下去，成本管控、运营管理、发展规划等问题都需要深入细致地考虑。

在这些实际问题的解决上，学校给予了管远航支持。彼时，学校提供了创业场地、设施设备和管理服务，还提供了众创空间、创业广场等场所设施和创业一站式指导服务。正是在学校的帮助下，管远航的项目频频在各项创业赛事上大放异彩，吸引了一些客户的同时，也找到了一些志同道合的合作伙伴，一定程度上缓解了人才紧缺的情况。项目也就此开始有了盈利，逐步走上正轨。生产方式和销售渠道等条件逐步稳定后，管远航于2017年成立了一家文化传媒有限公司，主营动漫游戏道具服装的设计制作。为了满足不同客户群体的需求，管远航采用了客户定制生产的经营模式。由于缺乏专业设计师，在制作过程中，管远航发现，道具选材和版型打样往往会遇到瓶颈。他以一款热门网游举例，传统布料达不到视觉效果，产品想要贴近原版的奇特造型，就要选择设计师专业的布料。鱼鳞纹、岩石纹布料、EVA塑形材料……管远航一次性买来几大箱材料。"但材料布料的叠加、染色的配比只能通过不断地实验和试错来实现。"在选配材料的实验中，管远航常常产生奇思妙想：在透明的宝石后面加一块炫彩膜，宝石就变成了炫彩的状态；再将宝石分成几个棱镜，就能呈现出彩虹的状态；再加上一些闪粉，能实现梦幻的视觉效果。追求完美材料提高了企业的时间和人工成本，也导致了超时误工现象的出现。

"从收到客户意向金，到选配服装道具的主副材料，再到打样版制成品，整个流程需要一到两个月的时间。"平日里，即便出现订单超时、超预算现象，管远航对待每一次选材也都保证宁缺毋滥，对客户的每一个要求都尽可能满足。这也是他从业以来一直坚持的理念。

远航：如何在行业中走得稳

如何管理经营公司，如何有效节约资源减少成本，如何进一步明确自己的定位与未来发展？"摇身一变"成老板的管远航开始将公司重心从销售转向管理规划。"最初接单是'一人吃饱，全家不饿'，现在更多考虑的是怎么才能养活公司专兼职的30多位员工。"

在调整了经营策略之后，管远航收缩回单纯制作道具和服装的状态，不再生产销售定制化产品，转向通用化和批量化生产。区别于传统的Cosplay服装道具设计行业，管远航制定了小规模、批量化的生产模式，与主营服装制造的企业合作，在批量生产的同时坚持原创设计。这使得管远航的销路快速扩张，逐渐在行业内站稳脚跟。目前，其公司已经兼并了当地两家同行的工作室，公司业务范围也扩展至电脑图文设计、制作、代理、发布广告、承办展览展示以及雕塑设计制作等。2021年全年营业额超800万元。

每天工作11个小时，白天分配订单，联系裁缝和打样工人以及快递员，晚上还要抽时间自己打样参与原创设计。这是管远航近段时间每天的工作状态。"即便现在订单量稳定，但创新产品产出较慢，我们需要更多有创意、懂管理的青年人才加入，这也是整个行业的痛点。"管远航说。近年来，我国喜爱动漫、游戏的年轻人增多，立足于二次元文化的Cosplay道具制作产业应运而生。该产业将手工业与雕塑、绘画、动画、服装等专业结合，专注于服装、装备等制作和生产。

模块六 识别创业机会

《2020年中国动漫产业研究报告》显示，2021年，我国泛二次元用户规模达到4.2亿人。日渐壮大的市场吸引了越来越多年轻创业者的关注。

此外，安徽芜湖市重视动漫产业，连续举办中国国际动漫创意产业交易会，建立一批文化创意产业园。动漫产业赋予了这座城市更多活力，也为管远航等年轻创业者提供了逐梦和展示自我的舞台。

"动漫成为一种文化甚至是生活方式，我们也就有了更多机遇，吸引更多年轻人消费。"管远航说，"大学生创业并不是容易的事情，我很幸运能够走到今天，把兴趣爱好作为事业坚持下来了，下一步除了继续发展公司以外，还希望能够反哺母校，为创业后辈贡献一份力。"

资料来源：https://www.xuexi.cn/lgpage/detail/index.html?id=8047036140339580434&amp

任务二　评价创业机会

评价创业机会需要采取科学的方法。一方面，可以从收益—成本框架出发评价创业机会的价值创造潜力，判断值不值得追求所发现的创业机会；另一方面，可以从个体—创业机会框架出发评价创业机会价值实现的可能性，判断个体能不能够真正把握并实现创业机会的价值。

任务描述

发现创业机会后，并不意味着就可以开始创业，更不意味着成功就在眼前。这是因为：创业活动是创业者与创业机会的结合，但并非所有的创业机会都有足够大的价值潜力来填补为把握机会所付出的成本，也并非所有机会都适合每个人。那么，如何从众多机会中找寻出有价值的创业机会，并采取快速行动来把握机会？

知识链接

一、评价创业机会价值的基本体系

杰弗里·蒂蒙斯，富兰克林·欧林创业学杰出教授与百森学院普莱兹-百森项目主任，科尔盖特大学文学士，哈佛大学商学院工商管理硕士、工商管理博士，有着"创业教育之父"的称号。

蒂蒙斯总结出一个包含八类分项指标的创业机会评价体系，涉及行业与市场、经济因素、收获条件、竞争优势、管理团队、创业家的个人标准、理想与

微课学习

115

现实的战略性差异、致命缺陷等八个方面的 53 项指标，如表 6-1 所示。蒂蒙斯创业机会评价体系提供了一套系统的评价模型和可量化的指标体系，可以帮助创业导师和创业者科学深入地评价创业项目的可行性及其价值性。

表 6-1　蒂蒙斯创业机会评价体系

行业与市场	市场容易识别，可以带来持续收入
	顾客可以接受产品或服务，愿意为此付费
	产品的附加价值高
	产品对市场的影响力大
	将要开发的产品生命长久
	项目所在的行业是新兴行业，竞争不激烈
	市场规模大，销售潜力达到 1 000 万~10 亿美元
	市场成长率在 30%~50% 甚至更高
	现有厂商的生产能力几乎完全饱和
	在五年内能占据市场的领导地位
	拥有低成本的供货商，具有成本优势
经济因素	达到盈亏平衡点所需要的时间在 1.5~2 年以下
	盈亏平衡点不会逐渐提高
	投资回报率在 25% 以上
	项目对资金的要求不是很高，能够获得融资
	销售额的年增长率高于 15%
	有良好的现金流量，能占到销售额的 20%~30%
	能获得持久的毛利，毛利率要达到 40% 以上
	能获得持久的税后利润，税后利润率要超过 10%
	资产集中程度低
	运营资金不多，需求量是逐渐增加的
	研究开发工作对资金的要求不高
收获条件	项目带来的附加价值具有较高的战略意义
	存在现有的或可预料的退出方式
	资本市场环境有利，可以实现资本的流动
竞争优势	固定成本和可变成本低
	已经获得或可以获得对专利所有权的保护
	竞争对手尚未觉醒，竞争较弱
	拥有专利或具有某种独占性
	拥有发展良好的网络关系，容易获得合同
	拥有杰出的关键人员和管理团队

续表

管理团队	创业团队是一个优秀管理者的组合
	行业和技术经验达到了本行业内的最高水平
	管理团队的正直廉洁程度能达到最高水平
	管理团队知道自己缺乏哪方面的知识
创业家的个人标准	个人目标与创业活动相符合
	创业家可以做到在有限的风险下实现成功
	创业家能承受薪水减少等损失
	创业家渴望进行创业这种生活方式,而不只是为了赚大钱
	创业家可以承受适当的风险
	创业家在压力下状态依然良好
理想与现实的战略性差异	理想与现实情况相吻合
	管理团队已经是最好的
	在客户服务管理方面有良好的理念
	所创办的事业顺应时代潮流
	所采取的技术具有突破性,不存在许多替代品或竞争对手
	具备灵活的适应能力,能快速地进行取舍
	始终在寻找新的机会
	定价与市场领导者几乎持平
	能够获得销售渠道,或已经拥有现成的网络
	能够允许失败
致命缺陷	不存在任何致命缺陷

蒂蒙斯创业机会评价体系主要具有以下几个特点:

1. 该评价体系主要适用于具有行业经验的投资人或资深创业者对创业企业的整体评价。

2. 该评价体系必须运用创业机会评价的定性与定量方法才能得出创业机会的可行性及不同创业机会间的优劣排序。

3. 该评价体系涉及的项目比较多,在实际运用过程中可作为参考选项库,结合使用对象、创业机会所属行业特征及机会自身属性等进行重新分类、梳理简化以提高使用效能。

4. 该评价体系及其项目内容比较专业,创业导师在运用时一方面要多了解创业行业、企业管理和资源团队等方面的经验信息,一方面要掌握其50多项指标内容的具体通义及评估技术。

同时,蒂蒙斯创业机会评价体系还存在着一定的局限性,主要包括以下几点:

1. 评价主体要求比较高。该评价体系是目前为止最全面的评价体系,主要是基于风险投资商的风险标准建立的，所以和创业者的标准还是存在一定的差异。

2. 评价体系维度有交叉重复问题。例如，在竞争优势、管理团队、创业家的个人标准和理想及现实的战略性差异这四个维度中，都存在"管理团队"的评价项目。

3. 评价体系缺乏主次，定性定量混合，影响效度。该评价体系指标多而全，主次不够清晰，使用也不够简便。

二、评价创业机会的方法

（一）标准打分矩阵法

标准打分矩阵，是指将创业机会评价体系的每个指标设定为三个打分标准，如最好（3分）、好（2分）、一般（1分），形成打分矩阵表。在打分后，求出每个指标的加权平均分。

该方法简单易懂，易操作。该方法主要用于不同创业机会的对比评价，其量化结果可直接用于机会的优劣排序。只用于一个创业机会的评价时，则可由多人打分后进行加权平均。其加权平均分越高，说明该创业机会越可能成功。

表6-2中列出了其中10项主要的评价因素，在实际使用时可以根据具体情况选择其中的全部或部分因素来进行评价。

表6-2 标准打分矩阵

标准	专家打分			
	最好（3分）	好（2分）	一般（1分）	加权平均分
易操作性				
质量和易维护性				
市场接受性				
增加资本的能力				
投资回报				
专利权状况				
市场大小				
制造的简单性				
口碑传播潜力				
成长潜力				
总分				

（二）贝蒂的选择因素法

该方法可以看作是标准矩阵打分法的简化版。评价者通过对11个选择因素的设定

模块六 识别创业机会

来对创业机会进行判断,如表6-3所示。如果某个创业机会只符合其中的6个或更少,说明该创业机会的成功机会较小;相反,如果这个创业机会符合其中的7个或更多,那么说明该创业机会比较有潜力,值得探索与尝试。该方法比较适合创业者对创业机会进行自评。

表6-3 贝蒂的选择因素法判断表

选择因素	是/否
这个创业机会现阶段是否只有你一人发现了?	
初始的产品生产成本是否可以承受?	
初始的市场开发成本是否可以承受?	
产品是否具有高利润回报的潜力?	
是否可以预期产品投放市场和达到盈亏平衡点的时间?	
潜在的市场是否巨大?	
你的产品是否是高速成长的产品家族中的第一个成员?	
你是否拥有一些现成的初始用户?	
是否可以预期产品的开发成本和开发周期?	
是否处于一个成长中的行业?	
金融界是否能够理解你的产品和顾客对它的需求?	

无论采用何种评价体系和评价方法,都需要考虑创业机会评价的基本标准。有研究指出,评价创业机会至少有以下5项基本标准:对产品有明确的市场需求,推出的时机也是恰当的;投资的项目必须能够维持持久的竞争优势;投资必须具有一定的高回报,从而允许一些投资中的失误;创业者与机会之间必须相互合适;机会中不存在致命的缺陷。这5项基本标准,为创业导师应用该工具时提供了基本工作准则,以达成评价的预定目标和可靠结果。

在实际中,可以将上述评价方法适当综合起来应用,也可以延伸,更加广泛地应用于对创业机会的分析和研究。

任务实施

1. 评价创业机会应该考虑哪些因素?

_____

_____

_____

2. 以团队为单位，通过头脑风暴法，选择 2-3 个上节课找到的创业机会，运用所学知识进行评价。

_____

_____

_____

综合评价：_____

拓展阅读

从"5G 急诊""互联网医院"看"互联网+医疗健康"新实践

5G 重症监护室、无人机送药服务、线上问诊……当日益先进的信息技术赋能医疗领域，"互联网+医疗健康"正在逐步改变老百姓的就医习惯，患者少跑腿、看病更便捷的就医体验也更加触手可及。

推开浙江大学医学院附属第一医院互联网医院的一扇门，几位医师正坐在电脑前，在线和问诊患者进行交流。

2016 年 2 月 16 日，浙大一院在全国率先上线公立三甲医院线上院区，目前共有分级诊疗平台、护理学院、国际影像会诊中心、国际病理中心、慢病管理中心、老年病管理中心、处方审核和药物治疗管理中心 7 大平台，实现了医疗服务的全流程再造，提供了基于信息化、面向受众的在线医疗新模式。

线上问诊的一大优势就是实现了"患者少跑腿"。戴着耳机、面对电脑摄像头，浙大一院内分泌科主治医师冯烨正在与一位甲状腺疾病复诊患者进行交流，"通过互联网医院的在线交流，不仅为病人节省了时间、精力，不用多次往返医院，同时也让医生能够相对自由地安排时间。"

冯烨向记者展示她手机上安装的"掌上浙一"手机 App。记者看到，除了可以在线上诊室与患者沟通，平时患者也可以在 App 上给她留言，把相关的检验报告等上传到受到保护的安全平台，这样医生就可以利用零散时间为病人答疑解惑。

足不出户完成线上就诊，这是互联网医院的核心理念。据了解，浙大一院互联网医院已开设 13 个专科及专家门诊，从门诊预约到诊间问诊再到用药配药，只要安装线上问诊的 App，病人一步都不用走，就能享受到省级医疗服务。

除打造互联网医院外，浙大一院还推出"信用就医"。浙大一院门诊部负责人介绍说，"信用就医"指的是患者就医可以线上付费，并且只要支付宝芝麻信用达到 650 分以上，便可凭借信用免押金借用"共享轮椅""共享充电宝"等，还可获 1 000 元额度的医药费垫付金，解决用户排队缴费时间长和临时资金不足的问题。

除此之外，更多的医疗服务正在从线下拓展到线上。来自浙江衢州的王先生近日在浙江大学医学院附属第二医院做完磁共振检查后,并没有像以往一样走到自助报告打印机前等待打印胶片,"医生说现在有数字影像服务,扫描缴费单上的二维码就能在手机上看报告。"

医院看病也能"最多跑一次"?浙大二院客户服务中心主任叶小云说,基于线下医院的互联网医院服务,重构优化了就医流程,从诊前贯穿到诊后,从医疗领域延伸至护理领域,让患者看病更加轻松便捷。

信息多跑路、患者少跑腿,凭借互联网技术的东风,"互联网+医疗健康"推动医疗卫生领域"最多跑一次"改革,正在重构医疗机构服务理念和方式。

5G 技术在医疗领域的应用,也开始促进远程医疗模式提质升级。5G 技术不仅体现在速度的提高,更极大改善信息传递的容量和效率,可以在远程诊疗过程中实现如同面对面一般对患者进行专家级的检查、评估,对患者进行实时动态的生理指标监测,对异常事件进行及时预警。

在浙大二院滨江院区的 5G 远程急救指挥中心,一场实时急救演练正在进行。医院专家通过指挥平台的屏幕密切关注一位转运中的急诊患者,5G 急救车上患者的心电图、超声画面等各项指征数据通过 5G 网络实时回传。医生还可以戴上 VR 眼镜查看救护车上的抢救情况,并实时通过音视频互动系统与救护车内的医生进行沟通。

当救护车到达医院时,急救团队已做好准备,立即投入到对患者的救治中。最终病人通过专科团队的诊疗康复出院后,仍可通过浙大二院互联网医院获得在线复诊、专科护理、数字影像等服务。

浙大二院急诊科主任张茂介绍,未来 5G 技术将给患者就医带来更多便捷。正在建设中的 5G 重症监护室可以通过仪器设备互联、全息投影技术,不仅能实现立体化、智能化的远程会诊,还能依托人工智能为患者创造更加人性化的医疗环境和沟通模式。

记者从国家卫生健康委员会了解到,自 2018 年 7 月《互联网诊疗管理办法(试行)》等相关文件出台后,各地大力发挥互联网在便利群众就医方面的积极作用,部分省份如浙江、山东等已经建立了省级互联网医疗服务监管平台,浙江的平台同时具备监管和服务功能,为推动互联网医疗服务发展提供了有力支持和质量保证。此外,宁夏成立了互联网医院的行业组织,发挥行业组织的引领和自律作用,助力互联网医疗服务健康发展。

资料来源:https://www.xuexi.cn/lgpage/detail/index.html?id=9418239510782085623

创业的几个金点子

为什么有些人会觉得商机难寻?其实创业金点子往往就在每个人的身边,要看个人有没有善于发现金点子的眼睛。当你意识到它的存在,就有可能走向成功。下面与读者分享创业的四大金点子。

1. 代销店

如今,一些企业为了拓宽市场,减少费用支出,会以代销形式进行产品销售。创业者可以寻找企业进行合作,开办一家代销店。开办代销店投资少、风险小,一般在确定营业场所之后,企业只向代理商收取一定的押金,再无其他大的投资。代销店经营的商品由合作企业负责送货上门，价格也由合作企业统一制定，售后服务也由合作企业负责。创业者只要搞好销售，就可以得到企业固定的分成。此外，创业者还可以通过互联网这个平台来销售合作企业的商品，这样操作起来就更简单易行。

2. 校园二手货经营店

现在中国大学生的数量相当庞大，而且大学生的消费能力也相当惊人，大学生毕业后，很多东西无处可放，弃之可惜，因此，创业者可以在校园创立二手商品店，解决毕业生的烦恼。创业者可以低价购进一些二手货品，然后经清洗、保养后，转手卖给其他在校学生或校外消费者。

3. 情侣礼品店

情侣礼品店虽然随处可见，但大多数都是传统礼品店，因此，创业者只要寻找有新意、有特色的小礼物作为货源，就能吸引消费者的眼球。当精致的礼品被贴上爱的标签时，礼品本身的价格就不重要了。因此，只要商品有特色、有个性，就不怕没有消费者。

4. 解压玩具店

现在人们的压力日益增大，当人们的压力无处发泄的时候，解压玩具可以帮人们解决这个问题，解压玩具让解压成了一件轻松快乐的小事。创业者可以选择一些能够帮助消费者宣泄情绪的解压玩具，开办玩具店。例如，"捏泡泡"玩具可以仿真气泡纸按下时的触感和声音；又如，仿真灯泡，当使劲把它砸向地面、墙壁时，它会变成一摊，但几十秒后又会恢复原状；还有一种被称作"尖叫鸡"的解压玩具，只要按压它，就会发出逼真的惨叫声，消费者可以用捏"尖叫鸡"的办法来代替自己尖叫、怒吼。

资料来源：https://wenku.baidu.com/view/0609c38c6529647d2728520d.html

课后练习

一、判断题

1. 仅有少数创业者能够把握创业机会从而成功创业，一旦创业成功，不仅会改变人们的生活和休闲方式，甚至还会创造出新的产业。（　　）
2. 国家政策对商业活动有着重大影响，往往一个新政策的出台就能带来巨大商机。（　　）
3. 蒂蒙斯指标体系主次分明、清晰，使用相当简便。（　　）
4. 商机取决于市场的变化，而市场的环境变化是持久的。（　　）

二、不定项选择题

1. 创业机会主要包括技术机会、市场机会和（　　）。
    A. 普遍机会 　　　　　　　　　B. 效应机会
    C. 组合机会 　　　　　　　　　D. 政策机会

2. 识别型创业机会多半处于供求（　　）的市场，创新程度（　　）。
   A. 平衡，较低　　　　　　　　　B. 平衡，较高
   C. 尚未平衡，较低　　　　　　　D. 尚未平衡，较高
3. 目前为止，针对创业计划的最全面的评价体系是（　　）。
   A. 蒂蒙斯评价体系　　　　　　　B. 标准打分矩阵法
   C. 贝蒂的选择因素法　　　　　　D. 温斯丁豪斯法
4. 如果按照创业机会的来源分，创业机会可分为（　　）。
   A. 普遍型机会　　　　　　　　　B. 趋势型机会
   C. 组合型机会　　　　　　　　　D. 问题型机会
5. 如果按照目的——手段关系的明确程度分，创业机会可分为（　　）。
   A. 识别型机会　　　　　　　　　B. 发现型机会
   C. 创造型机会　　　　　　　　　D. 偶然型机会
6. 有价值的创业机会具有哪些特征？（　　）
   A. 吸引力　　　　　　　　　　　B. 持久性
   C. 及时性　　　　　　　　　　　D. 客观性

三、简答题

蒂蒙斯提出的创业机会评价框架中，包括哪些方面？

_____

_____

_____

_____

模块七

盘点创业资源

学习目标

◇ **知识目标**
- 熟悉创业资源的分类,掌握创业资源的获取途径和整合过程
- 熟悉创业者应具备的素质与能力
- 理解创业团队的概念及组成要素,了解创业团队的分类
- 熟悉组建优秀创业团队的要点和创业团队的管理技巧

◇ **能力目标**
- 能够根据实际情况分析创业所需的资源,并对资源进行整合
- 能够在日常生活中不断提升自己的素质与能力,为今后创业打下良好基础能够组建自己的创业团队

◇ **素质目标**
- 拓展学生获取和整合创业资源的思路
- 增强团队合作意识,提升人际沟通能力
- 培养创业所需的独立自主、顽强执着、诚信为本、责任心强、守法律己、勤劳节俭等素质

　　成功者善于发现自己的才干,然后不断地对"才干"进行强化、巩固和提升,使其成为优势,再结合相关知识和技能,充分发挥威力,助力事业成功。进行创业准备时,首先需要通过自我观察与分析、看别人对自己的评价、参加创业测评以及参与他人创业项目等方式中的一种或者多种来发现自己的创业才干(特质)和相关条件。然后,设计专门方案不断地强化、巩固和提升创业才干(特质)和相关条件,使之成为创业优势。同时,结合校内外创业导师指导,积极开展创业意识、创业思维、创业能力、创业团队、创业项目和创业资金等素质与资源的准备。

模块七　盘点创业资源

> **引导案例**

尤伯罗斯的资源整合

暑假期间，正在纽约读大学的尤伯罗斯回到了位于伊利诺伊州的家，当时他的父亲正在一条交通要道旁建造房子，但因为资金估算不准确，房子建了一半就搁置了。"等攒够了钱再继续施工。"他的父亲无奈地说。尤伯罗斯里里外外仔细看了看后说："虽然我们自己没钱了，但可以用别人的钱来盖这栋房子。""你是说去借？不行，能借到的在之前都借过了。"父亲很沮丧地说。"不用去借。"尤伯罗斯说完就到镇上的影楼里找来一位摄影师，为自己家没盖好的房子拍了几张照片。然后拿着这些照片到城里找到一些企业主，并对那些企业主说："这幢房子是一个非常好的广告张贴位置，我准备用来出租！"

因为房子地处交通要道旁边，企业主们都认为房顶和墙壁是广告宣传的理想位置，于是大家纷纷出高价竞争。几天后，出价最高的两家企业分别获得他家房顶和墙壁的使用权。一年一万美元的收入，不仅让他家的房子顺利盖成，而且还使他家每年有一笔稳定的收入。

随着经济的发展，旅游成了人们越来越热衷的一项生活内容，于是尤伯罗斯毕业后想创办一家旅游公司，但他没有足够的资金配备车辆和游艇。经过仔细考虑后，他终于想到一个办法。他在报纸上发布消息称准备把他的汽车和某旅游点的游艇外壳及座位套都对外出售用于张贴商品广告。这是一个活动性和接触面都很大的广告资源，消息一经发布，商家们竞相抬价，最后有五家企业成功获得广告张贴权，而就是这笔钱让他顺利地经营起了自己的公司。因为经营得法，业务不断扩大，几年后他的公司发展成为北美第二大旅游公司。

尤伯罗斯能用别人的钱盖自家的房子、经营自己的公司，关键在于他发现和利用了自己所拥有的资源。

资料来源：http://www.docin.com/p-1042237363.html

任务一　整合创业资源

创业对于大多数人而言是一件极具诱惑的事情，同时也是一件极具挑战的事情。一个人要想创业成功，除具备基本的创业素质之外，还要拥有一定的创业资源，正所谓"巧妇难为无米之炊""将军难打无兵之仗"。同时，要整合相关资源组建一个优秀的创业团队。创新精神与团队意识的培养，不仅有利于塑造大学生良好的个性人格，而且有利于提高其奉献、进取、团结、合作的人际交往能力和作风。

任务描述

创业不是"天马行空",不是引"无源之水",栽"无本之木"。创业需要资源,没有真正意义上的"白手起家",创业者不可能完全靠一己之力轻松做老板。每个人创业,都必须有其凭借的条件,也就是其拥有的创业资源。分小组讨论创业需要具备哪些资源?

知识链接

一、创业资源的概念

微课学习

创业资源是指企业创立及成长过程中所需要的各种生产要素和支撑条件,是创业企业在创造价值过程中所需要的特定资产。

对于创业者来说,只要是对其创业项目和创业企业的发展有所帮助的要素,都可以归入创业资源的范畴。美国著名的创业管理专家蒂蒙斯教授将创业视为"机会、资源、团队"三大要素的结合。他认为,创业管理成败的关键,就是创业家如何在新事物发展过程中拿捏"机会、资源、团队"三项要素。

二、创业资源的分类

(一) 内部资源

创业者的内部资源主要是创业者个人的能力,其所占有的生产资料及知识技能,也就是人们通常所说的有形资产及无形资产。

创业者的内部资源主要包括:①现金资产;②房产和交通工具;③技术专长;④信用资源;⑤商业经验;⑥家族资源。在正式开始创业之前,创业者可对自己拥有的内部资源进行盘点。

(二) 职业资源

职业资源是指创业者在创业之前,为他人工作时所建立的各种资源,主要包括项目资源和人际资源。职业资源是许多人创业成功的法宝。

(三) 人脉资源

创业者的人脉资源即创业者构建其人际网络或社会网络的能力。一个创业者如果不能在最短的时间之内建立自己最广泛的人际网络,那他的创业一定会非常艰难,即使其初期能够依靠领先技术或者自身素质,获得某种程度上的成功,但之后的创业过程还是会比较艰辛。因此,创业者可在大学期间多结交志同道合的朋友,互相学习交流;

模块七　盘点创业资源

多参加社团活动，为以后的创业积累人脉。

三、创业资源的获取

创业资源的获取是指在确认并识别资源的基础上，得到所需资源并使之为创业服务的过程。

（一）获取创业资源的途径

获取创业资源的途径分为市场途径和非市场途径两大类。

1. 通过市场途径获取创业资源

通过市场途径获取创业资源包括购买和联盟两种方式。

（1）购买。购买是指通过市场购入的方式获取外部资源，主要包括购买厂房、设备等物质资源，购买专利和技术，聘请有经验的员工及通过外部融资获取资金等。

（2）联盟。联盟是指通过联合其他组织，对一些难以或无法自己开发的资源实行共同开发。这种方式不仅可以汲取显性知识资源，还可以汲取隐性知识资源。但联盟的前提是联盟双方的资源和能力互补且有共同的利益，同时能够对资源的价值及其使用达成共识。

2. 通过非市场途径获取创业资源

通过非市场途径获取创业资源主要包括资源吸引和资源积累两种方式。

（1）资源吸引。资源吸引是指发挥无形资源的杠杆作用，利用创业企业的商业计划和创业团队的声誉、通过对创业前景的描述来获得或吸引物质资源、技术资源、人力资源和资金等。

（2）资源积累。资源积累是指利用现有资源在企业内部通过培育形成所需的资源，主要包括自建企业的厂房、设备，在企业内部开发新技术，通过培训来增加员工的技能和知识，通过企业的自我积累获取资金等。

启示：究竟是通过市场途径还是非市场途径获取资源，主要依赖于资源在市场的可用性和成本等因素。例如，若证明快速进入市场能够带来成本优势，则可采用外部购买方式。对于多数创业企业来说，由于初始资源禀赋的不完整性，创业者需要获取资源所有者的信任来获取资源。但无论如何，采用多种途径同时获取不同资源总是正确的选择。

（二）获取创业资源的技巧

为了及时足额并以较低成本获取创业所需要的资源，创业者需要掌握一定的创业资源的获取技巧。

1. 充分重视人力资源的获取

人力资源在创业资源中的决定性作用要求创业者必须充分重视人力资源的获取。创业者一方面应努力增强自身能力的培养，另一方面应充分重视创业团队的建设。一支知己知彼、才华各异、能力互补、目标一致和彼此信任的团队是创业资源中最为重要的资源，也是创业成功必不可少的保证。

2. 以能用和够用为原则

不是所有的资源都是企业需要的，创业者在获取资源时应坚持能用的原则，只有满足自己需求、自己可以支配并使其充分发挥作用的资源，是需要获取的资源。

另外，资源的使用是有代价的，因此，在获取创业资源时应该本着够用的原则，而不是多多益善。一方面，资源的有限性使创业者难以筹集更多的资源；另一方面，当使用资源的收益不能弥补其成本时，资源的使用并不能给企业带来效益。

3. 尽可能获取多用途资源和杠杆资源

资源自身的特性决定了其用途的不同，有的资源可能在不同场合具有不同的用途，获取具有多用途的资源可以帮助创业者应付创业过程中出现的意外。在知识社会，具有独特创造性的知识是现代社会的高杠杆资源，对于杠杆资源的合理利用，有助于创业者取得一定的杠杆收益，达到事半功倍的效果。

四、创业资源的整合

微课学习

创业者既要积累个人资源，也要善于创造性地整合社会资源，以创造有利于创业的良好条件，为企业创造最大产值。

创业资源的整合是一个复杂的动态过程，是创业企业对不同来源、不同层次、不同结构、不同内容的资源进行选择、汲取、配置、激活和有机融合的过程，以使之具有更强的柔性、条理性、系统性和价值性，并对原有的资源体系进行重构，摒弃无价值的资源，以形成新的核心资源体系。

创业资源的整合过程可以分为资源扫描、资源控制、资源利用和资源拓展四个阶段。这四个阶段在时间上并不是完全分离的，而是相互影响、相互衔接的。

（一）资源扫描

创业资源整合过程首先是资源扫描。创业者要知道自己的资源禀赋及企业所拥有的最初资源。将已有资源识别出来，包括己方所有有价值的有形资产和无形资产，如设备、品牌、人才、技术等，找到自己的资源优势和不足，同时认清哪些属于战略性资源，哪些属于一般性资源，还要确定资源的数量、质量、使用时间及使用顺序。

（二）资源控制

资源控制的范围包括创业者自身拥有的资源、通过交易等形式可获得的资源，以及通过社会网络等形式可以控制的资源。

（三）资源利用

在获取和控制大量资源的基础上，创业企业开始对这些资源进行配置和利用，将它们合理有效地配置到最能发挥其使用效益的地方去，体现出这些资源的价值。

在配置资源之后，新的资源或者说竞争优势就会形成，企业必须利用区别于其他企业的这种优势来赢得市场。资源在整合并转化为企业内部的独特优势之后，创业者需要协调各种资源之间的关系，匹配有用的资源，剥离无用的资源。通过协调使资源的联系更加紧密，更加具有匹配性，形成"1+1>2"的局面，并为下一步拓展奠定基础。

（四）资源拓展

资源拓展即将以前没有建立起联系的资源建立联系，将新获取的资源与已有的资源进行联结融合，进一步开发潜在的资源为企业所用，这也是企业持续竞争优势的根本来源。资源拓展过程能为创业企业带来新的能力，从而使其能够更充分地发现和掌握创业机会。

任务实施

1. 想一想，你拥有哪些创业资源？

_____

_____

_____

_____

2. 如何获取创业资源？

_____

_____

_____

_____

_____

综合评价：_____

拓展阅读

一下科技成功的原因

企业简介

2011年8月，一下科技有限公司成立于北京。2013年上线"秒拍"，成为新浪微博官方独家短视频应用，2014年秒拍借由"冰桶挑战"奠定江湖地位。2015年推出对口型视频应用"小咖秀",2016年5月上线直播应用"一直播"。截至目前,秒拍和小咖秀日播放量峰值已经突破25亿次,日均上传量突破150万次,日覆盖用户超过7 000万,"一直播"全网日播放量过千万次。

商业模式

一下科技有限公司定位于移动短视频娱乐分享应用和移动视频技术服务提供商,依托大量明星资源、社交资源,通过包括秒拍、小咖秀、一直播等的产品生态矩阵,成为各类视频内容的原产地和集散地。此外,一下科技还与微博数据打通,共享了国内最大的社交媒体平台。

爆发式成长原因

(1)抓机会建立产品矩阵组合。一下科技抓住了移动视频爆发的风口,旗下产品——秒拍、小咖秀、一直播等基本都是踩准了移动视频的发展步伐,有着非常强的连贯性和关联性,形成良好的协同效应。

(2)跨界整合资源。一下科技拥有大量明星资源,以明星经济的高能运营,搭建了明星和泛娱乐不可替代的行业壁垒。除了两位明星高管——贾乃亮、赵丽颖以外,一下科技在上线之初还吸引了黄晓明、周迅、应采儿等数十位明星入驻。此外,一下科技还与新浪微博深度绑定,为微博创造了含视频创作、分发、互动、社交的一站式服务场景,实现了与微博数据打通,共享了国内最大的社交媒体平台。

(3)技术优势。一下科技的核心团队拥有近10年的视频创业经验,打造了面向开发者的工具Vitamio。

资料来源:https://www.sohu.com/a/680793904_121616392? scm=1019.20001.0.0.0&spm

启示:创造性地整合和运用各种资源,是企业成功的关键

任务二　分析创业者素质与能力

就业是最基本的民生,必须促进高质量充分就业。要健全就业指导与培训服务体系,提升劳动者素质和技能,培养高层次技术人才,以高质量人才推动高质量就业。开展多渠道灵活就业和创业,畅通劳动力和人才社会性流动渠道,为劳动者灵活就业、自主创业、参加社保等提供便利。

任务描述

根据我国的创业环境及众多成功案例,创业者应该具备哪些素质和能力?

模块七 盘点创业资源

> 知识链接

一、创业者的概念

通常，我们将创业者的概念分为狭义和广义两个方面。狭义的创业者是指参与创业活动的核心人员；广义的创业者是指参与创业活动的全部人员。一般情况下，在创业过程中，狭义的创业者会比广义的创业者承担更多的风险，也会获得更多的收益。

按照创业者创业目标的不同，可将创业者分为以下三种类型。

（1）谋生型创业者。这类创业者绝大部分是以较少资金起步的，创业范围一般局限于商业贸易领域，也有少数从事实业，但基本上是规模较小的加工业。

（2）投资型创业者。这类创业者是在已经拥有一定的经济基础与实力的基础上进行创业。这类创业者的创业目标主要是为了获取更大的经济回报。

（3）事业型创业者。这类创业者把实现自己的人生理想作为创业目标，把创业企业当作自己毕生的事业。这类创业者成就意识很强，不甘于为别人打工，愿意为理想放弃一份稳定的工作。

二、创业者应具备的素质

对于创业者而言，具备优秀的素质，能为开创自己的事业打下良好的基础。一般来说，创业者应具备以下基本素质。

微课学习

（一）心理素质

心理素质是指创业者的心理条件，包括自我意识、性格、气质、情感等心理构成要素。具体来说，主要体现在以下几个方面。

1. 独立自主

创业者要有独立自主的个性心理。独立自主主要体现在以下几个方面：①自主抉择，即在选择人生道路、创业目标时，有自己的见解和主张；②自主行为，即在行动上很少受他人影响和支配，能将自己的主张决策贯彻到底；③行为独创，即能够开拓创新，不因循守旧、步人后尘。

2. 坚定信心

坚定信心是指创业者对自身所从事的活动或事业深信不疑。这是创业者获得创业成功的必备要素。创业过程中往往会遇到很多困难，如果创业者缺乏坚定的信心，遇到挫折就怀疑自己决策的正确性，那么就难以使创业顺利地进行下去。

3. 顽强执着

创业者需要有百折不挠、坚持不懈的毅力和意志。无论是面对成功还是失败，都能做到坚持、不放弃。对于一个创业团队，顽强和执着精神就是团队成功的锐利武器。创业者的执着可以引导企业团队成员凝聚在一起，奋勇向前。

131

> 2019年4月30日，习近平总书记在纪念五四运动100周年大会上讲到："今天，我们的生活条件好了，但奋斗精神一点都不能少，中国青年永久奋斗的好传统一点都不能丢。在实现中华民族伟大复兴的新征程上，必然会有艰巨繁重的任务，必然会有艰难险阻甚至惊涛骇浪，特别需要我们发扬艰苦奋斗精神。奋斗不只是响亮的口号，而是要在做好每一件小事、完成每一项任务、履行每一项职责中见精神。奋斗的道路不会一帆风顺，往往荆棘丛生、充满坎坷。强者，总是从挫折中不断奋起、永不气馁。"大学生在创业初期可能会遇到经验不足、时间不够、资金亏损等困难。当遇到这类问题时，大学生不应轻言放弃，而应在挫折中艰苦奋斗、顽强拼搏、不断奋起、突破创新。

（二）道德素质

1. 诚信为本

诚信就是"诚实无欺，信守诺言，言行相符，表里如一"。诚信不仅是为人处世的基本准则，更是经商之魂。在创业经商过程中，诚信是第一品质，是创业者的"金质名片"，也是参与各种商业活动的最佳竞争利器。

> 人无信不可，民无信不立，国无信不威。诚信，是一种品格，是一个人安身立命之本。诚信，是一种责任，是国家友好交往之前提。不论是一个国家、一个民族，还是一个企业、一个人，都应该讲求诚信、手握戒尺、言行一致。

2. 责任心强

责任心是指一个人具有的对自己、家庭、组织及社会等主动担负责任的意识，是创业成功的基础。当我们在开创人生事业的时候，需要对企业员工担负责任，也需要对社会担负责任。一个责任心强的创业者，必然会事必躬亲、爱岗敬业、尽职尽责。

3. 守法律己

守法律己是指创业者要严格依据法律法规创办和经营企业，不从事违法活动，不做与法律相对抗的行为。要严以律己，做遵纪守法的创业者，这样，企业才能得到持久发展。

> 公有制企业也好，非公有制企业也好，各类企业都要把守法诚信作为安身立命之本，依法经营、依法治企、依法维权。法律底线不能破，偷税漏税、走私贩私、制假贩假等违法的事情坚决不做，偷工减料、缺斤短两、质次价高的亏心事坚决不做。
> ——2016年3月4日，习近平参加全国政协十二届四次会议民建、工商联界委员联组会时的讲话

4. 勤劳节俭

"勤能补拙""勤劳致富""成由节俭败由奢"等至理名言，都是我们人生和创业成功的不二法门。要想创业，特别是白手起家的创业者，就必须坚守"勤劳节俭"的人生习惯，并将勤劳节俭用于企业经营，降低经营成本，提高经营效率。

> "功崇惟志，业广惟勤。"我国仍处于并将长期处于社会主义初级阶段，实现中国梦，创造全体人民更加美好的生活，任重而道远，需要我们每一个人继续付出辛勤劳动和艰苦努力。
> ——2013年3月17日，习近平在第十二届全国人民代表大会第一次会议上的讲话
>
> "业精于勤，荒于嬉；行成于思，毁于随。"勤劳节俭，无论在何时，都是中国人民需要发扬壮大的传统美德。当代大学生在创业过程中要传承勤劳节俭的美德，在辛勤劳动中做出成绩，在"俭以养德"中培养志向。

（三）专业素质

1. 专业能力

创业者在工作中不需要事事具备、面面俱到，但是，熟练的专业知识、精湛的专业技能却是保证创业者在业内游刃有余的必备条件。尤其是对于从零开始的创业者来说，专业能力更加重要。

2. 经营管理能力

企业的成功离不开成功的企业经营管理，这就要求创业者要具备一定的经营管理能力。经营管理能力是指对人员、资金的管理能力，包括人员的选择、使用、组合和优化，也包括资金的聚集、核算、分配、使用和流动。经营管理能力是一种较高层次的综合能力，它在一定程度上决定了创业实践活动的效率和成败。创业者培养经营管理能力要从学会经营、学会管理、学会用人、学会理财等方面去努力。

3. 创新能力

创新能力是创业者的生命源泉。创新不仅仅是从无到有地创造某种产品或服务，更多的是在以往的基础上对原有产品和方式方法的改进。创业者的创新能力往往体现在技术、管理和营销上的创新。

4. 学习能力

面对日益复杂的市场竞争与合作关系、日新月异的科学技术手段、不断更新的管理理念及各种管理手段，创业者只有不断学习才能应对时代潮流的冲击与要求。学习能力主要包括制订学习目标和计划的能力、阅读能力、分析归纳能力、信息检索能力等。创业者培养良好的学习能力应注意以下几点：①心态归零，吐故纳新；②精益求精，学有所长；③开阔视野，终身学习。

> 学习就必须求真学问，求真理、悟道理、明事理，不能满足于碎片化的信息、快餐化的知识。要通过学习知识，掌握事物发展规律，通晓天下道理，丰富学识，增长见识。
> ——2018年5月2日，习近平在北京大学师生座谈会上的讲话
>
> 作为当代大学生，我们应谨遵习总书记的教诲，坚持学而信、学而思、学而行，努力学习各方面知识，努力在实践中增加才干，加快知识更新，优化知识结构，拓宽眼界和视野，着力避免陷入少知而迷、不知而盲、无知而乱的困境，着力克服本领不足、本领恐慌、本领落后的问题。

5. 合作能力

创业者之所以需要与他人合作，首先源于个人的能力有限，需要与自身能力互补的合作伙伴。在创业过程中，与伙伴合作要注意以下两个方面：一是平等合作，与合作伙伴在人格上是完全平等的，是为了一个共同的目标走到一起的；二是互利合作，合作者之间的互惠互助是合作者为了某些共同目标和利益追求，在一定基础上进行的物质和精神的相互配合协作。

6. 人际交往能力

人际交往能力是创业者发展和巩固其人脉资源的重要保障。人际交往能力主要表现在表达能力和反应能力两个方面。表达能力是充分、有效地将自己的观点阐释给对方的能力。充分有效地表达能够使大家领悟企业目标和工作对策，从而更加有效地为完成共同的目标而努力。反应能力是表达能力的有效补充，良好的反应能力能够帮助表达者随时领会和把握表达对象的需求，并有效调整表达的方式和内容。

总之，创业者的内涵会随着经济的发展而不断丰富。但有一点始终不变，创业者可以通过创业教育来提高自身的素质和能力。

任务实施

1. 想一想，大学生创业有哪些劣势？

_____

_____

2. 创业者如何提高自身竞争力？

_____

_____

综合评价：_____

模块七　盘点创业资源

任务三　管理创业团队

创业无论是对创业者个人还是国家经济社会发展都具有积极意义，然而，不是所有的人都适合创业，只有那些拥有创业才干（特质）并具备一定条件的人才适合创业。参与创业实践的高职院校学生最先需要做的一件事情，就是正确认识自己。如果自己适合创业，就可以继续准备创业所需要的各种条件，积极投身创业实践；如果自己不适合创业，及时停止就是最明智的选择。

任务描述

团队不是一群人在一起，然后各自做自己的事情，什么样的团队才是好的创业团队？创业团队组建的基本原则是什么？

知识链接

一、创业团队的定义及组成要素

（一）创业团队的定义

团队是什么？不同的学者有不同的看法，他们从不同的角度界定了团队的定义。

路易士认为，团队是由一群认同并致力于达成一共同目标的人所组成，这一群人相处愉快并乐于在一起工作，共同为达成高品质的结果而努力。

微课学习

盖兹贝克和史密斯认为，一个团队是由少数具有"技能互补"的人所组成，他们认同于一个共同目标和一个能使他们彼此担负责任的程序。

由此可见，团队必定是以达到一个既定结果为最终目标的。我们可这样理解团队，它就是合理利用每一个成员的知识和技能协同工作，以解决问题、达到共同目标的共同体。

而创业团队就是由少数技能互补的创业者组成，为了实现共同的创业目标，为达成高品质的结果而努力的共同体。例如，《西游记》中由唐僧率领的被公认为是"黄金组合"的取经团队。

135

（二）创业团队的组成要素

创业团队需具备共同目标（Purpose）、创业人员（People）、明确定位（Place）、权限划分（Power）和周密计划（Plan）五个重要的组成要素，简称"5P"。

1. 共同目标

创业团队应该有一个既定的共同目标，为团队成员指明方向。共同目标是团队凝聚力的基础，能够让团队成员知道要向何处去。没有共同目标，团队就没有存在的价值。例如，唐僧率领的取经团队，其共同目标就是"取经"。目标在创业企业的管理中以创业企业的远景、战略等形式体现。

2. 创业人员

人是构成创业团队最核心的力量。在一个创业团队中，人力资源是所有创业资源中最活跃、最重要的资源。创业者应充分调动各种资源和能力，将人力资源进一步转化为人力资本。

目标是通过人员来实现的，所以人员的选择是创业团队组建中非常重要的一个部分。在一个团队中，可能需要有人出主意，有人定计划，有人实施，有人协调不同的人一起去工作，还要有人去监督创业团队工作的进展，评价创业团队最终的贡献，等等。因此，团队成员是通过明确分工来共同完成创业团队目标的。

美国钢铁大王安德鲁·卡内基曾说："把我的厂房、机器、资金全部拿走，只要留下我的人。四年以后我又是一个钢铁大王。"这充分体现了人的重要作用。同时，在人员选择方面要充分考虑人员的能力如何、经验如何，以及人员的技能是否互补。

3. 明确定位

创业团队成员要明确个人在团队中所扮演的角色。个人定位明确，在创业过程中有着非常重要的作用。

例如，在《西游记》的取经团队中，唐僧慈悲为怀，使命感很好，有组织能力，注重行为规范和工作标准，所以他是团队的核心；孙悟空武功高强，能迅速理解、完成任务，是取经路上的先行者，是团队的业务骨干和铁腕人物；猪八戒看似实力不强，又好吃懒做，但他善于活跃气氛，使取经之旅不至于太沉闷；沙僧勤恳、踏实，平时默默无闻，关键时刻他能稳如泰山、稳定局面。

4. 权限划分

创业团队中领导人的权力大小与其团队的发展阶段和创业实体所在行业相关。一般来说，在创业团队发展的初期，领导权相对比较集中；创业团队越成熟，领导者所拥有的权力相应越小。

5. 周密计划

创业团队计划的最终实现需要一系列具体的行动方案，因此，可以把计划理解为达成目标的具体工作程序。只有通过有计划的行动，创业团队才会一步步地接近和实现最终目标。

富有创业精神和创业动力的团队能够不断探寻创业机会，获取创业资源，从而更好地实施创业计划，因此，组建一支有战斗力、创造力的创业团队是企业成功的关键环节。

> **课堂互动**
>
> 中国共产党被《人民日报》称为"史上最强创业团队",对此谈谈你的看法。

二、创业团队的分类

根据创业团队的组成人员来划分,创业团队可分为星状创业团队(star team)、网状创业团队(net team)和虚拟星状创业团队(virtual star team)三种。

(一)星状创业团队

星状创业团队,又称核心主导型团队,一般在团队中有一个核心人物,充当了领队的角色。这种团队在形成之前,一般是核心人物有了创业的想法,然后根据自己的设想组建创业团队。因此,在团队形成之前,核心人物已经就团队组成进行过仔细思考,根据自己的想法选择相应人员加入团队,这些加入创业团队的成员可能是核心人物以前熟悉的人,也可能是不熟悉的人,他们在企业中更多时候是扮演支持者的角色。

微课学习

例如,太阳微系统公司创业之初就是由维诺德·科尔斯勒先确立了多用途开放工作站的概念,然后他找到了乔和本其托斯民两位软件和硬件方面的专家,以及具有实际制造经验和人际交往技巧的麦克尼里,组成了太阳微系统公司的创业团队。

星状创业团队具有以下特点:

1. 组织结构紧密,向心力强,核心人物在组织中的行为对其他个体影响巨大。
2. 决策程序相对简单,组织效率较高。
3. 容易形成权力过分集中的局面,从而使决策失误的风险加大。
4. 当其他团队成员和核心人物发生冲突时,因为核心人物的特殊权威,使其他团队成员在冲突发生时往往处于被动地位。在冲突较严重时,其他成员一般都会选择离开团队,因而对组织的影响较大。

(二)网状创业团队

网状创业团队的成员一般在创业之前就有着密切的关系,如同学、亲戚、同事、朋友等。他们在交往过程中共同认可某一创业想法,并就创业想法达成了共识以后,开始共同创业。在创业团队组成时,没有明确的核心人物,大家根据各自的特点进行自发的组织角色定位。因此,在企业初创时期,各个成员基本上扮演的是协作者或伙伴角色。

例如,微软公司和惠普公司。1975年,比尔·盖茨和童年玩伴保罗·艾伦一起创立了微软公司。公司创立之初,比尔·盖茨负责商业运营方面的事情,而保罗·艾伦则负责技术方面。他们共同见证了微软的发展,直到1983年,保罗·艾伦因病离开微软公司。惠普公司也是戴维·帕卡和他在斯坦福大学的同学比尔·休利特共同筹建的。

网状创业团队具有以下特点：

1. 团队没有明确的核心人物，整体结构较为松散。
2. 组织决策时，一般采取集体决策的方式，通过大量的沟通和讨论达成一致意见，因此组织的决策效率相对较低。
3. 由于团队成员在团队中的地位相似，因此在组织中容易形成多头领导的局面。
4. 当团队成员之间发生冲突时，一般采取平等协商、积极解决的态度消除冲突，团队成员不会轻易离开。但是，一旦团队成员间的冲突升级，使某些团队成员撤出团队，就容易导致整个团队的涣散。

（三）虚拟星状创业团队

虚拟星状创业团队是由网状创业团队演化而来，是前两种创业团队的中间形态。在这种团队中，有一个核心人物，但该核心人物地位的确立是团队成员协商的结果，因此核心人物从某种意义上说是整个团队的代言人，而不是主导型人物。

虚拟星状创业团队具有以下特点。

1. 核心成员具有一定的威信，能够作为团队的领导。
2. 团队的领导是在创业过程中形成的，其权力处于星状创业团队和网状创业团队之间。
3. 核心人物的行为必须充分考虑其他团队成员的意见，不如星状创业团队中的核心人物那样有绝对权威。

三种创业团队各有优缺点，具体如表 7-1 所示。

表 7-1 不同类型创业团队的优缺点

类型	概念	优点	缺点
星状创业团队	有一个核心主导人物，充当了领军的角色	决策程序简单，效率较高 组织结构紧密 稳定性较好	容易形成权力过分集中的局面 当成员和主导人物冲突严重时，往往选择离开
网状创业团队	由志趣相投的伙伴组成，共同认可某一创业想法，共同进行创业	成员的地位较平等，有利于沟通和交流 成员关系较密切，较容易达成共识 成员不会轻易离开	结构较为松散 决策效率相对较低 容易导致整个团队的涣散 容易形成多头领导的局面
虚拟星状创业团队	有一个核心成员，但核心成员地位的确立是团队成员协商的结果	核心成员具有一定威信，既不过度集权，又不过于分散	核心人物的行为必须充分考虑其他成员的意见，不像星状创业团队中的核心人物那样有绝对权威

> **课堂互动**
>
> 新东方的俞敏洪团队属于哪一种创业团队？《西游记》中的取经团队又属于哪一种创业团队呢？

三、创业团队的组建

微课学习

（一）组建创业团队的原则

1. 目标明确合理

拥有共同的目标是团队区别于群体的重要特征。目标明确，才能使团队成员清楚地认识到共同的奋斗方向是什么。目标合理，才能使团队成员感受到为之奋斗的可行性，从而真正达到激励团队成员的目的。大学生创业初期很容易遇到困难和遭到失败，因此，目标明确合理就显得尤为重要。

2. 知识技能互补

创业团队成员合作的目的，在于弥补创业目标与自身能力之间的差距。团队成员彼此在知识、技能、经验等方面实现互补，才有可能通过相互协作，发挥出一加一大于二的协同效应。

3. 成员构成精简

为减少创业期的组织运作成本，最大限度地分享成果，创业团队成员的构成应在保证企业高效运作的前提下尽量精简。同时，创业者要把握统一指挥与分工协作的关系，防止出现多头领导、责任不清的现象，同时在明确分工的基础上适当控制管理幅度，防止出现大包大揽的现象。

4. 团队动态开放

创业过程是一个充满了不确定性的过程，因为能力、观念等多种原因，团队中可能会有人离开，同时也会有人要求加入。因此，在组建创业团队时，创业者应注意保持团队的动态性和开放性，使能力、观念等真正匹配的人员能被吸纳到创业团队中来。

5. 权利责任统一

在创业团队中，各成员都应拥有与其角色相对应的权利，并应承担因自己的行为所造成的后果。另外，在行使权利并履行责任后，团队成员应该得到与其责任和权利对等的利益。把握好责任和权利相统一的原则，有利于团队长期、健康、稳定地发展。

6. 结构相对稳定

创业团队在组建时，虽然要依据内外环境变化，适当进行结构调整，但在调整时应考虑保持团队的稳定性，避免因频繁变更团队成员，导致团队成员无所适从，使团队出现人心不稳、效率下降等问题。结构相对稳定，可以保证团队思维的连续性，有利于团队在前期成果的基础上不断开发出更多的新成果。

（二）组建创业团队的具体程序

1. 明确创业目标

为了吸引合适的创业伙伴加入自己的创业团队，创业者应明确自己的创业目标和创业思路。这样才能使想要加入创业团队的人员对团队未来的发展方向有充分的了解，同时也有利于促进团队成员间的合作。

2. 制订创业计划

在确定了创业总目标及各个阶段目标之后，创业者要围绕如何实现这些目标，制订翔实周密的创业计划。同时，还要确定在不同的创业阶段，需要完成的阶段性任务，以及完成任务的具体实施步骤。通过逐步实现这些阶段性目标，来达成创业总目标。

3. 选择团队成员

对于创业团队成员的选择，主要应考虑互补性、适度规模和成员的道德品质。通常来说，创业团队至少需要技术、管理和销售三个方面的人才。只有当这三个方面的人才形成良好的沟通协作关系后，创业团队才会稳定高效运作。适度的团队规模是保障团队高效运作的重要条件，一般认为，创业团队的规模应控制在3~12人为最佳。此外，还应考虑团队成员的道德品质，道德品质比能力更加重要，良好的道德品质是与其合作的基础。

知识积累

优秀创业合作伙伴通常应具备的素质

要组建创业团队，就要选择优秀的创业合作伙伴。那么，哪些人可以作为候选人呢？一般来讲，一个优秀的创业合作伙伴应具备以下素质：

（1）慈孝。一般来讲，一个懂得孝敬父母和关爱长辈的人通常是值得信赖的。相反，如果一个人对父母都不好，这样的人人品肯定有问题，是坚决不能合作的。

（2）果断。做事果断，敢于担责是一种优秀的品质。如果一个人胆小怕事、瞻前顾后，那么他只会成为你创业的障碍，而绝不会是推手。

（3）诚信。我们常讲，做人、做事应以诚信为本。如果一个人连最基本的诚信都没有，大家在做事时相互防范，这样的合作是不可能进行下去的。

（4）成熟。有些人恨不得一天赚100万元，有这样想法的朋友还是不合作为好。

（5）有韧劲。要知道，万事开头难，制订半年甚至一年不赚钱且能坚持下去的备用计划，这才是创业的王道。

（6）专注。很多人思想新潮、想法很多，总是这山望着那山高。一个人一辈子真正能精通一两个领域就已经很不简单了。因此，在选择合作伙伴时应该选择做事专注、踏实之人，而不是见异思迁、志大才疏之辈。

（7）认真。做事不认真，敷衍了事，是所有企业摈弃的员工，这种人更不可能成为合作伙伴。

(8) 开朗。创业遇到困难是常事。性格开朗的人能够在企业困难之际用积极的情绪鼓励成员，让他们重拾信心，因此是最容易成就事业的。每天忧心忡忡、茶饭不思、不知明天会如何的人，做事怎么会有激情？

(9) 现实。有些人思考问题和看问题从政治家角度出发，言行如政府官员或党派领袖，动不动就到了造福全人类的高度。这样的人通常眼高手低，初看感觉好像是具有雄才大略之人，实则只会纸上谈兵。既有远大理想，又能面对现实、脚踏实地的人，才是我们合作的伙伴。

(10) 讲效率。对于创业者来说，"快半步吃饱，慢半步逃跑"。创业企业如果不能以最快速度去开发新产品、完成生产上市，就只能等着失败。因此，和一个做事不讲效率的人合作，你的企业在当今社会是很难生存的。

(11) 忠诚于角色。创业不是儿戏，如果不能精诚合作，大家根本没必要聚在一起。俗话说得好："家有千口，主事一人。"对于一个企业来讲，必须有一个核心，对于企业成员而言，必须各安其位，各司其职。

(12) 不虚荣。有些人开张伊始，就要坐大班台、装修办公室、招募大量员工……和这样的人合作，开张就是关张的前奏。创业初期还是先多想想怎么赚钱，而不是怎么花钱吧！

(13) 不狂妄。有些人觉得自己天下第一，一出手就得惊天动地，和这样的人一起创业，成功的希望很渺茫。"三人行，必有我师"，一个人无论多么聪明，如果没有一颗谦虚、谨慎、善于学习的心，终究难成大器。

4. 划分权责

创业团队应当包括不同类型的成员，由他们分别负责新创企业的各项事务，如有人负责企业决策，有人负责拓展市场，有人负责开发产品，有人负责管理生产。明确团队成员的职责，可以使创业团队形成合力，共同实现创业目标，同时也可以避免因职责不明，权力分配不均的问题而引起矛盾冲突。

5. 构建制度体系

创业团队制度体系体现了创业团队对成员的控制和激励能力，主要包括团队的各种约束和激励制度。通过有效的激励机制，可以充分调动团队成员的积极性，最大限度地发挥成员在团队中的作用。制订纪律条例、财务条例和保密条例等，约束团队成员，有利于团队的发展和稳定。

6. 团队调整融合

在创业过程中，人员匹配、制度设计、职责划分等方面的不合理之处会逐渐暴露出来，这时就需要对团队进行调整融合。由于问题的暴露需要一个过程，因此，团队的调整融合也应是一个动态持续的过程。在团队的调整融合过程中，最重要的是保证团队成员间经常进行有效的沟通与协调。

课堂互动

（1）想一想，你在日常生活当中遇到或听到过哪些比较优秀的创业团队？这些团队有哪些特点？

（2）你认为，《三国演义》中刘备、关羽、张飞作为创业团队到底是成功还是失败？

案例分享

仨"90后"上演长春版"中国合伙人"

在电影《中国合伙人》中，"土鳖"黄晓明、"海龟"邓超和"愤青"佟大为，因为拥有同样的梦想而一起打拼事业，共同创办英语培训学校，最后功成名就，实现梦想。在长春，有三个"90后"也上演着"中国合伙人"式的故事。他们合伙创办了一家科技公司，目前正在研发一种智能激光清雪设备，还梦想有一天公司能上市。

创业梦　仨"90后"组成"中国合伙人"

郑某，女，1991年生；小宿，男，1993年生；刘某，男，1991年生。据介绍，郑某有过在世界500强企业工作的经历，而另外两名男孩则有过海外求学经历。郑某跟小宿是多年的好朋友，而小宿和刘某则是同学，创业前他们经常小聚。"跟他们俩接触，我思想转变挺大的。"郑某坦言，她以前做事情，总是先考虑赚钱，"物质的东西在意多一些。"但小宿和刘某每次聊的都是"回馈社会""改变世界"这些让她激情澎湃的话题。

三个人都有着共同的创业梦，于是合伙成立了一家科技有限公司，组成了"中国合伙人"。

创业初　生意陷困境　一起喝酒三天

创业之初，他们共同的想法是把国外较为先进的技术带回来，再创新变成真正有意义和价值的产品。他们研发的第一个产品是车载健康枕。资金是创业中遇到的最大难题，三个人倾囊而出，凑了近40万元，作为公司的启动资金。没想到，在第一批产品投入生产之前，资金链就断了。三个人不得不继续凑钱，两个男生去跟朋友借钱，郑某则把房子抵押到银行去贷款。他们想的是产品生产出来之后，两三个月资金就能回笼，借的钱就可以还上了。

但由于对市场了解不够，健康枕生产出来之后，销量跟他们想象的差很远，价格也达不到预期。产品销不出去，资金全押在里面，生意陷入困境。"我们三个真想坐在地上哭啊！"郑某说，"我们在一起喝了三天的酒，把我爸的一桶10斤的酒全喝光了。"发泄完之后，三个人又重新上路。"从没动摇过，我们在一起聊的，只是总结经验，研究怎么把东西卖出去。"郑某说。

创业帮　生意不错　感情仍然很好

公司刚成立时，股东只有郑某和小宿，刘某只是来帮忙。"哥们儿式合伙，仇人式散伙"，是许多企业最常见的聚散模式，也是三个人最为担心的。"生意没做成，朋友还掰了，这是我们最不愿看到的结果。"郑某说。

现在，他们共同创业已有三年时间了，生意不错，感情仍然很好。郑某性格大大咧咧，比较直，有什么说什么；刘某性格比较急躁，但一般不发火，比较严谨；小宿性格平和，有耐心，能包容人。"我们经常一起工作到很晚，但总能说说笑笑的，很开心，感觉像在一个宿舍生活一样。"郑某说。

创业路　正在研发激光清雪设备

目前，刘某正在北京开展业务。小宿是技术负责人，他介绍了目前研发的智能激光清雪新技术。小宿说，长春的冬天雪很大，机械除雪对路面会造成破坏，而且融雪剂对路面及树木也会造成伤害。他们研发的智能激光清雪设备，激光束离地50厘米即可清雪。它的优势是：第一，能耗小，只相当于一个电吹风；第二，不需要任何融雪剂，对路面不造成任何破坏；第三，能解决机械清雪解决不了的问题，如可以清除冰雪混合物；第四，可以清除电线杆上的纸质小广告及墙上的涂鸦等。目前这项技术已经通过认证，样机很快就会出来。这项技术在全世界都是很新的，现今能将激光清洁产业化的国家只有法国、德国和美国。

创业经　想创业要跟着政策走

创业半年后，公司进入创业园，这时他们才发现以前走了不少的弯路。"我们刚开始创业的时候，只知道埋头苦干，没有去看政府的政策，后来才知道这样越做越错。"郑某说，创业困难无非就是三点：资金、人才和市场。他们经历了许多创业者都经历的错事——不懂市场。"只知道自己有技术，但不去考虑结果，没有'试水'的经验。"郑某说，进驻创业园之后，他们享受到了较低的房租价格，后来干脆申请了房租减免。另外，政府有关部门还会帮助申请一些创业贷款及业务指导，这些都是之前他们不了解的。

资料来源：https://www.docin.com/p-3601911405.html

四、创业团队的激励

团队激励是提高团队工作效率，保证工作质量和激发工作热情的有效措施。

激励是指持续地激发人的动机和内在动力，使其心理过程始终保持在激奋的状态中，鼓励人朝着所期望的目标采取行动的过程。激励与人的心理需求有关，常用的激励理论主要有马斯洛需求层次理论和双因素理论两种。

微课学习

（一）马斯洛需求层次理论

马斯洛需求层次理论将人的需求分为五个层次，从低到高依次是生理需求、安全需求、社交需求、尊重需求和自我实现需求。

1. 生理需求

生理需求是级别最低、最具优势的需求，如对食物、水、空气、健康等的需求。当人的生理需求得不到满足时，其特征表现为什么都不想，只想让自己活下去，思考能力、道德观明显变弱。例如，当一个人急需要食物时，他可能会不择手段地抢夺，就像战乱时，人们是不会排队去领面包的。

针对这种需求，一般采用的激励方法包括增加工资，改善劳动条件，给予更多的业余时间和工间休息，提高福利待遇等。但这种激励时效性不长，一般只能维持3到6个月。

2. 安全需求

安全需求同样属于低级别的需求，包括对人身安全、生活稳定及免遭痛苦、威胁或疾病等的需求。从心理学角度来讲，人对自身的认识不足，会导致其缺乏安全感，其特征表现为感到自己会受到身边事物的威胁，觉得世界是不公平或危险的。长此以往，人会变得紧张、彷徨、不安，认为一切事物都是恶的。例如，一个孩子在学校被同学欺负，受到老师不公平的对待，就会慢慢变得不相信社会，不敢表现自己，不敢拥有社交活动，借此来保护自身安全。

针对这种需求，一般采用的激励方法包括建立健全规章制度，树立规范操作流程；建立相对完善的职业保障及福利待遇，提供医疗保险、失业保险和退休福利等；营造安定团结的文化氛围，促使其拥有友善的团体及轻松的工作环境。

3. 社交需求

社交需求属于较高层次的需求，如对友谊、爱情及隶属关系的需求。人有社会属性，属于群居性物种，有相互发生联系的内在需求。缺乏社交需求的特征是感受不到身边人的关怀，认为自己活在这世界上没有价值。例如，一个没有受到父母关怀的人，认为自己在家庭中没有价值。所以，在社会上交朋友时，会无视道德观，无法理性积极地寻找朋友。

针对这种需求，一般采用的激励方法包括为员工提供同事间社交往来的机会，如员工聚餐、生日派对及户外活动等；支持与赞许员工寻找及建立和谐的人际关系；为员工提供外出学习的机会，如参加外部行业活动等。

4. 尊重需求

尊重需求也属于较高层次的需求，如对成就、名声、地位和晋升机会等的需求。尊重需求，既包括对成就或自我价值的个人感觉，也包括他人对自己的认可与尊重。在内心得到安全感并跟外界产生正常交往后，人的内心会产生需要借助外部事物来肯定自己的欲望。无法满足尊重需求的特征表现为爱面子，或者是用积极的行动让别人认同自己，抑或是容易被虚荣所吸引。

例如，利用暴力来证明自己的强悍；通过努力读书，让自己成为社会精英来证明自己存在的价值；富豪为了名利而赚钱、用捐款来证明自己的社会价值等。

针对这种需求，一般采用的激励方法包括日常行为的礼仪尊重，如称呼上的尊重；公开奖励或表扬，工作成果展示后的认可，强调工作任务的艰巨性及成功所需要的高超技巧，颁发荣誉奖章，在公司刊物发表文章表扬、张贴优秀员工光荣榜等。

5. 自我实现需求

自我实现需求是最高层次的需求，包括针对真善美至高人生境界获得的需求。只有前面四项需求都得到满足后，最高层次的需求方能相继产生，它是一种衍生性需求。

自我实现，需要以某种精神信仰作为其向上努力的动力。缺乏自我实现需求的特征主要是觉得生活空虚无聊，想去做一些为他人提供帮助或其他有价值的事，让自己深刻体验到自身价值，不单纯只为自己。例如，一个真心为了帮助他人而持续捐款的人；一位致力于将最新科技成果转化为民用，为人民提供更便利生活的发明家；一位为了给社会造福而更努力工作的企业家。

针对这种需求，一般采用的激励方法包括给有特长的人委派特别任务，为其提供自我展示及做决策的机会；在做决策的过程中，多听取员工的意见，给员工当家作主的机会。

（二）双因素理论

双因素理论，又称激励——保健理论，是激励理论的代表之一，由美国心理学家赫茨伯格于1959年提出。该理论认为，引起人们工作动机的因素主要有激励因素和保健因素。只有激励因素才能给人们带来满意感，而保健因素只能消除人们的不满，但不会带来满意感。

如何认定与分析激励因素和保健因素，并因材施教，才是该理论的关键。例如，销售人员的薪金设计。按照双因素理论应该划分为基础工资与销售提成两部分，基础工资应属于保健因素，销售提成则属于激励因素。所以，其薪金设计的通常做法是低工资、高提成，这样才能促使销售人员尽可能地多做业务。

在采用激励方法前，需要明确员工的需求，只有明确需求，才能采用有针对性的激励方法，激励团队成员为共同理想而奋斗。

五、创业团队的执行力

（一）团队执行力的概念

团队执行力是团队完成预期目标的整体能力。执行力是企业管理成败的关键，是企业的核心竞争力之一，决定着企业的生存和发展，决定着企业的兴衰成败。

微课学习

具体来说，团队执行力就是各级执行主体按照规定的标准，在规定的时间内完成各种任务的能力，并且这种能力应该具有持续性和稳定性。团队执行力的强弱程度直接影响着团队的经营目标能否顺利实现。

良好的执行力应该像接力赛一样，一级一级地向下执行，有结果，有交代，有下落，说到做到，不折不扣。

（二）影响团队执行力的因素

1. 管理制度设计不合理或落实不到位

管理者在调研、论证工作不充分的情况下所制订的制度通常会缺少针对性和可行性。同时，这样的制度常因"水土不服"而朝令夕改、频繁变换，导致连续性不够，难以有效执行。对于一些既定的较为合理的制度，管理者若虎头蛇尾，在执行过程中有布置没检查，或者检查工作时前紧后松，没有起到表率作用，也会导致团队管理混乱，执行力下降。

2. 缺少科学的考核机制

企业考核内容缺乏科学论证，偏重于考虑考核是否方便，而不是以促进工作为目的。这样的考核机制脱离实际，不利于调动团队成员的积极性。

3. 管理者对工作督导不力

管理者忽视工作程序，在沟通、理解、方法、态度、技能等方面疏于督导，会使团队成员执行力下降，可能会造成不可挽回的失误。

4. 团队成员责任心不强

责任心是一种态度，是道德评价最基本的价值尺度。责任心缺失是许多企业亏损甚至走向破产的根源之一。团队成员对失败产生恐惧，对团队管理不满，缺乏工作激情，员工职责不清，都可能导致其责任心降低，进而严重影响团队的执行力。

5. 沟通协调不到位

沟通协调不到位主要表现为上层与下层、部门与部门之间，沟通的时机单一，内容单调，方式欠佳。沟通协调不到位会使个人的能力在团队中互相抵减，团队作战的优势得不到发挥。

（三）提高团队执行力的方法

1. 制订合理的规章制度，并坚决执行

俗话说："没有规矩，不成方圆。"规章制度是对团队成员行为的一种约束，是确保做事正确，行动有效，执行到位的有力武器。

在制订规章制度之前，必须做好充分的调查研究，确保制度的合理性和可行性。对已确立的规章制度必须积极维护，只要其还没有被正式修改或废除，都必须不折不扣地执行。

对于违反规章制度者，必须予以惩罚，不能有半点仁慈和怜悯。否则，规章制度就只是个摆设，难以让大家信服并遵照执行。管理学者将这种惩罚原则称为"热炉法则"，即团队成员违反了规章制度，就像碰到了一个烧红的火炉，一定要让他受到疼的处罚。"热炉法则"有及时性、预警性、公平性、一致性等特征，可以有效地保证规章制度的执行。

2. 制订科学合理的考核办法

考核的目的在于通过一种公平合理的方式，在一段时间内尽量客观地考核团队成

模块七　盘点创业资源

员对组织的实际贡献。同时，要让被考核人了解考核结果，以便其依据此结果来修正自己的行为，提高对公司的实际贡献。

3. 加强对员工在工作过程中的督导

"督"是检查、督促的意思，就是促使下级尽快去做；"导"是引导指导、培训的意思。督导就是说不仅要促使下级员工尽快去做，而且在员工不懂的时候要指导员工去做。

4. 提高员工的责任心

吕国荣、张大鹏所著的《责任心决定执行力》一书中说，企业的核心竞争力在于执行力，而责任心的强弱决定了执行力的高低。企业想要发展壮大，必须强化责任意识，建立责任流程，打造一支有责任感的队伍。要提高员工的责任心，必须明确每个岗位的职责，建立责任流程，做到赏罚分明，提高员工的品质。

此外，企业还可以通过增强员工的沟通协调能力，提高其创新能力，使其避免经常性的重复工作，组织其参加提高执行力的有关报告会或培训等方式来增强团队的执行力。

高效的团队执行力可以有效提高工作效率，在团队成长和发展过程中起着举足轻重的作用。

任务实施

1. 组建创业团队时应该遵循哪些原则？

_____

_____

_____

2. 如何避免团队协作出现问题？

_____

_____

_____

综合评价：_____

拓展阅读

关于创业者的神话

创业者并不是特殊人群。国外有研究者认为，把创业者看作"神话人物"是认识上的误区。

神话一：创业者无法塑造，而是天生的

现实情况：即使创业者天生就具备了特定的才智、创造力和充沛的精力，这些品质本身也只不过是未被塑形的泥巴和未经涂抹的画布。创业者是通过多年积累相关的技术、技能、经历和关系网后才被塑造成功的，这当中包含着许多自我发展历程。具有至少10年或10年以上的商业经验，才能识别出各种商业行为，并获得创造性的预见能力和捕捉商机的能力。

神话二：任何人都能创建企业

现实情况：创业者如果能够识别思路和商机之间的差距，思路开阔，他们创办企业成功的机会就比较大。即使运气在成功中很重要，充分的准备仍是必要条件。创办企业只是最简单的一部分，更困难的是要使企业生存下来，持久经营，并把企业发展成为创办者带来丰厚收益的企业。在能够存活10年以上的新企业中，10~20家中大约只有一家最后可以给创办人带来资本收益。

神话三：创业者是赌博者

现实情况：成功的创业者会预期风险，小心翼翼。在有选择的情况下，他们通过让别人一起分担风险、避免或最小化风险来左右成功优势的倾斜方向。他们常常把风险分割成可接受、可消化的小块，那时，他们才肯付出时间和资源，看哪部分的风险收益划得来。他们不会故意承担更多的风险，不会承担不必要的风险，当风险不可避免时，也不会胆怯地退缩。

神话四：创业者喜欢单枪匹马

现实情况：想要完全拥有整个企业的所有权和控制权，只会限制企业的成长。单个创业者通常只能维持生计，想单枪匹马地发展一家高潜力的企业是极其困难的。高潜力的创业者会组建起自己的团队和组织，然后是自己的企业。

神话五：创业者是他们自己的老板，他们完全独立

现实情况：创业者离完全独立相差很远，他们需要为很多主人和赞助者服务，其中包括合伙人、投资者、顾客、供应商、债权人、雇员、家庭及其他社会和社区义务的相关方。但是，创业者可以自由选择是否、何时及做些什么以对他们做出响应。而且，要单枪匹马地获得超过100万~200万美元的销售额是极其困难的，甚至可以说，是不可能的。

神话六：创业者比大公司里的经理工作时间更长，工作更努力

现实情况：没有证据证明所有创业者都比公司里与他们地位相当的人工作得更多。有一些可能是工作得多一些，而有些则不是。事实上，一些研究报告说，他们工作得更少。

神话七：创业者承受更多的压力，付出更多

现实情况：做一个创业者是有压力的、是辛苦的，这一点毫无疑问。但是没有证据证明创业者比其他的无数高要求的专业职位承受更大的压力，而且创业者对他们的工作往往非常满意。他们有很高的成就感，他们更健康，而且不太容易像那些为别人

模块七　盘点创业资源

工作的人那样轻易退休。创业者中说自己"永远也不想退休"的人是企业中职业经理的三倍。

资料来源：https://wenku.baidu.com/view/ce5f20d45af5f61fb7360b4c2e3f5727a5e92498

 拓展阅读

如何防止创业团队分裂

创业团队的分裂始终是大家关注却又无可奈何的事，似乎也只能慨叹一句"共苦易，同甘难"。然而在大家对着数不胜数的案例出神时，却很少有人将这一规律式的宿命加以归纳，总结出共性，并在进一步分析之后拿出药方。下面我们给出了防止创业团队散伙的九个法宝，供广大创业者参考。

第一，理念要正确。要坚信团队能够健康发展下去，不要一开始就想着失败，尤其不要用"只能共苦，不能共甘"、天下没有不散的宴席、过河拆桥等来支配自己的思想，脑子里根本不应有这种想法，有这种想法本身就为失败的结局埋下了种子。就像刚开始学习骑自行车一样，发现前面马路中间有一障碍，于是你越不想碰上石头，偏偏最后还是碰上了，因为你的精力集中于失败了，你必然失败。

第二，要持续不断地沟通。开始时要沟通，遇到问题时也要沟通，解决问题时还要沟通，有矛盾时更要沟通，多想有利于团队发展的事情。有不同的看法，不要在公开场合辩论，不要把矛盾展示给下属。

第三，发现小人钻空子，坚决开除。领导之间的矛盾不要让下属来评论、来解决。如果双方沟通有困难，就主动寻找外部力量，如利用双方都信得过的好朋友来解决，但不要露出太明显的痕迹。如果发现组织中的小人利用领导之间的矛盾或分歧来达到个人的目的或损害团队利益，那就要毫不犹豫地将其开除，不论他是什么人。

第四，学会换位思考。多从对方的角度考虑问题，多为对方着想，多些宽容，少些指责。

第五，丑话说在前面。最初创业时就把该说的话说到，把最基本的责、权、利说个明白透彻，即谁该做什么事，在什么时间完成，完成到什么程度。如果真正创业的话，股权、利益分配更要说清楚，包括增资、扩股、融资、撤资、人事安排、解散等。

第六，及时协调，立字据。任何事情都不可能在最初计划周全，事情是随时都有可能变化的，合作过程中遇到新问题、新矛盾一定要先说清楚、立下字据再行动，千万不要先干再说。先干再说，看似快了，其实是埋下了祸患的种子，将来就不是速度快慢的问题，而是团队颠覆了。

第七，不要太计较小事。难得糊涂对创业合作的各方都是保养自己心灵的鸡汤和团队运转的润滑剂，这与前面讲的"丑话在前"和"及时立据"看似矛盾，实则并不矛盾，前者讲的是在没有形成事实的情况下的做法，后者是说事实已经形成了就不要太计较了，计较了也于事无补。其实，事后经常会发现双方的计较毫无实际意义。

第八，不要轻易地考验对方。创业团队一起合作不是一件容易的事情，不考验还会出事，更何况有意考验对方。如果对方知道你在考验他，那你也肯定考验不出来，因为他在心理上和行为上都进行了设防。这不但是"瞎子点灯白费蜡"，而且还会伤了和气，关系上也会出现裂痕。所以，既然是合作，就不要动辄考验对方，考验是基于不信任为前提的。

第九，一直向前看。创业合作过程中，遇到问题、矛盾应向前看，向前看利益是一致的，因为成功会给大家带来更丰厚的收获；盯住眼前的事情不放，只能是越盯矛盾越多，越盯矛盾越复杂，最后裹足不前；回头看，回忆起合作中的不愉快，会使你伤心，丧失前进的斗志和动力。只有向前看，才能使成功的希望激励着合作的各方不计前嫌，勇往直前，抵达成功的彼岸。

资料来源：https://wenku.baidu.com/view/35fbe03cf80f76c66137ee06eff9aef8941e48ac

课后练习

一、判断题

1. 职业资源主要包括项目资源和人际资源。　　　　　　　　　　　（　　）
2. 创业资源的获取一般有市场途径和非市场途径两种。　　　　　　（　　）
3. 资源吸引要充分发挥无形资源的杠杆作用。　　　　　　　　　　（　　）
4. 创业资源整合的过程包括资源扫描、资源控制、资源利用、资源拓展等几个阶段。　　　　　　　　　　　　　　　　　　　　　　　　　　　　（　　）
5. 诚信不仅是为人处世的基本准则，更是经商之魂。　　　　　　　（　　）

二、不定项选择题

1. 盖兹贝克和史密斯认为，一个团队是由（　　）的人所组成。
   A. 很多具有"技能互补"　　　　　B. 少数具有"相同技能"
   C. 少数具有"技能互补"　　　　　D. 很多具有"相同技能"
2. 在一个创业团队中，（　　）是所有创业资源中最活跃、最重要的资源。
   A. 人力资源　　　　　　　　　　B. 共同目标
   C. 人员定位　　　　　　　　　　D. 机器设备
3. 依据创业团队的组成者来划分，创业团队可以分为（　　）。
   A. 星状创业团队　　　　　　　　B. 网状创业团队
   C. 虚拟星状创业团队　　　　　　D. 机器设备
4. 双因素理论认为，引起人们工作动机的因素主要有（　　）。
   A. 激励因素　　　　　　　　　　B. 保健因素
   C. 科技因素　　　　　　　　　　D. 文学因素

三、简答题

1. 你认为抖音 App 吸引客户的主要原因是什么？

_____

_____

2. 结合案例浅谈创业团队的激励理论。

_____

_____

模块八

缕清创业思路

学习目标

◎ 知识目标
- 理解商业模式的内涵及构造
- 了解商业模式创新的概念，熟悉商业模式的创新视角
- 了解商业计划书的作用，熟悉商业计划书的基本结构
- 掌握商业计划书的具体内容及其编写原则与要点
- 掌握商业计划项目路演的注意事项

◎ 能力目标
- 能分析不同企业的商业模式，能设计出具有创造性的商业模式
- 能够独立或与人合作编写一份完整的商业计划书
- 能够根据商业计划书制作项目路演PPT，进行项目路演

◎ 素质目标
- 培养创业计划意识，树立创业前要精心构想、运筹帷幄的观念
- 培养"透过现象看本质"的思维，树立挖掘市场需求的创业观
- 培养正确的创业观，正确对待创业过程中的挫折和质疑

现代化产业体系的形成需要企业的发展水平迈上新台阶，企业间形成有机运行体系，通过企业生产方式的迭代演进推动产业自身发展不断优化。现代化产业体系要求实现产业智能化、绿色化、融合化发展，企业是汇聚先进生产技术和先进经营理念的主要载体，企业通过技术创新和商业模式创新等方式有效激发产业体系的升级和转型。

引导案例

90后回乡创业者：干实业最踏实

两万多斤银耳，可以塞满一个200平方米的房间，打包之后需要1 300平方米的仓库存放，再从福建省宁德市古田县运往全国各地，需要至少5辆大型货车。这是2023年年初，春节假期来临前，刘健所在公司一天卖出的银耳。

在刘健2020年回到家乡福建省宁德市古田县创业时，他只想着"哪怕事业慢一点，利润薄一点，我还是愿意做实业"。

靠做电商起步

刘健清楚地记得人生中在网上卖出的第一件商品——一件69元的粉红色裙子，这一单他赚了12元。对方咨询了半个小时才下单，从尺寸、材质到能搭配什么样的鞋子、衣服。面对每个提问，他只给自己留10多秒时间，他担心让顾客稍微等久一点，这一单就没了。

他会提前做好功课，直到不经过大脑就可以回复。他遇到过最难沟通的客户是卖3C产品的时候，六七十岁的老人瞒着子女给小孩买儿童手表，他需要从拆开后盖、插卡、开机到最后定位功能逐步讲解，这样的客户沟通起来时常需要两天时间。

一个月只有800元生活费的窘境，是刘健做电商的开始，但很快靠着做电商，刘健在学生时期收入就达到了两三万元。他明显感觉到自己状态变了，上课也没有刚入学时专心了，偶尔还会旷课，从最开始拿奖学金的成绩到了班级的吊车尾，因为差点挂科被辅导员约谈。这样的状态持续了半年，他才重新静下心来完成了大学学业。

2019年，在他毕业的那年，靠着4年的电商创业积累，他买了一辆轿车后，还剩下50多万元的存款。创业一路都很顺利的他，心气也很高，毕业后的第一份工作是成立了一个"陪玩"工作室，找一些网络游戏操作好的人，去网上接单，做陪练。但几个月，他就亏损了一大半钱。后来，他想干点更务实的事。

"凡事先做了再说"

大学时期，刘健每天放学后窝在宿舍里记笔记。如今记满的两本笔记本，依然放在他的办公室里。里面的内容早已不够用了，这些年，他看着越来越多的人涌入了电商这个行业，渠道越来越专业化、价格也变得非常透明。

刘健的父亲是最早一批栽培银耳的人。20世纪五六十年代，古田修建了我国第一座地下水电站，并由此形成了福建的第一大人工淡水湖——翠屏湖。湖泊每日散发的水汽，使得周围形成了适合银耳生长发育的独特气候。

那段时间，刘健身边的叔叔伯伯、亲朋好友、包括邻居，所有人都在栽培银耳，刘健的童年也有很多时候是在菇棚里度过的，盖报纸、打水、烧炭、摘菇，都是他的日常。但很快大家就意识到作为个体户的风险。一旦银耳感染上细菌，就会整批坏掉，乡亲们两三个月的努力就白费了。不到两年时间，刘健身边的人就都不做银耳栽培了，父亲也在他读初中的时候外出务工了。

2020年，刘健回到家乡时，当地栽培银耳的已经很少有个体户了，有了更规范的体系，更大的规模。这里也成了"中国食用菌之都"，是全国袋栽银耳的发源地和主产区。如今，古田县已经是国内最大的银耳商品化生产基地。

父辈们尝试的失败，曾让刘健犹豫是否选择做银耳。当时他在县城里的两套房，都需要还月供，一个月的开销不小，几乎到了"背水一战"的境地。但多年的电商经历教会了他"凡事先做了再说"。2020年10月，他创建了自己的第一个拼多多商铺，取名为"丞悦食品旗舰店"。

第十五天的时候，他就发现自己忙不过来了。从他大学到创业，他习惯了自己一个人单打独斗。刚开始创业时，他也赶着回复客户的信息、包装干货，下午送货，只想着赚点钱，把车贷和房贷还完。直到有1 000多个订单需要48小时内发货，他才紧急招聘了10多个当地的工人帮忙。

新的机遇与挑战

2020年春节，店铺迎来了销量高峰，拼多多一天将近上万个单子，还有其他平台的订单，加上雇用的临时工有上百人，他看着这么多人在眼前忙碌，感受到更多的是一种恐慌，害怕哪天赚不到钱了，于是开始规划更多的商业模式。

这几年下来，他们要思考的不仅是食品安全问题，也不只是价格卖得低、产品好、服务到位就行了。如今，刘健开始提前预测客户的需求，培养客户的消费习惯，以此来发现新的消费增长点。

一个简单的银耳，已经更新迭代了七八代，被刘健和员工们开发出不同的套餐。他们从顾客打开快递那一刻开始设想场景，不方便泡发，他们就提前处理好；还需要购买其他搭配的食材，他们就研发出搭配百合、莲子、冰糖之类的套餐；没有时间煮，他们就处理成只需要用微波炉加热或者电饭煲煮。刘健摒弃了论斤卖银耳的传统模式，开始做精品小包装，让客户在消费成本变化不大的前提下，有了更多的消费体验。

这些都不只是单单一个团队可以完成的，商品看似简单的配比，背后需要更多的人工、设备以及供应链。一有新的概念刘健就马上去尝试，这些年他做电商一直有"摸着石头过河"的感觉，"不知道这个事情到底有没有结果，但如果不去做肯定是没有结果的。"

如今，公司逐渐步入了正轨，而且也有更多和刘健一样的人选择回到家乡。在当地普遍3 000元月薪工资的环境下，他开出8 000元的月薪吸引了更多大学生。目前40多人的公司里，大学生已经超过了三分之一。

公司也从1家店，开到了10家店，主要分布在4个电商平台上。刘健也放手将每一家店，交给一位店长单独管理。刘健会归纳总结不同电商平台的销售特点，去年，公司在拼多多、京东、抖音等平台的总销售额超过了5 000万元，其中拼多多占据了一半。

如今，和创业初期的想法不同，刘健有了新的目标——2023年销售额超过1亿元。

资料来源：http://news.youth.cn/sh/202304/t20230411_14445365.htm

模块八 缕清创业思路

任务一 创新设计商业模式

创新创业是我国未来数十年经济社会发展的主旋律之一，商业模式创新是其高端形态，也是改变企业竞争格局的重要力量。大学生应主动培养创新意识，在创业中尽可能选择创新型的商业模式，增强创业竞争力。此外，创业是一场有准备的战争，只有做好充分的创业准备，精心构想，运筹帷幄，才能决胜千里。

任务描述

"滴滴出行"App利用移动互联网特点，将线上与线下相融合，从打车初始阶段到下车使用线上支付车费，画出一个乘客与司机紧密相连的o2o闭环，最大限度优化乘客打车体验，改变了传统出租司机等客方式，让司机师傅根据乘客目的地按意愿"接单"，节约司机与乘客沟通成本，降低空驶率，最大化节省司乘双方资源与时间。试用商业画布分析滴滴出行的商业模式。

知识链接

一、商业模式的内涵及构造

（一）商业模式的内涵

商业模式是企业探求所经营业务的利润来源、生成过程和产出方式的系统方法，并围绕企业如何盈利这个核心来配置企业资源和组织企业所有内外部活动的一个行为过程。商业模式描述了企业如何创造价值、传递价值和获取价值的基本原理。

微课学习

商业模式设计的目的是为了最大化企业价值。商业模式是连接顾客价值与企业价值的桥梁；商业模式为企业的各种利益相关者，如供应商、顾客、其他合作伙伴、企业内的部门和员工等提供了一个将各自交易活动相互联结的纽带。由此可见，商业模式实质上就是企业为了最大化企业价值而构建的企业与其利益相关者的交易结构。

（二）商业模式的构造

商业模式包括客户细分、价值主张、渠道通道、客户关系、收入来源、核心资源、关键业务、重要合作、成本结构九个构造块，可以通过商业模式画布来体现。商业模式画布是在分析商业模式时的一种工具，通常由一面大黑板或一面墙来呈现。它覆盖了商业的 4 个主要方面，即客户、提供物（产品/服务）、基础设施和财务生存能力。如图 8-1 所示。

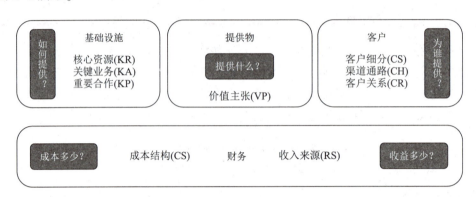

图 8-1　商业模式的构造

1. 客户细分

客户细分用来描述一个企业想要接触和服务的不同人群或组织。该构造块主要解决以下问题：①我们正在为谁创造价值？②谁是我们最重要的客户？

2. 价值主张

价值主张用来描绘为特定客户细分创造价值的系列产品和服务。该构造块主要解决以下问题：①我们应该向客户传递什么样的价值？②我们正在帮助我们的客户解决哪一类难题？我们正在满足哪些客户需求？③我们正在为客户细分群体提供哪些系列的产品和服务？

3. 渠道通道

渠道通道用来描绘公司如何沟通接触其客户细分群体，传递其价值主张。该构造块主要解决以下问题：①通过哪些渠道可以接触我们的客户细分群体？我们如何接触他们？②我们的渠道如何整合？③哪些渠道最有效？④哪些渠道的成本效益最好？⑤如何把我们的渠道与客户的例行程序进行整合？

4. 客户关系

客户关系用来描绘公司与特定客户细分群体建立的关系类型。该构造块主要解决以下问题：①每个客户细分群体希望我们与之建立和保持何种关系？②哪些关系我们已经建立了？这些关系成本如何？③如何将其与商业模式的其余部分进行整合？

5. 收入来源

收入来源用来描绘公司从每个客户群体中获取的现金收入（需要从创收中扣除成本）。该构造块主要解决以下问题：①什么样的价值能让客户愿意付费？②他们现在付费买什么？③他们是如何支付费用的？④他们更愿意如何支付费用？⑤每个收入来源占总收入的比例是多少？

6. 核心资源

核心资源用来描绘让商业模式有效运转所必需的最重要的因素。该构造块主要解决以下问题：①我们的价值主张需要什么样的核心资源？②我们的渠道通路需要什么样的核心资源？③我们的客户关系需要什么样的核心资源？④我们的收入来源需要什么样的核心资源？

7. 关键业务

关键业务用来描绘为了确保商业模式可行，企业必须做的最重要的事情。该构造块主要解决以下问题：①我们的价值主张需要哪些关键业务？②我们的渠道通道需要哪些关键业务？③我们的客户关系需要什么样的关键业务？④我们的收入来源需要什么样的关键业务？

8. 重要合作

重要合作用来描绘让商业模式有效运作所需的供应商与合作伙伴的网络。该构造块主要解决以下问题：①谁是我们的重要伙伴？②谁是我们的重要供应商？③我们正在从合作伙伴那里获取哪些核心资源？④合作伙伴执行了哪些关键业务？

9. 成本结构

成本结构用来描绘运营一个商业模式所引发的所有成本。该构造块主要解决以下问题：①什么是我们商业模式中最重要的固定成本？②哪些核心资源花费最多？③哪些关键业务花费最多？

二、商业模式的创新

（一）商业模式创新的概念

商业模式的创新实质上是一种高层次的企业创新行为，它与传统意义上的产品创新、技术创新、制度创新和经营创新有很大不同。商业模式创新包括了企业从内部到外部的资源、能力、价值等，涉及企业运作的方方面面。

微课学习

（二）商业模式的创新视角

通常来说，可以从客户、产品/服务、基础设施和财务四个视角考虑商业模式的创新。

1. 客户视角：定位精准的目标客户

从客户视角进行商业模式创新，即考虑卖给谁？精准的目标客户定位，要求我们能够给客户画"素描"。这时需要考虑以下问题：①为什么定位这类群体？②你与竞争对手的客户群体有什么区别？

定位与选择精准目标客户群越清晰、越独特越好。如果你与市场主流企业或竞争对手的主要目标客户截然不同，那么，你也许能够开创一个全新的卓越商业模式，从而开创出一个无人竞争的蓝海。

> **拓展阅读**
>
> **维多利亚的秘密公司的精准客户定位**
>
> 维多利亚的秘密（Victoria's Secret，VS）是美国的一家连锁女性成衣零售店，是全球著名的内衣品牌之一。
>
> 1982年以前，它只是一个卖廉价内衣的小店。从1982年开始，维多利亚的秘密对市场进行了细分，并瞄准了性感内衣这一细分市场：设计性感内衣——让穿着者感觉良好。1995年，它又把产品细分市场转向普通内衣这一细分市场：不仅性感而且舒适。截至1995年，维多利亚的秘密已拥有300家实体零售店和总值达8亿美元的销售额。后来，其又对目标客户进行了重新定位，截至2006年公司产品的平均售价均为原来的两倍以上，年收入也比重新定位前增加了四倍多。之后，其针对不同生活方式的客户，逐步开发出系列下属品牌：激情型——"魅惑性感"（Very Sexy）；浪漫型——"天使"（Angels）；女孩型——"怎能不俏丽？"（Sucha Flirt）；清纯型——"维多利亚式身材"（Body by Victoria）；摩登少女型——"粉色"（Pink）。
>
> 资料来源：https://wenku.baidu.com/view/8b7eb1b7d15abe23492f4d68.html
>
> **启示**：目标客户群定位越精准，对企业的经营发展越有利。

2. 产品/服务视角：寻找客户核心需求

精准目标客户定位后，接下来就是要挖掘出目标客户的核心需求。目标客户的核心需求通常是"隐性需求"，需要深入挖掘，通常有以下几类。

第一类是客户无法清晰表达的需求。这一类需求是谁也不知道的，客户自己知道一些，但不完整，所以无法清晰地表达。例如，在汽车尚未被研发出来之前，所有的人都希望自己有一匹更快的马。第二类是难言之隐，即客户无法公开表述的需求。例如，女性用品、生育计划等。第三类是竞争对手尚未发现的需求。例如，针对"怕上火"的加多宝饮料。第四类是尚未被行业内满足的需求。这类需求往往在行业内众人皆知，但没有企业能够满足，例如，广告的强制收看。

3. 基础设施视角：重要的资源与能力

基础设施视角是指从企业自身的资源与能力上进行分析，不同商业模式能够顺利运行，所需要的资源能力各不相同。

资源是企业所控制的，能够使企业构思和设计好的战略得以实施，从而提高企业效果和效率的特性。包括企业全部的财产、能力、竞争力、组织程序、企业特性、信息和知识等。

能力是企业协作和利用其他资源能力的内部特性，主要包括知识能力、组织能力、物资能力和交易能力。能力可出现在特定的业务职能中，也可能与特定技术或产品设计相联系，还可能存在于管理价值链各要素联系或协调各类活动的能力之中。

4. 财务视角：盈利模式的创新

盈利模式是指企业如何获得收入、分配成本、赚取利润，企业从谁那里获取收益，谁可以分担投资或支付成本。

> 红海市场与蓝海市场：现存的市场由两种海洋所组成，即红海和蓝海。红海代表现今存在的所有产业，也就是我们已知的市场空间；蓝海则代表现今还不存在的产业，也就是未知的市场空间。在红海中，每个产业的界限和竞争规则都为人们所知。随着市场空间越来越拥挤，利润和增长的前途也就越来越黯淡。各竞争者已经打得头破血流，残酷的竞争也让红海变得越发鲜血淋漓。与之相对的是，蓝海代表着亟待开发的市场空间，代表着新需求，代表着高利润增长的机会。尽管有些蓝海完全是在已有产业边界以外创建的，但大多数蓝海则是通过在红海内部扩展已有产业边界而开拓出来的。

任务实施

用商业画布分析滴滴出行的商业模式。

KP 重要合作	KA 关键业务	UP 价值主张	CR 客户关系	CS 客户细分
	KR 核心资源		CH 渠道通路	

CS 成本结构	RS 收入来源

模块八 缕清创业思路

案例分享

麦当劳的商业模式　　美团商业模式分析　　盒马鲜生商业模式
　　　　　　　　　　　　　　　　　　　　创新案例解读

资料来源：

1. 麦当劳的商业模式 https://www.bilibili.com/video/av10666360/
2. 美团商业模式分析 https://www.bilibili.com/video/BV1JY4y1y7uP/
3. 盒马鲜生商业模式创新案例解读 https://www.bilibili.com/video/BV1Pa4y177s9/

 拓展阅读

NetJets：深挖客户需求　创新商业模式

在不到20年的时间里，NetJets 的规模超过了许多航空公司，它拥有500多架飞机，在超过140个国家间经营着超过25万条航线。NetJets 的成功得益于它提高了经营的灵活性，降低了旅行时间，减少了旅行中的烦恼，增强了旅行的可靠性以及实行策略性定价方式。事实上，NetJets 就是通过审视替代性行业，打破市场界限，创造了蓝海。

航空业中最具盈利能力的客户群就是公务旅行者。NetJets 首先研究了同类市场，发现当公务旅行者要出行时，主要有两个选择：一是选择乘坐商业航空公司的公务舱或头等舱，原因主要是避免购买私人飞机的高成本投入及飞机闲置造成浪费。以乘坐商务航空公司公务舱或头等舱的成本，享受乘坐私人飞机的便利、快捷和尊贵似乎成为很多商务乘客遥不可及的梦想。针对这种情况，NetJets 提供了它的解决办法：它把飞机的所有权分成16等份，由16个顾客共同拥有，每个顾客每年可以享用50个小时的旅行时间。就是说，顾客付出了商业航空公司机票的成本，但是得到的是私人飞机的便利。二是企业购买私人飞机用于满足公务旅行的需求，原因主要是追求商务出行的便利、快捷，注重个性化与尊贵享受。企业之所以购买私人飞机，是为了大大降低旅行时间，减少拥挤的机场带来的麻烦，使点对点飞行成为可能，以及帮助企业高层管理者们能够保持更多的精力，使他们在一到目的地就能全心全力投入工作。因此，NetJets 就想办法强化这些独特的优势，70%的商业航空公司只覆盖大约30个美国机场，而 NetJets 在美国提供了超过550个机场供选择，而且这些机场都在商务中心附近，位置十分便利。在国际航空方面，飞机可以直接将旅客送到海关。由于提供点对点旅行服务，并且可降落的机场数量大量增加，所以就不存在转机问题，本来需要多逗留一晚的旅行也可以在一天内完成。

将飞机所有权分解出售，通过吸收商业航线和私人飞机的优势，消除或降低它们的劣势，NetJets 开辟了一个蓝海市场，在这里，消费者既获得私人飞机的便利性和快捷性，又可以充分享受商业航线的低固定成本和变动成本。

资料来源：https://www.docin.com/p-1394622094.html

启示：深挖客户的潜在需求，能够为企业开拓市场。大学生若要具备这种能力，就应培养自身"透过现象看本质"的思维，即在看待问题时能够抓住事件的"根本性"运作逻辑，了解其前因后果，不被事件的表象、无关要素、感性偏见等因素影响。简单来说，透过现象看本质需要去粗取精、去伪存真、由表及里、由此及彼，我们应通过事物的现象，掌握其规律、摸索其起因、了解其过程，避免一叶障目、不见泰山。

任务二　编写商业计划书

一个可行、有投资价值的商业模式是创业者需要在商业计划书中强调的首要内容之一。事实上，没有商业模式，创业就只是一个梦想。大学生创业者在设计商业模式时一定要脚踏实地，要提供其他企业难以模仿的独特价值。

任务描述

以团队为单位，寻找与自己所学专业相关的创业项目，或者从自己周围的生活环境中寻找创业项目，并根据所学知识撰写商业计划书，制作路演PPT。

引导案例

崔大宝：我要用专业BP酿好创业融资第一口奶！

2014年9月，李克强总理在夏季达沃斯论坛上给创业者们打了一针鸡血。"大众创业、万众创新"的观点一提出，身边的朋友纷纷辞职创业了，与之起来的，是无数与创业相关的企业服务。

根据中泰证券此前测算，仅是创业公司企业管理培训这个生意，2014年国内的市场规模就已经达到900亿元以上，并且2015—2019年每年都将保持15%的增长速度，预计到2019年，中国的企业管理培训市场规模将超过1 600亿元。

BP+正是这群"淘金者"中的一员。

近日，以服务企业BP为切入点的，为企业提供融资服务、咨询、行研数据等服务的创业服务公司BP+正式对外宣布获得了数百万人民币融资。而资方听起来也都是颇有名气的大佬——由联想集团执行副总裁兼中国区总裁刘军、中国天使投资第一人薛蛮子、国内知名投资基金老鹰基金、知名企业家拉手网美澳居创始人吴波等联合投资。

拿到一位大佬的投资本来就很难，能拿到多位大佬和知名基金的联合投资难上加难，对于当下融资环境算是一件不容易的事情。这和其创始人崔大宝的经历有关，也和BP+所瞄准的市场痛点有关。

拿到融资的凭什么是BP+？BP的全称是Business Plan，中文称为商业计划书。对于创业者来说，这是敲开投资人大门的第一块砖，看似只是一个"PPT"，但实则却包含着许多奥妙。就像好的开始是成功的一半一样，一个精致的BP也是成功融资的前奏。然而遗憾的是，大多数创业公司没能迈好这个第一步。由于不专业、不了解、没时间等原因，BP做的糟糕的，不止一家创业公司。

崔大宝告诉笔者，写BP你首先要尝试理解投资人的需求以及关注点，并且你要努力让人有理由相信你的公司是个很好的投资标的。你需要提供的是事实、数据以及有效的数字，背景信息以及能证明这笔投资潜在回报的研究，商业逻辑清晰地呈现更是核心关键。而这些对于崔大宝和他的团队来说都是擅长的。根据崔大宝的介绍，他的团队是由7年以上管理经验、投资分析、品牌设计、行业研究的一群人组成，而其联合创始人张平和莫伟佳则是有着多年品牌咨询和战略咨询经验。创始人崔大宝的经验更是丰富，其首先是一位连续创业者。2014年12月，崔大宝创立了国内首款互联网姨妈枣品牌"枣到了"，一度成为互联网最受女性欢迎的品牌之一，值得一提的是，枣到了这个品牌，还曾入选了广东中山大学EMBA商学院教学案例，写进了一些专家教授书里。在这些经历之前，2010—2013年崔大宝还曾在拉手网经历了千团大战、在营销大师杜子建旗下公司华艺传媒深谙品牌营销、传播之道。这都让崔大宝不仅更懂创业者的痛点，更是搭建了非常丰富的投资人资源，同时对品牌营销又颇有见地。另外，在创业的过程中，崔大宝始终还保持着对互联网行业的观察和思考，经常产出一些自己的独立分析来，这让他不仅能够懂市场，而且还能更懂行业。同时，崔大宝也是著名天使投资人薛蛮子开办的"蛮子天使学堂"认证导师，不但给创业者在融资计划商业咨询方面的专业咨询和建议，还跟着投资大咖一起为"双创"奉献自己的力量。

团队很牛，但当然要实力说话，投资人要投一个项目，看的不仅仅是团队、创始人的人品，更重要的是团队背后的实力和数据。据崔大宝介绍，截至目前BP+累计服务了100多家创业公司，达成了7位数的营收，其中甚至还帮助多家公司拿到了近2亿元的融资。而在BP+目前提供的业务中，远不止BP这么简单，崔大宝和他的团队还为创业公司提供了智库、报道和咨询等一系列服务。作为投资人和创业者之间的桥梁，BP+连接了老鹰基金、真格基金、金沙江创投、英诺天使、天图资本、复兴国际、清科投资集团、经纬中国、梅花天使创投金等一系列知名投资机构，可以为创业者直输BP。

作为行业观察者，崔大宝和他的团队还在不到一年的时间里产出了8份行业研究报告，分别涉及时下最热门的直播、共享单车、泛娱乐、消费升级等行业，为创业者看清行业提供了进一步的保障和参考。

作为创业公司产业链服务，除了帮助其完成融资之外，BP+还提供创业相关的品牌、战略咨询，在他身后站着的，同样是一群深入行业各个领域的"智囊团"，他们有来自BAT的互联网高管、也有来自媒体行业的资深媒体人，同样还有像崔大宝这样有着连续创业经验的行业分析师。

而这些都将是BP+未来会全面打通的服务，从帮助融资到企业战略，再到帮助企业进行品牌传播、投后管理，崔大宝告诉笔者，他们想做的远不止BP这两个词，而是"+"后面的想象力。

那么BP+的生意有多大？

"一份好的BP可帮你提炼和梳理创业思路，指导你分析市场和用户、找到好的定位和切入点、明确产品逻辑和业务走向、规划发展路径，定制资金规划等等。"崔大宝说到，因此，BP的作用不仅是给投资人看的，更是创业者对公司发展自我梳理的一个过程。

也许是自己创业的情怀所在，崔大宝希望帮助更多的创业者完成自己的"梦想"。BP、智库、融资以及咨询都是帮助创业公司还有更多传统产业转型升级公司更好地落地商业蓝图。"我们不仅自己会产出报道，还会帮助有需求的企业制订品牌传播和营销咨询，将好项目通过媒体平台再推给更多的投资人，辐射更广的范围。"崔大宝对笔者说道。

另外，在崔大宝的设想里，BP不仅可以加商业、加咨询、加数据，还可以加社群、加投资。随着业务的壮大，BP+可以成为商业咨询公司、可以成为企业数据公司，也可以成为"投资公司"和创业者社群。崔大宝的规划已经在一步步慢慢实现了，至少他正在帮助和联合越来越多的创业者。点开他的朋友圈，你可以看到他满满的行程，一天同时见好几拨人，和投资人约谈、帮创业者做规划的同时，还定期输出自己的观点。

"我们今年的计划是服务超过500位客户，创造八位数的营收，同时还能产出12份行业研究。"崔大宝说道，"当然，也包括自己公司完成下一轮融资。"

"我要用专业BP酿好创业融资第一口奶！"这是崔大宝眼前的目标，接下来会研发智能化的BP生成平台、链接更多创投机构和营销推广，提升创业服务效率，加速布局创业入口生态圈，更好地为创业公司提供优质化的服务。

最后，关于未来，崔大宝这位年轻的创业者还谈到想用十年时间服务10 000家创新企业及传统转型企业商业计划咨询及融资服务，并完成100亿元融资服务目标。

资料来源：https://www.iheima.com/article-163883.html

人工智能时代创新创业思维与实践

知识链接

一、商业计划书概述

（一）商业计划书的概念

微课学习

商业计划书，是指创业者就某一具有市场前景的新产品或服务向风险投资者游说，以取得风险投资的商业可行性报告。商业计划书是创业者叩响投资者大门的"敲门砖"，是创业者计划创立的业务的书面摘要，一份优秀的商业计划书往往会使创业者达到事半功倍的效果。

（二）商业计划书的作用

具体来讲，商业计划书主要具有以下作用。

（1）商业计划书是创业者把握企业发展的总纲领。创业者通过制作商业计划书，能够明确创业方向、理清创业思路。

（2）商业计划书是创业团队及合作者共同奋斗的动力和期望。商业计划书是创业者对理想的现实阐述，是理想与现实的连接桥梁。创业企业的预期目标、战略、进度安排、团队管理等方面都是创业者理想的具体化图景，是创业团队奋斗的动力。

（3）商业计划书是投资者决定是否投资的重要参考。从融资角度看，商业计划书通常被喻为"敲门砖"。在一份详细完备的商业计划书中，往往包含了投资者所需要的信息，是他们衡量创业企业实力和潜力的依据，并以此作为是否对创业企业进行投资的重要参考。

（4）商业计划书为企业经营活动提供依据与支撑。商业计划书是为企业发展所做的规划，企业的创立与成长需要由商业计划书引领。

（三）商业计划书的构成

一份完整的商业计划书由封面、目录、正文和附录四个部分组成。

1. 封面

封面也称标题页，可以放一张企业的项目或产品彩图或企业 logo，但需留出足够的版面排列以下内容：商业计划书编号、标题、企业名称、项目名称、联系人及联系方式、公司主页、日期等。

2. 目录

目录是正文的索引，需要按照章节顺序逐一排列每章大标题、每节小标题，以及各章节对应的页码。初步写完商业计划书后，要注意确认目录页码与内容的一致性。

3. 正文

正文是商业计划书的主要内容，包括摘要、主体和结论三大部分。

（1）摘要。摘要是企业的基本情况、竞争能力、市场地位、营销战略、管理策略、以及创业项目的投资前景及风险预测等方面的综合概述。摘要是对整个商业计划书做出的精华式的总结,所以通常在计划书的主体完成后编写。

(2) 主体。主体是对摘要的具体展开。为了让读者一目了然,一般采取章节式、标题式的方式逐一描述。主体的内容具体包括企业介绍、市场分析、产品(服务)介绍、组织结构介绍、前景预测、营销策略描述、生产计划展示、财务规划和风险分析等。

(3) 结论。结论是整个商业计划书内容的总结式概括。它和摘要首尾呼应,体现了文本的完整性。

4. 附录

附录是对主体部分的补充。受篇幅限制不宜在主体部分过多描述的,不能在一个层面详细展示的,或需要提供参考资料、数据的内容,一般放在附录部分,以供参考。

拓展阅读

商业计划书的六大要素

在实际编写商业计划书时,需要把握以下几个要素。

(1) 概念。概念指的是你在计划书里面写的让别人可以很快知道你卖的是什么。

(2) 顾客。有了卖的东西以后,接下来要考虑卖给谁,谁是顾客,要明确顾客的范围。例如,假定女人都是顾客,那50岁以上的女人和5岁以下的女孩是否都是顾客,这一点需要界定清楚,即要明确适合的年龄层。

(3) 竞争者。东西有没有人卖过?如果有人卖过是在哪里?有没有其他的东西可以取代?这些与竞争者的关系是直接的还是间接的?

(4) 能力。要卖的东西自己会不会、懂不懂?例如开餐馆,如果厨师不做了找不到人,自己会不会炒菜?如果没有这个能力,至少合伙人要会做,再不然也要有鉴赏的能力,不然最好不要做。

(5) 资本。资本可以是现金,也可以是资产,是可以换成现金的东西。那么资本在哪里?有多少?自有的部分有多少?可以借贷的有多少?这些都要很清楚。

(6) 永续经营。当事业做得不错时,将来的计划是什么?

二、商业计划书的编写

(一)商业计划书的内容

1. 封面设计

封面是商业计划书的脸面,它首先呈现在读者面前,因此一定要有独特的风格。商业计划书的封面重在设计,要求设计者要有一定的审美能力和艺术天赋。封面一般以简约、明确为主,忌晦涩怪异。

微课学习

2. 企业介绍

企业介绍如同自我介绍，目的就是让投资者认识该企业。企业介绍中会涉及企业的基本概况（名称、组织形式、注册地址、联系方式等）、发展历史与现状、所提供的产品或服务的竞争力、未来的发展规划和目标等。

3. 市场分析

市场分析在整个商业计划书中起着举足轻重的作用，主要包括目标市场分析、行业分析、竞争对手分析等内容。

（1）目标市场分析。目标市场由著名的市场营销学者麦卡锡提出。他认为，应当按消费者的特征把整个潜在市场分成若干部分，根据产品本身的特性选定其中部分消费者作为一个特定的群体，这一群体被称为目标市场。对目标市场的分析，应从以下几个方面入手：①你的细分市场是什么？②你所拥有的市场有多大？③你的市场份额是多少？④你的目标顾客群是哪些或哪类人？⑤你的五年生产计划、收入和利润是多少？⑥你的营销策略是什么？

在对目标市场的分析中，创业者需要阐明这样的观点：企业处在一个足够大、发展前景非常广阔的市场中，并有足够的能力应对来自各方面的竞争。

（2）行业分析。行业是企业要进入的市场。在商业计划书中，创业者要分析所入行业的市场全貌及关键性的影响因素。行业分析需要从以下几个方面来进行：①该行业现状，即处于萌芽期还是成熟期？发展到了何种程度？总销售额是多少？总收益如何？②该行业的发展趋势，即未来走向如何？③该行业的影响因素，包括国家的政策导向、社会文化环境、竞争者的现状、行业壁垒等。④该行业市场上的所有经济主体概况，包括竞争者、消费者、供应商、销售渠道等。

（3）竞争对手分析。竞争对手是这样一类企业：它们在市场上和你的企业提供着相同或类似的产品和服务，并且在配置和使用市场资源过程中与你的企业具有一定的竞争性。如何打败竞争对手，如何在竞争中胜出是每个企业家都需要考虑的问题。进行竞争对手分析时，应该从以下几个方面入手：①你的竞争对手有哪些？你的主要竞争对手有哪些？你最大的竞争对手是谁？②你的竞争对手的优势在哪里？有什么新动向？③竞争中你具备哪些优势和劣势？优势如何发扬？劣势如何消除？④你能否承受竞争所带来的压力？⑤你将采取什么策略战胜竞争对手？

4. 产品（服务）介绍

在进行投资项目评估时，投资人最关心的问题之一就是：企业的产品（服务）能否及在多大程度上解决现实生活中的问题，或者企业的产品（服务）能否帮助顾客节约开支、增加收入。因此，产品（服务）介绍是商业计划书中必不可少的一项内容。

产品介绍包括产品的名称、特性、市场竞争力、研发过程、品牌、专利、市场前景等。在产品（服务）介绍部分，通常要回答以下问题：

顾客希望从企业的产品或服务中得到什么？

与竞争对手相比，企业提供的产品或服务有哪些优势与劣势？企业采取何种办法取长补短？

企业拥有哪些专利与许可？企业为自己的产品采取了哪些保护措施？

企业对新产品或服务有何规划？

企业的产品或服务定价为何能给企业带来长效利润？

该产品或服务如何拥有稳定的顾客群？顾客群一旦缺失，企业该如何应对？

此外，需要注意的是，对产品或服务的介绍一定要实事求是，不能夸夸其谈。

5. 人员及组织结构说明

企业管理的好坏直接决定了企业经营风险的大小，而高素质的管理人员和良好的组织结构则是管理好企业的重要保证。因此，风险投资者会特别注重对企业管理人员及组织结构的评估。

6. 市场预测

市场预测就是运用科学的方法，对影响市场供求变化的诸多因素进行调查研究，分析和预见其发展趋势，掌握市场供求变化的规律，为经营决策提供可靠的基础。在商业计划书中，市场预测应包括市场现状综述、市场需求预测、竞争厂商概况、目标顾客和目标市场、本企业产品的市场地位等。

7. 营销策略叙述

营销是企业经营中最富挑战性的环节，影响营销策略的主要因素有消费者的特点、产品的特性、企业自身的状况、市场环境方面的因素，而最终影响营销策略的则是营销成本和营销效益。在商业计划书中，营销策略应包括市场机构和营销渠道的选择、营销队伍建设和管理、促销计划和广告策略、价格决策等。

8. 生产计划说明

生产计划作为商业计划书的重要组成部分，其作用在于使投资者了解企业的研究进度和所需资金。具体来说，商业计划书中的生产计划应包括以下内容：厂房基本情况，包括地址、基础设施和基本配置情况；产品制造和技术设备现状；生产流程及关键环节介绍；新产品投产计划；生产经营成本分析；质量控制和改进计划及能力。

9. 财务规划描述

一份好的财务规划可以帮助企业降低经营风险，增强风险企业的评估价值，提高企业获取资金的可能性。要写好财务规划，创业者须回答以下问题：①单件产品的生产成本是多少？利润是多少？②产品定价是多少？在固定时间段内产品的销售量有多少？③雇用哪些人生产、加工、销售产品？工资预算是多少？

10. 风险分析

没有风险分析的商业计划书是不完整的，因为创业本身就带有一定的冒险性，创业过程中的风险也通常会让人始料不及。风险分析不仅能减轻投资者的疑虑，让他们对企业有全方位的了解，更能体现管理团队对市场的洞察力和解决问题的能力。在这一部分，创业者可以从市场风险、技术风险、资金风险、管理风险等方面进行阐述。

（1）市场风险。市场风险包括生产中可能遇到的问题、销售者未知的因素、竞争中难以预料的方面、顾客的不同需求与反馈等。

（2）技术风险。技术风险主要是技术研发中的困境，如技术力量不够强大、研发不到位、员工熟练程度不高、经验不足、研发资金短缺等。

（3）资金风险。创业者需要阐明可能出现的资金周转不畅和资金断流等问题，也要讲明万一企业遭遇清算的后果及遭遇清算后有无偿还资金的能力。

（4）管理风险。创业者要实事求是，不能刻意隐瞒管理方面的缺陷和漏洞，而要如实反映情况，诸如人手不足、经验欠缺、资源匮乏等。

（5）其他风险。企业的其他风险有很多，如政策的不确定性、经营中的突发状况、财务上的不确定因素等，都可以归入其他风险。

（二）商业计划书的编写原则

1. 市场导向原则

利润来自市场的需求，没有明确的市场需求分析作为依据，所编写的商业计划书将是空泛的、无意义的。因此，商业计划书应以市场导向的观点来编写，要充分显示对市场现状的把握与未来发展的预测，同时要说明市场需求分析所依据的调查方法与事实证据等。

2. 文字精练原则

编写创业计划书时应避免那些与主题无关的内容，要开门见山、直切主题并清晰明了地把自己的观点亮出来。风险投资者没有时间，也不愿意花过多的时间来阅读一些对他来说毫无意义的东西。文字精练、观点明确，才能引起投资者的注意和兴趣，从而提高融资成功的概率。

3. 前后一致原则

因为创业计划书的内容复杂繁多，容易出现前后不一、自相矛盾的现象。如果出现这种情况，会让人难以明白创业者的想法，甚至对计划产生怀疑。所以，整个商业计划书前后的基本假设或预估要相互呼应，保持一致。

4. 优势呈现原则

编写商业计划书的重要目的之一是为投资人或贷款人提供决策依据，借以融资。因此，商业计划书中要呈现出具体的竞争优势，显示经营者创造利润的强烈愿望，并明确指出投资者预期的报酬。但同时也应该说明可能遇到的风险或威胁，不能只强调优势和机遇而忽略不足与风险。

5. 便于操作原则

商业计划书是创业者拟定的创业行动蓝图，因此，它必须具有很强的可操作性，以便于实施。

6. 通俗易懂原则

商业计划书中应尽量避免使用技术性很强的专业术语，因为这些术语不是谁都可以看得明白的，过多的专业术语会影响投资者阅读的兴趣。即使不得已要使用专业术语，也应该在附录中加以解释和说明。

7. 客观实际原则

商业计划书中的所有内容必须实事求是，即使是财务规划也要尽量客观、实际，切勿凭主观意愿进行估计。

（三）商业计划书的编写要点

（1）文本格式要规范。商业计划书内容必须完整，格式设计合理，正文排版整齐，条理清晰明了，标号层次分明。

（2）产品描述要清晰。在商业计划书中，应提供所有与企业的产品或服务有关的细节，包括企业所实施的所有调查。

（3）竞争分析要透彻。在商业计划书中，创业者应细致分析竞争对手的情况。

（4）市场分析要深入。商业计划书要给投资者提供企业对目标市场的深入分析和理解，细致分析经济、地理、职业及心理等因素对消费者选择购买本企业产品这一行为的影响，以及各个因素所起的作用。

（5）经营思路要可行。企业的行动应该是无懈可击的。商业计划书中应该明确下列问题：企业如何把产品推向市场？如何设计生产线，如何组装产品？企业生产需要哪些原料？企业拥有哪些生产资源，还需要什么生产资源？生产和设备的成本是多少？企业是买设备还是租设备？解释与产品组装、储存及发送有关的固定成本和变动成本的情况。

（6）团队优势要展现。把一个创业想法转化为一个成功的企业，其关键的一点就是要有一支强有力的管理队伍。这支队伍的成员必须有较高的专业技术知识、管理才能和多年的工作经验。创业者要在商业计划书中展示出自己团队的优势。

（7）计划摘要要出彩。商业计划书中的计划摘要十分重要，它必须能让读者有兴趣并渴望得到更多的信息，并给读者留下长久的印象。摘要一定要简明生动、精炼贴切。一般来讲，写摘要时可围绕以下关键问题进行展开。

第一组问题：
你的创意由来和存在的理由是什么？
你的理念是什么？
你能准确客观地描述你的目标市场吗？你了解它们吗？
你能给你的目标客户带来什么价值？他们为什么接受？
你预计市场占有份额和增长率会是多少？
你最大的竞争者是谁？你怎么办？
你需要多少投资？

第二组问题：
你预计需要多少融资？怎么安排资金？
销售额、成本及利润情况如何？
你会使用何种分销渠道？
你的核心能力是什么？
盈亏平衡点的时间是什么时候？
你有专利吗？如何保护它？

第三组问题：
你的团队能胜任吗？为什么？
你将如何分工？
你有行动时间安排表吗？列举行动计划。
为什么你是创业带头人？你能胜任吗？

三、商业计划项目路演

（一）商业计划项目路演的概念

微课学习

商业计划项目路演即创业者在讲台上向台下众多的投资者讲解自己的企业产品、发展规划、融资计划等，即通过演讲的形式向投资者介绍自己的创业计划，以获得投资。

商业计划项目路演通常以 PPT 的形式进行。篇幅较长、文字较多的 Word 版商业计划书一般很难吸引投资者，或者说投资者一般不会进行详细的阅读。想要让投资者了解你的创业计划，作为创业者就必须再制作一份图文并茂且页数不多的 PPT 版商业计划书（即项目路演 PPT）。

（二）项目路演 PPT 的内容

制作项目路演 PPT 最重要的原则是"长话短说，深入浅出"，整体风格要简洁大方，内容逻辑要清晰明了，页数以 12 页为佳。

具体来说，项目路演 PPT 应该包括以下内容。

1. 问题/痛点

这可能是你路演 PPT 中最重要的内容之一，你要尽可能简洁地说明：①问题/痛点是什么？为什么是这个？②你怎么知道这是一个问题/痛点？③你要为谁解决这个问题？如何解决？

2. 解决方案

现在你已经告诉投资者有一个重要的问题需要解决，并且也已经通过研究得到验证，这时你就可以开始讲述你将如何解决这个问题了。你需要回答以下问题：①人们现在正在使用的其他解决方案是什么？为什么这些解决方案都没有真正解决问题？②你的解决方案是什么？③你的解决方案为什么比其他解决方案更好？最终能带来的好处是什么？④你的解决方案有什么专利或者独特之处吗？

3. 数据验证

解决方案讲完后，大多数投资者都想看到你解决方案的数据验证。数据分析说明更具有说服力，更能吸引投资者。你应该思考如何回答下列问题：①你每月有多少收入？你每月的支出是多少？②你每月的增长是多少？③你实现盈利了吗？实现盈利多少？④你有哪些合作伙伴？

4. 产品

给投资者进行快速的产品演示，在不透露过多细节的同时向他们解释产品是如何工作的，尽量用简洁的语言来解释并放上几张产品图片。以下是你需要回答的问题：①你的产品是如何工作的？②它如何为消费者带来价值？

5. 市场分析

如果你的市场细分很精确，谈一谈你如何可以成为小池塘里的大鱼。以下是你需要回答的问题：①理想用户的画像（ICP）是什么？谁是你的早期使用者？②客户的生命周期价值和获得成本是多少？你的客户流失率是多少？

6. 竞争分析

在这部分，你可以展示你在适应市场和获得市场份额上的信心，同时展示你当前的客户满意度和忠诚度。你需要考虑以下问题：①你的市场定位是什么？②如何防止竞争对手夺走你的市场份额？③你将如何变得比竞争对手更优秀？

7. 商业模式

展示你的商业模式的工作原理，以及它是如何通过早期试用者得到验证的。这里要解答的关键问题包括：①你如何赚钱？②你的商业模式如何通过实验或案例研究得到了验证？

8. 市场推广策略

确定目标市场和商业模式之后，应让投资者知道你将如何获得这个市场。你的市场推广策略应该已经在小范围内得到了验证，你也应该已经确定了最有效的客户获取渠道。这里你需要回答以下问题：①你将如何让你的产品出现在客户面前？②基于你当前的资源，你将关注哪些渠道？你通过哪些方法来验证这些是最有效的渠道？③你最有竞争力的分销策略是什么？

9. 融资需求和财务数据

为了支持你刚才提出的雄心勃勃的获客策略，你需要提出融资需求。你的整个演讲都是为了这一时刻。此时，投资者应该明白了为什么你的公司会是一个好的投资机会，现在他们想知道你需要多少资本来实现这一点。你需要回答以下问题：①你需要多少资金来进一步验证你的商业模式？②你的资金还能花多久？还需要多少资金？③你将如何分配资金？

10. 团队

介绍你的团队成员的职务和过去的经历。你要向投资者解释为什么你的团队是开展这个项目的最佳选择。你需要回答以下问题：①你的团队里有哪些人？他们有什么相关技能和经验？②你是如何认识你的联合创始人的？团队成员是如何选择的？③你有哪些顾问？他们有哪些特长？

11. 愿景

愿景应该在PPT中作为重要的宣传标语，或者在PPT最后提醒投资者为什么他们应该关心你的项目。你需要回答以下问题：①你的愿景是什么？②什么激励着你实现这个愿景？

（三）项目路演技巧

项目路演技巧的提升可以从以下几方面入手。

1. 事前多练习，做到对路演内容烂熟于心

通常人们在表达时出现紧张、拘束、头脑发蒙等状况，多数是平时经历太少，准备不足。试想如果让你讲一件你最熟悉的事情或者是跟朋友聊天，你绝对不会是如此表现。只有对自己接下来要表达的内容有足够的自信，才能克服以上状况，这就需要创业者在事前多练习，做到对路演内容烂熟于心。

2. 抓住项目核心，始终围绕中心思想进行描述

路演过程中思路要清晰，明确目的是描述项目核心。路演的内容要围绕这点展开，避免讲废话、讲套话。类似于"请大家多多关照""我们的产品是最棒的"之类的话应尽量减少，进而在规定的时间内提升传播效率。

3. 路演更多是"演"，展示个人魅力

路演的重点在于向大家展示自己和项目。让观众记住你，记住你的团队，充分了解你的项目，是路演成功的重要标准。充分展示团队、展示个人魅力是路演带给观众的最大享受。

4. 加强对自身项目的思考，学会应对质疑

任何项目都会遭到质疑，因此不必要为遭到质疑而忧虑。相反，不同的意见和建议会帮助团队更好地审视项目，完善自身。对于外界的质疑要勇敢面对，应基于对自身项目的深刻思考自如地应答，若确有回答不了的问题或者考虑不周的地方要勇于承认，并虚心接受，以待日后考证完善。

（四）项目路演注意事项

1. 忌对目标市场没有丝毫了解

前期准备要非常充分，首先要非常了解创业项目和目标市场。很多创业者的路演中没有表现出任何调研过市场的痕迹，要么调研样本太少，要么根本没有。同样，对目标用户的喜好也知之不详，甚至没有目标用户定位……这些都是准备不充分的表现。

2. 忌空谈市场，却不聊自己的项目如何切入

路演过程中，不能只谈市场，应该多谈自己的项目与市场之间存在的千丝万缕的

联系，将自己项目的优势和目标市场联系起来，以确保投资者通过路演对你的项目有进一步的了解。

3. 忌投身红海

准确来说，这不属于路演范畴，而是创业团队在一开始就选错了方向。投身红海的项目将面临激烈的竞争，在项目竞争实力欠缺时，投资者一般是慎之又慎的。

4. 忌不知所云

在项目路演中，创业者应清晰表达，明确目标，以使投资者或观众能够通过路演明确你的最终目标。

拓展阅读

周鸿祎：教你打造十页完美的商业计划书

第一页，用几句话清楚说明你发现目前市场中存在一个什么空白点，或者存在一个什么问题，以及这个问题有多严重，几句话就够了。例如，现在网游市场里盗号严重，你有一个产品能解决这个问题，只需要一句话说清楚就可以。

第二页，你有什么样的解决方案或者什么样的产品能够解决这个问题。你的方案或者产品是什么，提供了怎样的功能。

第三页，你的产品将面对的用户群是哪些，一定要有一个用户群的划分。

第四页，说明你的竞争力。为什么这件事情你能做，而别人不能做？是你有更多的免费贷款，还是存储可以不要钱？这只是个比方。否则如果这件事谁都能干，为什么要投资给你？你有什么特别的核心竞争力？有什么与众不同的地方？所以，关键不在于所干事情的大小，而在于你能比别人干得好，与别人干得不一样。

第五页，再论证一下这个市场有多大，你认为这个市场的未来是什么样。

第六页，说明你将如何挣钱。如果真的不知道怎么挣钱，你可以不说，可以老老实实地说，我不知道这个怎么挣钱，但是中国一亿用户会用，如果有一亿人用我觉得肯定有它的价值。想不清楚如何挣钱没有关系，投资人比你有经验，告诉他你的产品多有价值就行。

第七页，用简单的几句话告诉投资人，这个市场里有没有其他人在干，具体情况是怎样。不要说"我这个想法前无古人后无来者"这样的话，投资人一听这话就要打个问号。有其他人在做同样的事不可怕，重要的是你能不能对这个产业和行业有一个基本了解和客观认识。要说实话、干实事，可以进行一些简单的优劣分析。

第八页，突出自己的亮点。只要有一点比较亮就行。刚出来的产品肯定有很多问题，说明你的优点在哪里。

第九页，进行财务分析，可以简单一些。不要预算未来三年挣多少钱，没人会信。说说未来一年或者六个月需要多少钱，用这些钱干什么？

第十页，如果别人还愿意听下去，就介绍一下自己的团队，团队成员的优秀之处，以及自己做过什么。

一份包含以上内容的计划书，就是一份非常好的创业计划书。

资料来源：http://www.swdz.com/article-72-1.html

启示：商业计划书不仅是给投资人看的，更是创业者对公司发展自我梳理的一个过程，对创业企业的发展起着重要作用。

案例分享

光影流转路演视频　　净澈科技路演视频　　ROS科技路演视频

资料来源：

1. 第八届中国国际"互联网+"大学生创新创业大赛项目'光影流转-亿像素红外智能成像的开拓者'路演视频 https://www.bilibili.com/video/BV1eM411N7ao/?spm_id_from=333.788.recommend_more_video.1

2. 第八届中国国际"互联网+"大学生创新创业大赛项目'净澈科技-含铜废水净水工程领航者'路演视频 https://www.bilibili.com/video/BV1zF411R7ZV/?spm_id_from=333.788.recommend_more_video.3

3. 第八届中国国际"互联网+"大学生创新创业大赛项目'ROS科技-与细菌病毒正面交锋的利刃'路演视频 https://www.bilibili.com/video/BV1mm4y177Qr/?spm_id_from=333.788.recommend_more_video.6

任务实施

项目名称：_____

项目概要：_____

_____

_____

_____

_____

模块八 缕清创业思路

课后练习

一、判断题

1. 商业模式创新包括了企业从内部到外部的资源、能力、价值等，涉及企业运作的方方面面。（   ）

2. 客户创新视角就是从定位精准的目标客户入手，要求我们能够给客户画"素描"。（   ）

3. 盈利模式指企业如何获得收入、分配成本、赚取利润，企业从谁那里获取收益，谁可以分担投资或支付成本。（   ）

4. 摘要是对整个商业计划书做出的精华式的总结，所以通常在计划书的主体完成后编写。（   ）

5. 市场预测就是运用科学的方法，对影响市场供求变化的诸多因素进行调查研究，分析和预见市场发展趋势，掌握市场供求变化的规律，为经营决策提供可靠的基础。（   ）

6. 因为商业计划书的内容复杂繁多，在实际操作中可以出现前后不一、自相矛盾的现象。（   ）

7. 制作项目路演PPT最重要的原则就是"长话短说，深入浅出"，整体风格简洁大方，内容逻辑清晰明了，页数以12页为佳。（   ）

8. 创业是创新的手段和基础，而创新是创业的载体，两者相辅相成、无法割裂。（   ）

9. 成功的创新对于企业来说能够实现技术与业务的完美结合。（   ）

二、不定项选择题

1. 商业模式描述了企业如何（   ）、（   ）和（   ）的基本原理。
   A. 创造价值 B. 传递价值
   C. 获取价值 D. 转移价值

2. 客户细分构造块用来描绘一个企业想要接触和服务的不同人群或组织。该构造块主要解决以下问题：（   ）。
   A. 我们正在为谁创造价值
   B. 谁是我们最重要的客户
   C. 我们应该向客户传递什么样的价值
   D. 我们正在为客户细分群体提供哪些系列的产品和服务

3. 精准目标客户定位后，就需要挖掘出目标客户的核心需求。那么，客户的"隐性需求"都有哪些呢？（   ）
   A. 客户无法清晰表达的需求
   B. 难言之隐，客户无法公开表述的需求

C. 竞争对手尚未发现的需求

D. 尚未被行业内满足的需求

4. 商业计划书作用有哪些？（　　）

A. 商业计划书是创业者把握企业发展的总纲领

B. 商业计划书是创业团队及合作者共同奋斗的动力和期望

C. 商业计划书是投资者决定是否投资的重要参考

D. 商业计划书为企业经营活动提供依据与支撑

5. 商业计划书的正文包括（　　）。

A. 摘要　　　　　　　　　　　　B. 主体

C. 结论　　　　　　　　　　　　D. 附件

6. 商业计划书的编写应该遵循哪些原则？（　　）

A. 市场导向、优势呈现　　　　　B. 文字精练、观点明确

C. 前后一致、客观实际　　　　　D. 通俗易懂、便于操作

7. 路演 PPT 包括很多内容，哪项是项目实施前首选的内容？（　　）

A. 问题/痛点　　　　　　　　　　B. 解决方案

C. 数据验证　　　　　　　　　　D. 产品

8. 项目路演 PPT 中商业模式分析主要从哪些角度着手？（　　）

A. 你如何赚钱？

B. 你的商业模式如何通过实验或案例研究得到验证？

C. 如何展示你的商业模式原理和早期的使用？

D. 你为消费者创造了什么样的价值？

三、简答题

1. 商业模式中最重要的固定成本是什么？

2. 如何寻找客户的痛点？

模块九

创办创业实体

学习目标

◇ **知识目标**
- 熟悉各种企业组织形式及新创企业的注册流程
- 掌握新创企业选址的策略与技巧
- 熟悉企业新产品开发的方向和流程
- 熟悉新企业营销管理

◇ **能力目标**
- 能够根据实际情况为新创企业选择合适的组织形式和经营场所
- 能够模拟进行新创企业的注册
- 能够根据实际情况制订新产品开发流程
- 能够根据实际情况为新创企业制订营销管理制度

◇ **素质目标**
- 了解国家当前鼓励创新、扶持创业的政策,培养家国情怀
- 树立提升创业质量的意识,做有责任心的创业人

党中央、国务院高度重视大学生创新创业工作。2021年10月,国务院办公厅印发了《关于进一步支持大学生创新创业的指导意见》,明确提出建立大学生创新创业信息服务平台:汇集创新创业帮扶政策、产业激励政策和全国创新创业教育优质资源,加强信息资源整合,做好国家和地方的政策发布、解读等工作。及时收集国家、区域、行业需求,为大学生精准推送行业和市场动向等信息。加强对创新创业大学生和项目的跟踪、服务,畅通供需对接渠道,支持各地积极举办大学生创新创业项目需求与投融资对接会。

人工智能时代创新创业思维与实践

> **引导案例**

从理想到现实，大学生创业如何行稳致远

即将捧着"挑战杯"金奖进孵化器，北京理工大学计算机学院硕士生梁瑛平语气中满是兴奋："虽然公司具体落户在哪里，我们还在考虑，但团队总算是要'有个家'了。"

在极暗的环境下，如何让摄像设备拍照如同白昼？梁瑛平的团队一直致力的，就是打造一只让夜间安防更有效的"夜视鹰瞳"。从一支学生兴趣团队到一个创业集体，从创意、设想到算法迭代、科研攻关、市场调研、参加"挑战杯"，再到谋划项目落地，梁瑛平坦言，自己一直在学习、在成长。

在建设科技强国的新征程上，鼓励和支持广大青年创新创业，是激发全社会创新潜能的重要举措。然而，怀揣梦想的创业路，注定不会一帆风顺。面对未知和挑战，政策支持如何更为精准，创业教育如何更有温度，以赛促创如何更显实效？第十三届"挑战杯"中国大学生创业计划竞赛全国决赛的研究团队，对本次30余万个参赛项目进行内容挖掘，并开展了多方调研和专家座谈。

1. 制度保障何以更为精准

【创业学生说】

华东地区某985高校参赛团队负责人：

目前看，我们的参赛作品作为项目落地，硬件保障上没有问题，成果转让方面，学校已经给予很多支持，地方政府也会给我们一些启动资金、人员入驻扶持等。近几年，政府也落地了很多创新创业基地、孵化器，如果我们大学生有需求，会批办公空间给我们。

对团队而言，当前最大困难在于对整个产业生态不熟悉，简单地说就是我们不知道怎么去找客户，客户也不知道怎么找我们，我们需要一个服务平台，帮助我们跟有需求的客户精准对接。此外，成立公司之后，需要申税报税等涉及公司运营方面的法律流程，我们并不清楚相关注意事项和法律风险等，通过网上查找、询问创业的学长等方式获取的信息其实都很有限。

【政策梳理】

1999年1月，我国教育部颁布《面向21世纪教育振兴行动计划》，首次以文件形式倡导大学生自主创业。2004年4月，共青团中央、劳动和社会保障部联合发布《关于深入实施"中国青年创业行动"促进青年就业工作的意见》。2015年《政府工作报告》提出"推动大众创业、万众创新，培育和催生经济社会发展新动力"，国家对青年创新创业的重视程度达到新高度。截至2022年12月，我国各省出台的大学生创业支持政策已达168项，尤其是"安排专项资金支持双创示范基地建设""加大创业担保贷款贴息力度"等针对性政策，充分激发大学生创业激情。

调研组也发现，我国大学生创业保障政策仍存优化空间。一是创业法律法规有待

模块九 创办创业实体

系统性优化，支持和保护小企业的法律法规体系有待进一步完善；二是创业资金支持力度有限，金融服务类政策供给尚不能满足大学生创业的需求；三是创业服务体系较为分散，需进一步提升高校创业培训服务水平。

【专家评析】

北京理工大学国家安全与发展研究院常务副院长周波：

创业是推动经济高质量发展的重要举措。全面提升大学生创业能力是世界各国应对错综复杂的国际环境、保持国家竞争优势、增强国际话语权和影响力的重要手段。我国出台了多项支持大学生创业的政策，有效激发了高校师生参与创新创业实践的积极性，对大学生创业活动提供了有力支持和保障。

一是建议强化政策衔接，从国家重大战略需求和我国经济社会发展全局出发，坚持目标导向和问题导向相结合，按照政策设计的内在逻辑，构建上下贯通、左右协调、前后衔接的有效联动机制，支持有条件的地方大胆探索，推动以创新引领创业，以创业带动就业。二是建议关注创业主体需求，完善知识产权归属、科技成果转化等制度保障体系，明晰政府、高校、大学生和企事业服务组织等主体的权利和义务，把地方实践证明行之有效的创新创业政策进行示范推广，持续提高政策的权威性和执行力。

2. 学校创业教育何以更有温度

【创业学生说】

北京某985高校参赛学生：

在本科阶段，能感受到创新创业的思路有机融入课程中，学院一对一导师制度也让我在本科二年级时接触科研前沿。从政策支持上，学校支持相关专利"零成本"转让给团队，帮助我们联系孵化器，获奖后帮助团队申请了50平方米的办公空间，现在正在帮我们申请50万元启动资金。

当然，团队一开始还是不太适应从学生角色、科研角色到创业角色的转变。仅靠项目导师指导还是有些局限，老师更关注算法是不是顶尖的，然而投资人可能更关注市场前景，思维差异会比较大。是不是可以增加一些针对性的创业教育，或者一对一的创业辅导，让我们谈合作、找投资的时候更有策略、更有针对性。

【数据解读】

据统计，第十三届"挑战杯"中国大学生创业计划竞赛共吸引了来自32个省级赛区和港澳地区3 011所高校、142.4万余名在校学生的33万余个项目。其中，专科院校的参赛率达73%，13个省份的所有本科院校均有参赛项目，西藏、青海、新疆、宁夏的作品晋级率跻身全国前十。

竞赛数据显示，参赛团队具有师资投入大、成果落地实、市场实践多、人生规划远等特点。决赛中，78%的团队拥有3位及以上的指导教师，77%的项目拥有相关专利，36%的项目获得相关领域软件著作权，40%的项目已经注册公司或进入融资阶段，近七成的选手选择在学业上继续深造。

【专家评析】

清华大学二十国集团创业研究中心SDG开放创新马拉松中国执委会执行主任毛东辉：

高校以人才培养、科学研究、社会服务、文化传承为办学宗旨。现实中，往往存在一些高校过度关注各类排名、就业率、竞赛获奖等，如不及时引导，恐出现知识及人才价值被低估，创新创造的文化、意愿、动力缺失等问题，这与大学的使命和愿景相背离，与国家和社会的要求相脱节。

在知识经济与第四次工业革命的背景下，创新驱动发展战略要求大学为国家、为社会培养大批创新创业创造型人才。一是要研究在部分一流高校将"创新"提升为与"教学""科研"齐抓并举的核心办学定位与职能，作为引领高校改革的价值导向和评价标准，探索推进科学研究与创新创业素质教育"双轮驱动"的大学创新体系。二是要推动高校内部教育改革，在机制创新、师资队伍、课程建设、校企协作等方面完善高校双创教育体系。双创课程应充分注重认知模式和行为模式的有机结合。三是在开展双创教育时，要以社会问题和市场需求为导向，不断总结积累帮助创新创业人才和团队成长、为社会创造新产品新企业新模式的成功路径，努力形成创新创业教育的良性循环。

3. 以赛促创如何更显实效

【创业学生说】

北京理工大学"夜视鹰瞳"参赛团队负责人梁瑛平：

在参加比赛之前，说实话我们就是一个学生团队，签订单也是学校去签，然后学校把钱发给我们。参赛过程中，我们才逐渐理清了从一个学生团队到一个公司成立要走的路，如何去融资，如何做规划，一步一步地坚定了我们真正成为创业者的决心。

比赛也帮助我们思考了项目如何更好地落地，如何更好地改进产品。在比赛之前，我们的项目仅限于手机和监控摄像头的暗光成像，参赛过程中，我们意识到项目其实有更广阔的应用领域和市场前景。例如航空航天、深水探测等极端复杂环境。我们还在思考，如何更好地和人工智能等新技术趋向结合。在和其他团队队员交流过程中，我们也获得了一些"过来人"关于融资和选择项目落地地点的经验，可以说"收获满满"。

【案例分析】

本届"挑战杯"超过80%的决赛项目选题与服务国家重大战略需求和国民经济社会发展需要紧密相关，"乡村振兴""智慧农业""智能制造""医疗机器人""绿色材料"等社会热点问题成为高频词，能源、芯片、数据、智能等领域的安全问题备受关注。

分析发现，参赛者对"挑战杯"项目的定位和参赛目的是以技术、产品等创新来对接市场、社会发展需要，通过对社会发展问题的实践探索来提高服务水平。选手普遍反映，成果转化是最需要加强指导的环节，特别是评委专家一对一指导，这一选择的占比由起初的47.98%提升到决赛的79.43%。

【专家评析】

中国宏观经济研究院研究员曾红颖：

双创是创新驱动发展战略的重要组成部分，在面临投资拉动和国际贸易动力机制转换、社会老龄化程度加深等经济社会变局时，夯实高校双创教育十分必要。"挑战

模块九 创办创业实体

杯"等赛事面向国家和社会发展迫切需要的突出问题进行深入研究和实践,锻炼了大学生的创新能力,并为大学生提供了继续深造、就业创业的机会。大学生创新创业热情高涨,创业能力呈现不均衡态势,在创业竞赛组织、创业工作管理等方面仍需持续发力。

一是加强大学生自主创业意识的培养。引领高校双创教育从短期培养向长期的信义教育转变。对于学生价值观、职业观的建立应先于能力培养。高校应基于各类平台,加强对大学生自觉学习创业知识、积极提高创业技能的引导和教育,推动我国大学生创新创业局面从被动就业转变为主动创业。

二是完善大学生创业竞赛管理机制。对工作基础薄弱、往年未参赛的学校加强指导。通过召开专门部署会、设置进步显著奖、面对面指导、发函争取学校支持等方式,充分调动各类高校参赛的积极性。

三是开展双创理论常态化研究。针对大学生创新创业竞赛开展持续跟踪和回溯评估,探究教育活动在双创中的作用机理和实现路径;精准定义国家经济社会发展需求,主动布局大学生创业竞赛项目。

资料来源:http://edu.people.com.cn/n1/2023/0418/c1006-32667020.html

任务一 设立新创企业

为推动实施"大众创业、万众创新"的国家发展战略,充分发挥高校毕业生在创新驱动发展战略中的生力军作用,全国各地方政府相继出台了一系列针对大学毕业生创新创业的优惠政策和鼓励措施,为大学生自主创业保驾护航。大学生应充分利用创新创业信息服务平台,全面了解国家和地方的政策措施及行业和市场的动向信息,为自主创业指明方向。

▶ 任务描述

各团队模拟开展新创企业的注册。

▶ 知识链接

一、新创企业的组织形式选择

创业过程是一个建立组织和组织逐渐成长、发育的过程。创业第一步,除了做好资金、资源、心理等准备之外,极为重要的一件事就是针对自身情况,选择一个合适的组织形式。

微课学习

一般来说，企业组织形式有独资企业、合伙企业和公司制企业三种。

（一）独资企业

独资企业包括国有独资企业和个人独资企业。

1. 国有独资企业

国有独资企业是指企业全部资产归国家所有，国家依照所有权和经营权分离的原则授予企业经营管理，国有独资企业依法取得法人资格，实行自主经营、自负盈亏、独立核算，以国家授予其经营管理的财产承担民事责任。

2. 个人独资企业

个人独资企业是指依照《中华人民共和国个人独资企业法》（以下简称《个人独资企业法》）在中国境内设立，由一个自然人投资，财产为投资人个人所有，投资人以其个人财产对企业债务承担无限责任的经营实体。它是最为简单的企业组织形式。

个人独资企业是非法人型企业，个人独资企业的财产权属于投资人个人所有，在企业财产无法清偿债务时，由投资人以个人财产承担债务。个人独资企业尤其适用于初涉市场、资金实力有限的创业者。

根据《个人独资企业法》规定，设立个人独资企业应当同时具备下列条件。

（1）投资人为一个自然人。

（2）有合法的企业名称。

（3）有投资人申报的出资。

（4）有固定的生产经营场所和必要的生产经营条件。

（5）有必要的从业人员。

> **拓展阅读**

个人独资企业与个体工商户的区别

个体工商户是指生产资料归劳动者个人所有，以自己个人的劳动为基础，劳动成果由劳动者个人占有和支配的市场经营主体。个人独资企业与个体工商户的主要区别如下：

（1）出资人不同。个人独资企业的出资人只能是一个自然人；个体工商户既可以由一个自然人出资设立，也可以由家庭共同出资设立。

（2）雇佣人数不同。雇员8人以上为个人独资企业；8人及以下为个体工商户。

（3）承担责任的财产范围不同。个人独资企业的出资人在一般情况下仅以其个人财产对企业债务承担无限责任，只是在企业设立登记时明确以家庭共有财产作为个人出资的才依法以家庭共有财产对企业债务承担无限责任；而根据《民法通则》第29条的规定，个体工商户的债务如属个人经营的，以个人财产承担，属家庭经营的，则以家庭财产承担。

（4）适用的法律不同。个人独资企业依照《个人独资企业法》设立，个体工商户依照《民法通则》《城乡个体工商户管理暂行条例》的规定设立。

（5）法律地位不同。个人独资企业是经营实体，是一种企业组织形态；个体工商户则不采用企业形式。区分二者的关键在于是否进行了独资企业登记，并领取了独资企业营业执照。

（二）合伙企业

合伙企业是指自然人、法人和其他组织依照《中华人民共和国合伙企业法》在中国境内设立的，由两个或两个以上的自然人通过订立合伙协议，共同出资、共同经营、共负盈亏、共担风险的企业组织形式。

合伙企业一般无法人资格，不缴纳企业所得税，但要缴纳个人所得税。合伙企业的类型有普通合伙企业和有限合伙企业。其中，普通合伙企业由普通合伙人组成，合伙人对合伙企业债务承担无限连带责任；有限合伙企业由普通合伙人和有限合伙人组成，普通合伙人对合伙企业债务承担无限连带责任，有限合伙人以其认缴的出资额为限对合伙企业债务承担责任。

设立合伙企业，应当具备下列条件。

（1）有两个以上合伙人，合伙人为自然人的，应当具有完全民事行为能力。
（2）有书面合伙协议。
（3）有合伙人认缴或者实际缴付的出资。
（4）有合伙企业的名称和生产经营场所。
（5）法律、行政法规规定的其他条件。

（三）公司制企业

公司制企业简称公司。我国公司法所指的公司是以盈利为目的，由股东出资形成，拥有独立的财产，独立从事生产经营活动，依法享有民事权利，承担民事责任的企业法人。包括有限责任公司和股份有限公司两种形式。

1. 有限责任公司

有限责任公司是指两个以上五十个以下股东共同出资，股东以其认缴的出资额为限对公司承担责任，公司以其全部资产对公司的债务承担责任的企业法人。这种公司本质上是一种合资公司，但与股份公司相比也有人合因素。

设立有限责任公司，应当具备下列条件。

（1）股东符合法定人数。
（2）有符合公司章程规定的全体股东认缴的出资额。
（3）股东共同制订公司章程。
（4）有公司名称，建立符合有限责任公司要求的组织机构。
（5）有公司住所。

2. 股份有限公司

股份有限公司是指将公司全部资本分为等额股份，股东以其认购的股份为限对公司承担责任，公司以其全部资产对公司的债务承担责任的企业法人。

设立股份有限公司，应当具备下列条件。

(1) 发起人符合法定人数。

(2) 有符合公司章程规定的全体发起人认购的股本总额或者募集的实收股本总额。

(3) 股份发行、筹办事项符合法律规定。

(4) 发起人制订公司章程，采用募集方式设立的经创立大会通过。

(5) 有公司名称，建立符合股份有限公司要求的组织机构。

(6) 有固定的生产经营场所和必要的生产经营条件。

各种组织形式没有绝对的好与坏之分，对创业者而言，需要考虑的是选择哪种组织形式更有利于创业企业的生存与发展。各种组织形式的优势与劣势的比较分析如表9-1所示。

表9-1 各种组织形式的优势与劣势

组织形式	优势	劣势
个人独资企业	企业设立、转让和解散等行为手续简便，仅向登记机关登记即可，且费用低； 创业者拥有对企业的控制权； 企业经营灵活性强，可迅速对市场变化做出反应； 利润归创业者所有，不需与他人分享； 只需缴纳个人所得税，无须双重纳税； 在技术和经费方面易于保密	创业者承担无限责任； 不易从企业外部获得信用资金，筹资困难； 企业寿命有限，易随着创业者的退出而消亡； 企业的成功更多地依赖创业者的个人能力； 创业者投资的流动性低
合伙企业	企业设立较简单和容易，费用低； 企业经营具有高度的灵活性； 企业资金来源较广，信用度较高	合伙人承担无限连带责任； 财产转让困难； 融资能力有限，企业规模受限； 企业往往因关键合伙人的退出而解散； 在合伙人对企业经营有分歧时，决策困难
有限责任公司	股东只承担有限责任，风险小； 公司具有独立寿命，易于存续； 公司所有权与经营权分离，聘任经理人管理，更能适应市场竞争； 以出资人的出资额为限承担公司的经营风险； 促使公司形成有效的治理结构； 多元化产权结构有利于科学决策； 可吸纳多个投资人，促进资本集中	公司设立程序比较复杂，费用较高； 税收负担较重，存在双重纳税问题； 不能公开发行股票，筹集资金的规模与渠道受限； 产权不能充分流动，资产运作受限

续表

组织形式	优势	劣势
股份有限公司	股东只承担有限责任，风险小； 公司具有独立寿命，易于存续； 公司产权可以股票形式充分流动； 可聘任职业经理人管理，管理水平较高； 筹资能力强	公司设立程序复杂，费用高； 税收负担较重，存在双重纳税问题； 政府限制较多，法规要求比较严格； 因公司要定期报告其财务状况，故公司的相关事务不能严格保密

课堂互动

阅读以下材料，思考并回答问题。

马里奥·瓦伦汀拥有一家经营得十分成功的汽车经销商店——瓦伦汀商店。一直以来，瓦伦汀一直坚持独资经营，身兼所有者和管理者两职。现如今瓦伦汀已经70多岁了，打算从管理岗位上退下来，但他希望汽车经销商店仍能掌握在家族手中，将这份产业留给自己的儿孙。所以，他正在考虑是否应该将他的商店转为公司制经营。为了能够选择正确的企业组织形式，瓦伦汀制订了如下五个目标。

（1）所有权目标：瓦伦汀希望他的两个儿子各拥有25%的股份、五个孙子各拥有10%的股份，这样就能保证商店所有权掌握在自己家族成员手中。

（2）存续能力目标：瓦伦汀希望即使发生儿孙死亡或放弃所有权的情况，也不会影响商店经营的存续。

（3）管理目标：瓦伦汀希望将商店交给资深雇员乔·汉兹来管理。瓦伦汀认为他的两个儿子根本不具有经济头脑，也没有任何的管理经验，所以他并不希望他们参与日常管理工作。而乔·汉兹不但毕业于有名的商学院，还长期服务于瓦伦汀商店，从普通店员一直做到高级管理人员，相较于瓦伦汀的儿孙来说更具有专业知识和管理经验。

（4）所得税目标：瓦伦汀希望商店采取的组织形式可以尽可能减少他的儿孙们应缴纳的所得税。同时，每年的经营所得都可以尽可能多地分配给商店的所有权人。

（5）所有者的债务：虽然商店已经在保险公司投了保，但瓦伦汀还是希望能够确保在商店发生意外事件或经营不善发生损失时，他的儿孙们的个人财产不会因此受任何影响。

请同学们根据瓦伦汀老先生的这五个目标，再结合不同企业组织形式的特点，分析瓦伦汀商店应该选择哪种企业组织形式。

二、新创企业的注册流程

企业注册是指创业者根据国家法律法规相关规定获得合法经营手续的行为。一般情况下，申办企业的流程如下。

（一）预先核准企业名称

我国在公司登记工作中实行公司名称预先核准制。申请公司名称预先核准时，应由创业企业的代表或其委托代表人向登记主管部门提出名称预先核准申请，并提交如下文件：①有限责任公司的全体股东或者股份有限公司的全体发起人签署的《公司名称预先核准申请书》；②股东或发起人的法人资格证明或者自然人的身份证明；③公司登记机关要求提交的其他文件。

微课学习

具有高度概括力和强烈吸引力的企业名称，对大众的视觉刺激和心理等各方面都会产生影响。一个设计独特、易读易记、并富有艺术性和形象性的企业名称，能迅速抓住大众的视线，诱发其浓厚的兴趣和丰富的想象，使之留下深刻的印象。

企业名称一般由字号（商号）、所属行业（经营特点）、组织形式三部分组成，前面可以加上所在地区行政区域名称。

（1）行政区划。行政区划是指本企业所在地县级以上行政区域的名称或地名。除国务院决定设立的企业外，企业名称一般不得冠以"中国""中华""全国""国家""国际"等字样。

（2）字号。企业名称中的字号应当由两个以上汉字组成，行政区域名称不得用作字号，但县以上行政区域地名具有其他含义的除外。此外，也可以使用自然人投资人的姓名作字号。

（3）行业。企业名称中的行业表述应当是反映企业经济活动性质所属国民经济行业或者企业经营特点的用语。名称中的行业特点应与主营行业相一致。企业经营活动性质分别属于国民经济行业不同大类的，应当选择主要经济活动性质所属的国民经济行业类别来表述企业名称中的行业。

（4）组织形式。依据《中华人民共和国公司法》《中华人民共和国中外合资经营企业法》《中华人民共和国中外合作经营企业法》《中华人民共和国外资企业法》申请登记的企业名称，其组织形式为有限公司（有限责任公司）或者股份有限公司；依据其他法律、法规申请登记的企业名称（如合伙企业、个人独资企业等），组织形式不得申请为"有限公司（有限责任公司）"或"股份有限公司"，非公司制企业可以申请用"厂""店""部"等作为企业名称的组织形式。

例如，延安恒兴监理咨询有限公司，延安为行政区划，恒兴为字号，监理咨询是行业，有限公司是组织形式，其中起主要识别作用的是字号，即恒兴。

（二）注册登记

1. 填写登记申请书

申请人应当按照国家市场监督总局制定的申请书格式文本提交申请，并按照企业登记法律、行政法规和国家市场监督总局规章的规定提交有关材料。涉及企业登记前置许可项目的，申请人应当提交法定形式的许可证件或者批准文件。

2. 办理证照码

营业执照是指登记机关发给工商企业、个体工商户的准许从事某项生产经营活动的凭证。没有营业执照的工商企业或个体工商户一律不许开业，不得刻制公章、签订合同、注册商标、刊登广告，银行不予开立账户。企业的营业执照类型有《个体独资企业营业执照》《合伙企业营业执照》《企业法人营业执照》等。

2016年6月30日，国务院办公厅发布了《关于加快推进"五证合一、一照一码"登记制度改革的通知》，从2016年10月1日起正式实施"五证合一、一照一码"登记制度，在全面实施工商营业执照、组织机构代码证、税务登记证"三证合一"登记制度改革的基础上，整合社会保险登记证和统计登记证，通过"一窗受理、互联互通、信息共享"方式，由登记机关依法审查后核发1个加载法人和其他组织统一社会信用代码的营业执照。如图9-1所示。

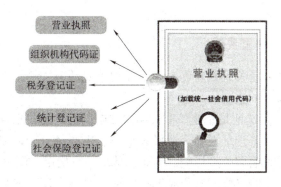

图9-1 "五证合一、一照一码"营业执照

（三）刻制印章

新企业领取营业执照后，创业者须到所在地公安局特行科办理新企业印章，并向公安局特行科提供相关文件，包括营业执照、法定代表人身份证证明等。公安局审批后到指定的印章刻制单位刻制新企业印章，包括公司章、法人章、合同章、财务专用章等。

完成刻制后，还须在公安机关及相应的主管部门进行印鉴备案。需要说明的是，企业的印章、企业牌匾、企业银行账户、企业信笺所使用的名称应与新企业登记注册的名称相一致。

（四）开立银行账户

银行账户是各单位为办理结算和申请贷款在银行开立的户头，也是单位委托银行办理信贷与转账结算及现金支付业务的工具，它具有监督和反映国民经济各部门、各单位活动的作用。根据《银行账户管理办法》，银行账户分为基本存款账户、一般存款账户、临时存款账户和专用存款账户，各类账户均有不同的设置和开户条件。

开立银行账户的程序包括以下内容。

1. 向中国人民银行办理银行开户许可手续，取得开户许可证。

2. 企业选定开户银行，向该银行领取开户申请书，如实填写并由主管部门审核盖章后，附上银行开户许可证、营业执照正本及复印件交开户银行审核。

3. 银行同意开户后，送交预留印鉴，包括企业财务专用章、法人代表章。按结算要求，企业只能开设一个基本账户。根据业务需要，企业可以向开户银行购领有关结算凭证，如现金缴款单、支票等，所需款项可用现金支付，也可由银行转账。

三、新创企业的选址

企业选址是指企业在开业之前对经营地址进行论证和决策的过程。创业者要充分认识到企业选址对企业经营发展的重要性，对影响企业选址的诸多因素进行科学分析，掌握企业选址的策略和技巧。

（一）企业选址的重要性

微课学习

选址是关系到新创企业成败的重要环节之一，直接关系到新创企业发展目标的实现。

（1）选址是企业一项长期的发展投资。企业地址具有长期性与稳定性的特点。选址对新企业设施配备、生产经营产品或服务的成本及管理费用等都有着长期影响。新企业地址一旦确定，便不易变动。

（2）选址决定企业的成败。新企业选择的地址科学合理，在与其他企业竞争时就占据"地利"的优势。

（3）选址对实现企业经营目标和经营战略影响重大。

（4）选址对提升企业竞争力意义深远。新企业的竞争力具有复杂性与多层次性，企业地址所在地区的商业环境质量深刻地影响着新企业的持续竞争力。

（二）企业选址的原则

1. 匹配行业定位

企业经营场所的选择和行业密切相关，各行各业都有不同的特点和消费对象，黄金地段不一定是最好的选择。如果经营的是日化、副食等快速消费品，就要选择在居民区或社区附近；如果经营的是家具、电器等耐用消费品，就要选择在交通便利的商业区。因此，企业选址关键要根据行业来确定。

2. 依据经营内容

店铺销售的商品种类不同，其对店址的要求也不同。有的店铺要开在人流量大的地方，如服装店、小超市，但并不是所有的店铺都适合开在人山人海的地方，如老年人服务中心就适宜开在安静、较偏僻一些的地方。

3. 靠近消费群体

新企业的选址还要考虑自己的目标消费群体，是主要面向普通大众消费群体，还是主要面向中高阶层消费群体，简单来讲就是要选择能够接触较多目标消费群体的地方。例如，卖油盐酱醋茶的小商店，开在居民区内生意肯定比开在闹市区好。

4. 遵循价值链环节

同一产业的企业如所处价值链环节不同，企业选址考核的侧重点也随之而异。总部基地、研发中心的选址，更关注政府因素的影响，包括政府服务水平、政策导向、营造的投资环境，如人才及教育资源是否富足，风险投资的供给情况，布局上偏好聚集在大城市或新兴城市；制造型企业的选址，更关注成本因素的影响，如土地、能源、劳动力等资源是否能够以较低的成本获取，加之城市规划的影响，因而其在区位分布上有逐渐迁出市中心的趋势；营销及售后服务企业，则更多考虑市场的因素，如区域内消费者的消费水平、市场潜力、同行竞争状况，在区位的选择上也会更贴近市场，以提升服务效率，更快地响应市场需求的变化。

5. 关注政府政策

企业选址不仅需要重点考虑企业投资的运营成本，还需要关注政府因素的影响。例如，政府是否鼓励该产业的发展，是否已通过产业规划、财税政策、人才培养等多种途径保障该产业的发展，能否提供高效优质的服务，乃至是否有一定的政府采购市场。

（三）企业选址的影响因素

创业者选择企业经营地址时，需考虑政治因素、经济因素、技术因素、社会文化因素、自然因素、人口因素等，其中经济因素和技术因素对选址决策起着基础作用。

1. 政治因素

选择新企业地址时，创业者应重视对政府在市场发展、产业发展等方面相关规定的研究。政府在不同时期发展产业的重点和优惠政策是不同的，创业者若能够将企业建在政府支持该产业的地区，则可以使新创企业抢占市场先机。

2. 经济因素

经济因素决定了新创企业预选地区的购买力，一般反映在该地区消费者的银行存款、收入水平、家庭总收入等指标上，这些数据与该地区是否繁荣有密切关系。

3. 技术因素

以科技研发与生产为方向的高科技新企业在选址时，创业者可考虑将企业建在某地区与社区的技术研发中心附近，或建在新技术信息快速传递的地区。创业者可及时了解和掌握国内外新技术发展变化的新规律、新特点和新趋势，避免技术本身进步的难以预测性和技术市场变化的不确定性对高科技新企业带来的不利影响。

4. 社会文化因素

选择新企业地址时，创业者应考虑新企业地址所在城市的影响力、所在地区的社区文化与商业文化；分析新企业产品或服务目标消费群体的文化品位与消费心理。不同文化背景的消费者，由于生活态度与价值取向的差异，导致他们对健康、营养、安全与环境等的关注程度不同，会直接影响新企业产品或服务的市场需求与市场拓展。

5. 自然因素

创业者应该关注所选地址的地质状况、水资源的可用性、气候变化等自然因素是否符合新企业生产与经营的客观需要。

6. 人口因素

人口因素往往反映一个地区的市场需求及市场容量。创业者要重点了解该地区的人口结构、人口数量及人口稳定状况，以及消费者的职业与收入状况；还要了解消费者的购买习惯、消费能力等情况。

（四）企业选址的策略和技巧

科学而行之有效的选址对企业的成长至关重要，因此，创业者必须掌握企业选址的策略和技巧。具体应注意以下几个方面。

1. 在收集与研究市场信息的基础上选址

市场信息对企业选址的影响是不可忽视的，决定着创业者能否正确地做出选址决策。依据影响企业选址的各种因素，创业者可自己或借助中介机构收集市场信息，并对收集的多方面市场信息进行定性与定量的科学分析，在此基础上进行科学选址。

2. 在考察与评估备选地址的基础上选址

创业者要对多个备选地址进行实地考察，并采用科学的定量分析的方法对备选地址进行考察与评估。经过对备选地址的实地考察与定量分析，按照新企业"必需的"和"希望的"选址条件，对备选地址进行详细的比较分析后，选择出最佳地址。

3. 在咨询与听取多方建议的基础上选址

创业者经过咨询有经验的企业家或相关人士，把企业选址的备选方案与最佳地址呈现出来，听取他们的意见与建议，获得有益的帮助；并综合分析各种信息、意见与建议，制订详细的备选地址优势与劣势对比表，按照企业所进入的行业特点与企业的市场定位等特征，综合运用选址的评估方法，最终做出正确的选址决策。

（五）不同类型企业的选址要点

企业类型不同，对地址的要求及选址时考虑的因素也有所不同。

1. 零售企业

对于零售企业来说，位置选择十分重要，因为这类企业需要稳定的客流量来支撑，还需要考虑周围店铺的业务类型、道路交通情况和当地居民的结构等因素。当然，租金也是必不可少的考虑因素。

2. 批发企业

批发商从制造商那里大批量采购商品，然后再小批量地卖给零售商。这类企业选择位置主要考虑两个问题：一是要有良好的交通条件；二是要适当便利，在建筑、设备、公共设施等方面。没有良好的交通条件和适当的便利条件，批发商就很难处理大量的货物。同时，批发企业要尽可能地接近它的客户。例如，仓储物流行业应侧重考虑市场因素，以及仓储物流的服务目标需求量，建立适量的仓储地点。

3. 服务性企业

服务性企业应尽可能地靠近大型购物中心，以确保稳定的客流量。但像牙科诊所、

模块九 创办创业实体

干洗店、修鞋店等业务就没有必要设在高租金地段，居民住宅区附近就是非常理想的开办地点。而某些服务类企业，如会计公司、税务咨询公司等，即便是位置处于很偏僻的地方，仍可以实现很高的营业额，因为消费者愿意花时间去寻找这些企业的服务。

4. 制造类企业生产

制造类企业的选址不同于其他企业类型，要考虑到交通状况的便捷和原材料产地的远近。当然，还需要考虑是否能够以较低的成本方便地获取土地、劳动力资源，以及城市发展规划的影响和企业自身的运营发展等因素。例如，原材料提炼业应侧重考虑偏近原料、燃料动力的供应地；劳动密集型的制造业应侧重考虑人工供应充沛、质量高、工资低，综合运营成本低的地区；高新技术产业应关注政府是否鼓励该产业发展，是否已通过产业规划、财税政策、人才培养等多种途径为该产业提供高效优质的服务。

拓展阅读

新企业登记需要提交的文件

一、个人独资企业登记需要提交的文件

投资人申请设立登记个人独资企业，应当向登记机关提交下列文件：投资人签署的个人独资企业设立申请书；投资人身份证明；企业住所证明；国家市场监督管理总局规定提交的其他文件。从事法律、行政法规规定须报经有关部门审批的业务的，应当提交有关部门的批准文件。委托代理人申请设立登记的，应当提交投资人的委托书和代理人的身份证明或者资格证明。

二、合伙企业登记需要提交的文件

申请设立合伙企业，应当向企业登记机关提交下列文件：全体合伙人签署的设立登记申请书；全体合伙人的身份证明；全体合伙人指定代表或者共同委托代理人的委托书；合伙协议；全体合伙人对各合伙人认缴或者实际缴付出资的确认书；主要经营场所证明；登记机关规定提交的其他文件。法律、行政法规或者国务院规定设立合伙企业须经批准的，还应当提交有关批准文件。

三、有限责任公司登记需要提交的文件（包括一人有限责任公司）

申请设立有限责任公司，应当向公司登记机关提交下列文件：公司法定代表人签署的设立登记申请书；全体股东指定代表或者共同委托代理人的证明；公司章程；股东的主体资格证明或者自然人身份证明；载明公司董事、监事、经理的姓名、住所的文件及有关委派、选举或者聘用的证明；公司法定代表人任职文件和身份证明；企业名称预先核准通知书；公司住所证明；国家市场监督管理总局规定要求提交的其他文件。法律、行政法规或者国务院决定规定设立有限责任公司必须报经批准的，还应当提交有关批准文件。

四、股份有限公司登记需要提交的文件

申请设立股份有限公司，应当向公司登记机关提交下列文件：公司法定代表人签署的设立登记申请书；董事会指定代表或者共同委托代理人的证明；公司章程；发起人的主体资格证明或者自然人身份证明；载明公司董事、监事、经理姓名、住所的文件及有关委派、选举或者聘用的证明；公司法定代表人任职文件和身份证明；企业名称预先核准通知书；公司住所证明；国家市场监督管理总局规定要求提交的其他文件。

以募集方式设立股份有限公司的，还应当提交创立大会的会议记录及依法设立的验资机构出具的验资证明；以募集方式设立股份有限公司公开发行股票的，还应当提交国务院证券监督管理机构的核准文件。

任务实施

先为你们的企业注册一个有创意的名字吧。

企业名称预先核准申请书

☐企业设立名称预先核准			
申请企业名称			
备选企业字号	1.		
	2.		
	3.		
企业住所地	_____市_____县/区_____路/街道_____号		
注册资本（金）	_____万元	企业类型	☐有限公司　☐股份公司 ☐分公司　　☐非公司企业法人 ☐营业单位　☐非法人分支机构 ☐个人独资企业　☐合作企业
经营范围	参照《国民经济行业分类》国家标准及有关规定填写与企业名称行业表述相一致的主要业务项目		

续表

投资人	名称或姓名	证照号码

任务二　管理新创企业

　　新创企业能否生存和健康成长至关重要，既关系到创业的成败，也关系到企业今后能否持续发展。大学生创业者往往缺乏企业管理和运营经验，因此在新产品设计开发和营销策略制订方面，需要进行周密布局。另外大学生创业者也要坚定信念，创业之路崎岖不平，唯有实干方可行稳致远。

▶ 任务描述

　　好的营销策略可以提升品牌价值，建立品牌知名度和用户信誉，增强用户黏性，请各团队为新创企业制订合理的营销策略。

▶ 导入案例

大学生创业，在试错中不断前行

　　大学生创业者虽然管理及执行能力尚有所欠缺，但其创业团队在凝聚力、服从力、协作力上都较为有韧性。大学生在实践上的薄弱是常态，可以在后期培训上进行加强。目前，高校及政府部门、行业协会多尝试创新与创业联合培养的模式，着重加强对大学生的经验管理、决策规划及交际宣传能力的提升。

　　和颢柠生物科技有限公司进行第一次合作洽谈，李菁颇感不顺。刚从大学毕业的她怀揣着创业梦，和十几个校友成立了"一甘擂茶"茶饮项目。

　　"签合同时，我发现我们的项目与实际落地所需的条件之间差距太大了，由于项目还有很多不完善的地方，导致第一次签合同被迫延期。"李菁说，没有商业谈判的经验，就单签署合同这一件事，许多细节根本无法考虑到。"这也是我们团队成立以来第一份合作协议,理想非常丰满,但我们却深深感受到了现实的骨感。"

创业"升级打怪"也需外挂

《中国青年报》报社社会调查中心曾调研发现:在大学生创业短板中,心理承受能力差(57.8%)、人脉等社会资源不足(51.7%)问题最为突出。同样,在2019年苏州大学生创业调查中,苏州市在校大学生整体创业率为3.14%,而没有选择自主创业的在校大学生中,有49.98%是因为"自身能力不足"。

当下无数年轻创业人似乎永远有一个逃不开的难题:"不懂世故",他们几乎都在"不谙世事"上摔了跟头。刚走出校门的大学生,对行业经营套路,社会人情阅历及管理执行力的赋能值较低,即使有热血,肯吃苦,也很难在成熟竞争的商业模式下站稳脚跟。

李菁的团队为了躲避所谓的"世故"的坑,在团队的人员组成上一直强调专业经验。例如,人力资源管理专业的学生主管人事,金融专业出身则主管财务,企划部中则多广告学、旅游学和行政管理专业合伙人。为了注重线上推广,电气专业同学也诚邀加入,负责尝试将智能化设备与擂茶结合。他们中很多人获得过创业大赛奖项并在校进行过创业培训实践,在初创群体中已算是"元老级"。

"即使这样,我们最终还是会选择外聘管理人员。"李菁说,"在项目评估阶段,投资人认为我们运营项目的最大风险在于团队核心成员普遍年轻,相对于行业资深人员普遍缺乏管理经验。"

"投资人在评估时认为,一方面在创业初期,我们的团队内部结构不完整,可能影响整体效率发挥甚至可能导致公司决策失误;另一方面,擂茶仍然属于新兴饮品,大家没有过多接触,所以进入市场初期时还需要考虑到消费者对于产品口感、文化的接受度。"李菁再三考量后认为,团队在市场调研和推广方面缺乏成熟的执行能力,仍需要外援。

"就目前的情况看,我们可以在前期采取外聘的方式解决问题。"李菁说,但我们首先要解决的是"如何让消费者接受第一杯产品"的问题。

李菁坦言:"如何去运营管理一个项目本身就是创业的必修课,所以未到万不得已的时候,我们不会首先考虑外聘。"她认为,"只有当运营过程中遇到了严重的能力阻力和限制时,为了确保各大投资方的利益,才会采取外聘方式。"当然,我们也可以向专业管理团队学习运营,采取短期外聘的权宜之计。

在试错中进行历练和成长

2020年海峡两岸女大学生创业大赛刚刚落下帷幕,厦门市大学生创业促进会副秘书长,发展部部长施沁作为大赛的组织人员告诉中国妇女报·中国妇女网记者,"许多大学生创业项目的想法很新颖,但缺乏商业思维,没有办法进一步'造血'。"在比赛中,大学生体现更多的是创新,而不是创业。

施沁认为,大学生在实践上的薄弱是常态,可以在后期培训上进行加强。目前,高校及政府部门、行业协会多尝试创新与创业联合培养的模式,着重加强对大学生的经验管理、决策规划及交际宣传能力的提升。

大学生创业者马赞认为,对于创业中的管理难题,大学生不必为此过于焦虑。"一

模块九 创办创业实体

个没有经验的年轻人,要去管比自己年龄大很多并且有资深经验的工作人员,如何微妙平衡这其中的上下级关系?如何独立作出正确的决策?是非常考验人的。"马赞分析,职场上没有数年的摸爬滚打经验,很难把管理技巧运用得游刃有余。

关于"能力不足"这一点,马赞在创业之初想得很通透:"不懂业务我可以去学,毕竟年轻人的学习能力非常快;虽然不懂经营但我们懂消费,更容易感知年轻人消费群体的偏好。"马赞并不认为"老成世故"是件绝对的好事。相反,这有可能会变成团队合作的绊脚石。"在合伙创业的过程中,大学生们都很单纯,不会耍心机,不论是协商决策,还是合作管理,工作过程都会轻松简单很多。"

虽然管理及执行能力尚有所欠缺,但大学生创业团队在凝聚力、服从力、协作力上都较为有韧性,这一点弥足珍贵。"即使有数十年从业经验的企业高管,也会为管'人'而头疼,我们创业的最大优势就是'听话',服从管理。"马赞说,如果团队中有一两个有经验的领头人,那么他的威信是很高的,大家都服他,这也产生了这一种和谐的平衡。

大学生创业能力不足是事实,但未必就是"致命弱点"。李菁的团队为了弥补短板,专门邀请大学专业的导师顾问团队,在做出关键决策时给予专业指导,同时充当第三方监督的角色,及时指正运营中的潜在风险和不规范行为。"创业失误是难免的,不必谈虎色变,我们应当吸取教训,在试错中进行历练和成长。"李菁说,"创业能力不足不可怕,可怕的是就此打住,畏惧继续前行。"

施沁认为,由于大学生还未步入社会,实践不足是可以理解的。"国家举办了很多的大学生创业大赛,为的就是培养他们的创业思维,鼓励大学生们大胆创新。在实践上,可以采取和成熟企业合作,优势互补,合作共赢的模式,在合作中提升实践能力未尝不是一种提高。"

资料来源:https://baijiahao.baidu.com/s?id=1679759649055837430&wfr=spider&for=pc

 知识链接

一、新创企业的新产品开发

企业的生命在于产品,产品的生命在于质量。一个企业要想立于不败之地,就必须不断地开发新产品,只有新产品才能够给企业增添新的活力和动力。

微课学习

新产品是指采用新技术原理、新设计构思研制、生产的,能够满足消费者新需求的全新产品;或者在结构、材质、工艺等某一方面比原有产品有明显改进,从而显著提高了产品性能或扩大使用功能的产品。

新产品开发是指从研究选择适应市场需要的产品开始,到产品设计、工艺制造设计,一直到投入正常生产的一系列决策过程。

（一）新产品开发的基本方式

企业开发新产品的基本方式有独创方式、引进方式、改进方式、结合方式和仿制方式五种。

1. 独创方式

从长远考虑，企业开发新产品最根本的途径是自行设计、自行研制，即自主创新、拥有自主知识产权的独特产品。例如，微软公司独自研发自己的软件。采用独创方式，有利于产品更新换代及形成企业的技术优势，也有利于市场竞争。

2. 引进方式

技术引进是开发新产品的一种常用方式，是指在新产品开发过程当中，把其他国家的先进技术引进过来直接使用。例如，我国汽车行业中的一汽大众、上汽大众等采取合作生产的方式引进技术。企业采用这种方式可以很快地掌握新产品制造技术，减少研制经费和投入的力量，从而赢得时间，缩短与其他企业的差距；但引进技术也不利于形成企业自身的技术优势和竞争力。

3. 改进方式

改进方式是以企业现有的产品为基础，根据用户的需要，采取改善性能、变换形式或扩大用途等措施来开发新产品。例如，海尔公司改变洗衣机容量的大小，以适应不同家庭的需要。采用这种方式可以依靠企业现有的设备和技术力量，开发费用低，成功把握大；但是长期采用改进方式开发新产品，会影响企业竞争能力的培育和长远发展。

4. 结合方式

结合方式是独创方式与引进方式的结合，是在对引进技术充分消化和吸收的基础上，与本企业的科学研究结合起来，充分发挥引进技术的作用，以推动企业科研的发展、取得预期效果。这种方式适用于企业已有一定的科研技术基础，外界又具有开发这类新产品比较成熟的新技术可以借鉴的情形。采用这种方式开发新产品，既可使新产品具有先进性，又能促进企业自身技术开发的发展。

5. 仿制方式

按照样品仿制国内外的新产品，是迅速赶上竞争的一种有效开发新产品的形式。其优点是仿制费用低，成功率高。其缺点是上市落后一步，市场占有率要比发展新产品的企业要低。但是，如果能在仿制时有所创新，则可收到后发制人的功效。当然，在运用此种方法时要注意不能违反有关新产品的专利权和其他知识产品的法规。

（二）新产品开发的方向

企业开发新产品，把有限的人力、物力、财力有效地分配在急需的开发项目上，使新产品开发取得最佳效果，关键在于准确地确定新产品开发的方向。企业在选择新产品开发方向时，应考虑以下几点。

（1）考虑产品性质和用途。在进行新产品开发前，应充分考察同类产品和相应的替代产品的技术含量和性能用途，确保所开发产品的先进性和独创性，并且容易被市场所接受。

（2）考虑产品价格和销售量。产品的成本与工艺技术、生产规模等有很大关系，产品定价除了考虑内部成本因素以外，更受到市场竞争、消费者意愿等外部因素的影响，还与企业的中长期战略有关，要经过调查研究和综合论证加以确定。

（3）考虑消费者多样化的需求趋势。新产品开发必须有适当的前瞻性，并且确保产品的生命周期与消费者需求变动的时间相协调，才能适应市场，实现市场目标。

此外，还要考虑企业产品和技术创新的能力、技术力量的储备和产品开发团队的建设情况等。

（三）新产品开发的流程

新产品开发的流程是指从提出产品构思到正式投入生产的整个过程。

1. 调查研究阶段

用户的要求是新产品开发决策的主要依据，因此，新企业必须认真做好调查研究工作。该阶段主要是提出新产品构思，以及新产品的原理、结构、功能、材料和工艺等方面的开发设想和总体方案。

2. 构思创意阶段

产品创意是开发新产品的关键。在这一阶段，要根据社会调查掌握的需求情况及企业自身条件，充分考虑用户的使用要求和竞争对手的动向，有针对性地提出开发新产品的设想和构思。这一阶段主要包括产品构思、构思筛选和产品概念的形成三个基本环节。

（1）产品构思。在市场调查和技术分析的基础上，提出新产品在功能、技术性能、外观等方面的构想或有关产品改良的建议。

（2）构思筛选。并非所有的产品构思都能发展成为新产品。要从中筛选出与企业的发展目标相符合，且具备相应的资源条件与实施的可能性的产品构思。

（3）产品概念的形成。经过筛选后的产品构思仅仅是设计人员或管理者头脑中的概念，离产品还有相当的距离，还需要形成能够为消费者接受的、具体的产品概念。产品概念的形成过程实际上就是构思创意与消费者需求相结合的过程。

3. 新产品设计阶段

产品设计（是指从确定产品设计任务书起到确定产品结构为止的一系列技术工作的准备和管理）是产品开发的重要环节，是产品生产过程的开始。新产品设计过程主要包括初步设计、技术设计和工作图设计三个阶段。

（1）初步设计。这一阶段的主要任务是编制设计任务书，经内部决策程序通过后，作为新产品技术设计的依据。主要工作包括确定产品最佳总体设计方案、设计依据、产品用途及适用范围、基本参数及主要技术性能指标、产品工作原理及系统标准化综合要求、关键技术解决办法和关键元器件、特殊材料资源分析，对新产品设计方案进行分析比较；运用价值工程，研究确定产品的合理性能，以及通过不同结构原理和系统的比较分析，从中选出最佳方案等。

（2）技术设计。技术设计阶段是新产品的定型阶段。其主要任务包括：在初步设计的基础上完成设计过程中必需的试验研究（新产品的原理结构、材料原件工艺的功能或模具试验），并写出试验研究大纲和研究试验报告；做出产品设计计划书；画出产品总体尺寸图、产品主要零部件图，并校准；运用价值工程，对产品中造价高、结构复杂、体积笨重、数量多的主要零部件的结构、材质精度等选择方案进行成本与功能关系的分析，并编制技术经济分析报告；绘出各种系统原理图；提出特殊元件、外购件、材料清单；对技术任务书的某些内容进行审查和修正；对产品进行可靠性、可维修性分析。

（3）工作图设计。这一阶段的主要任务包括：根据技术设计绘制出全套工作图纸，包括总图、零件图、部件图、产品装配图、安装图；制订通用件、专用件、标准件、外购件、外协件明细表和原材料、特种材料明细表；编制产品说明书和使用维修保养说明书等。设计者必须严格遵守有关标准规程和指导性文件的规定，设计绘制各项产品工作图。

4. 试制与评价鉴定阶段

试制阶段又分为样品试制和小批试制阶段。试制后，必须进行鉴定，对新产品从技术上、经济上做出全面评价，然后才能得出全面定型结论，投入正式生产。

样品试制阶段的目的是考验产品设计质量，以及产品结构、性能和主要工艺，验证和修正设计图纸，使产品设计基本定型，同时也要验证产品结构的工艺性，主要审查工艺上存在的问题。

小批试制阶段的工作重点在于工艺准备，主要目的是考验产品的工艺，验证它在正常生产条件下能否保证所规定的技术条件、质量和良好的经济效果。

5. 生产技术准备阶段

该阶段应该完成全部工作图的设计，制订各种零部件和生产设施、生产环境的技术要求。

6. 正式生产和销售阶段

在这一阶段，不仅需要做好生产规划、劳动组织、物资供应、设备管理等一系列工作，还要考虑如何把新产品引入市场，如研究产品的促销宣传方式、价格策略、销售渠道和服务等方面的问题。新产品的市场开发既是新产品开发过程的终点，又是下一代新产品再开发的起点。

（四）新产品开发的注意事项

新产品开发是有风险的，而且风险较大。在开发过程中可能出现某些问题让开发工作受到阻滞，如产品构思虽好，但对市场规模估计过高；实际产品可能并没有达到设计要求；产品的开发成本高于预计成本等。因此，新创企业在开发新产品时一定要做到以下几点。

1. 开发计划应以产品功能为中心

通过市场调查的分析，并对企业的研究与开发力量及生产运作条件进行分析后，企业应编制出能克服上述某种不足的产品开发计划，它所包括的工作内容都应沿着产品功能这条主线开展。

模块九　创办创业实体

2. 降低产品总成本提高竞争优势

产品具有竞争优势的一个重要前提就是低成本。因为产品成本超过 80% 的责任取决于设计开发和生产运作部门，而制造部门的成本责任绝大部分是由设计阶段决定的。因此，应将降低产品总成本的努力贯穿于新产品开发的整个过程中，并协调统一好制造成本和使用成本的关系。

3. 开发新产品时应形成良性循环

良性循环就是指产品能正常地更新换代。在开发新产品的过程中，企业必须高度重视新产品开发工作，并制订完善的新产品开发工作规划，不断谋求发展。力争做到在生产运作第一代产品的同时，就积极开发第二代，研究第三代，构思设想第四代，以确保有连续不断的新产品投放市场，使企业在整个生产经营过程中保持旺盛的生命力。

4. 以创造性的设想为基础

新产品的开发源于有创造性的设想。不管是更新换代，还是产品改革，都要以开展创造性思维为基础。因此，企业应借助头脑风暴法、检核表法、综摄法等有效的创造方法来挖掘潜在的创造力，以获取有价值的产品构思创意。

二、新创企业的营销管理

企业营销活动的实质是一个利用内部可控因素适应外部环境的过程，即通过对产品、价格、分销渠道、促销的计划和实施，对外部不可控因素做出积极动态的反应，从而促成交易的实现和满足个人与组织的目标。

（一）市场定位

企业营销的首要工作是要找准目标市场。市场定位的主要任务是要明确自己的产品与竞争者相比的特色与优势，充分突出新企业及产品在市场上的新颖性、显著性、差异性特征，展示特色与风采，以求获得客户的认可与青睐。

微课学习

1. 市场定位的依据

（1）产品特点。构成产品内在特色的许多因素都可以作为市场定位的依据，如所含成分、材料、质量、价格等。例如，"七喜"汽水的定位是"非可乐"，强调它不含咖啡因，与可乐类饮料不同；"泰宁诺"止痛药的定位是"非阿司匹林的止痛药"，显示药物成分与以往的止痛药有本质的差别。

（2）产品用途。为老产品寻找一种新用途，是为该产品创造新的市场定位的好方法。曾有一家生产曲奇饼干的厂家最初将其产品定位为家庭休闲食品，后来又发现不少顾客购买是为了馈赠，又将之定位为礼品。

（3）客户利益。产品提供给客户的利益是客户最能切实体验到的，也可作为定位的依据。例如，各大汽车巨头的定位不同，劳斯莱斯车豪华气派、丰田车物美价廉、沃尔沃车结实耐用等。

（4）客户类型。企业常常试图将其产品指向某一类特定的使用者，以便根据这些客户的看法塑造恰当的形象。

2. 市场定位的策略

（1）避强定位。这是一种避开强有力的竞争对手进行定位的模式。新创企业避开竞争强手，瞄准市场"空隙"，开发特色产品，开拓新的市场领域。这种定位策略有助于企业迅速在市场上站稳脚跟，并在消费者心中尽快树立起一定的形象，市场风险较小，常常为大多数企业所采用。

（2）迎头定位。这是一种与市场强势者对着干的定位策略，是"冒险家的游戏"，即新创企业选择与竞争者正面对抗，争取同样的目标客户。要实行这种策略，新创企业必须做到知己知彼，要了解市场上是否可以容纳两个或两个以上的竞争者，自己是否拥有比竞争者更多的资源和能力，是否能比竞争者做得更好；同时，要选择恰当的市场进入时机与地点。

（3）重新定位。重新定位策略通常是指对那些销量少、市场反应差的产品进行第二次定位。初次定位后，随着时间的推移，新的竞争者进入市场，选择与本企业相近的市场位置，致使本企业的市场地位受到威胁，占有率下降；或者由于客户需求偏好发生转移，原来喜欢本企业产品的人转而喜欢其他企业的产品，因而市场对本企业产品的需求减少；在这些情况下，企业就需要对其产品进行重新定位。重新定位是企业为了摆脱经营困境，寻求重新获得竞争力的手段。例如，老式的电话、收音机现在成了一种装饰品或儿童玩具。

（二）产品策略

1. 产品命名有学问

一个较好的名字能够快速让顾客记住自己的企业和产品，并且和其他产品区别开来。因此，为自己的产品精心设计一个名字，应当受到创业者的重视，因为这会使产品快速步入市场。例如，由李彦宏等人创立的中文搜索引擎"百度"向人们提供"简单、可依赖"的信息获取方式，其名称词源来自"众里寻她千百度"。因"寻"与"百度"连在一起让人联想到"搜索"，象征着百度对中文信息检索技术的执着追求。

2. 给消费者提供需要的产品

创业者需要了解顾客需要的是什么，如手机，不同年龄、性别、身份、收入的人，对于手机的需求也是不同的。老年人的需求往往是屏幕大、便于拨打电话；女性的需求则是更在意手机外观漂亮、像素高等。

3. 产品要有差异化

产品的差异化可以从以下几个方面着手：一是产品角度，包括产品的包装、质量、属性等；二是消费者角度，包括消费者的年龄职业、收入等；三是情景角度，包括产品适合出现在什么场合等。此外，产品的差异化还体现在特色上。

（三）价格策略

1. 撇脂定价

撇脂定价策略是指新产品上市之初，将价格定得较高，在短期内获取厚利，尽快收回投资。该定价策略适用于：①全新产品；②受专利保护的产品；③需求弹性小的产品；④流行产品；⑤未来市场形势难以测定的产品。

2. 渗透定价

渗透定价策略是与撇脂定价相反的一种定价策略，是指在新产品投放市场时，所定的价格尽可能低一些，其目的是获得最高销售量和最大市场占有率。该定价策略适用于：①新产品没有显著特色，且竞争激烈；②需求弹性较大的产品；③新产品存在着规模经济效益。

3. 组合定价

组合定价策略是指根据各种产品之间的价格关系，实行组合，进而定价。它包括系列产品定价策略、互补产品定价策略和成套产品定价策略。

4. 心理定价

心理定价策略是指对产品定价时，利用顾客心理有意识地将产品价格定高些或低些，从而达到扩大市场销售、获得最大效益的目的。心理定价策略主要包括整数定价、尾数定价、声望定价和招徕定价（特定商品定价）。

5. 折扣定价

折扣定价策略是指对价格做出一定的让步，直接或间接降低价格，扩大产品销量。其中，直接折扣的形式有现金折扣、数量折扣、功能折扣、季节折扣，间接折扣的形式有回扣和津贴。

6. 差别定价

差别定价策略，也叫价格歧视，是指企业按照两种或两种以上不反映成本费用的差异价格销售某种产品或服务。其主要包括顾客差异定价、产品形式差异定价、产品部位差异定价和销售时间差别定价。

案例分享

德州仪器公司的定价策略

德州仪器公司在美国袖珍计算器市场采取双向延伸策略而占据了市场领导地位，就是一个实行定价策略的成功范例。袖珍计算器市场基本上被惠普公司的高档产品和波玛公司的低档产品所充斥。德州仪器公司推出中等价格和质量的产品来填补空白，迅速占领了中档产品市场，接着，它在中档产品的两端逐步增加更多的机型，以价格与波玛公司一样或更低、质量较好的低档产品击败波玛公司。随后，德州仪器公司又以质量上乘、价格低于惠普公司的高档产品夺走了惠普公司的市场份额，于是，德州仪器公司便成了整个计算器市场的领导者。

资料来源：百度文库

启示：采用合适的定价策略能够帮助企业在市场竞争中占据有利地位。

(四）促销策略

1. 注重促销的实效性

促销策略各式各样，通常可以采取折扣、优惠券、抹零交易、价格促销、免费发放样品、赠品的方式；可以定期向现在的、过去的和潜在的顾客发送电子信息；也可以在一些特殊的日子向客户寄送卡片或电子贺卡；还可以向公司、学校及机构就所擅长的专业领域主动提出做演讲，并散发名片来进行促销。这些促销手段，在短期内往往可以取得较好的效果。

2. 低成本促销推广策略

随着互联网的发展和完善，网上创业的大学生日益增多，竞争也越发激烈。大学生创业由于资金的限制，可以考虑采取一些低成本的促销策略。下面将介绍三种低成本的促销方式。

一是利用微信或微博。即建立一个免费的推广空间，发布一些能够吸引眼球又与业务相关的文章和图片，吸引潜在顾客。

二是口头宣传。例如，阿里巴巴集团在创业初期，团队通过到各个国家去做展示，到各大学校园去做演讲，到电子商务网络会议和论坛上宣讲B2B模式，从而起到了较好的宣传效果。

三是电子邮件营销。《营销中的技巧与陷阱》的作者斯科特·库柏建议，一旦在你的内部数据库中收集了足够的有关客户的购买模式、季节性需求与产品喜好等数据，就要用于营销，运用这些信息，通过有针对性的电子邮件、直邮和店内促销，你将获得极大的成功。因为有数据分析的支持，你所制定的营销策略将更加细化市场，具有较强的针对性和更高的市场认可率。

3. 网络促销推广设计

一是面向目标受众的设计。即在突出自我优势的基础上，根据对目标受众特点的了解，细分各种项目，突出盈利点。需要注意的是，设计一个栏目，不仅要注意页面的文字和图案，还要注意浏览程序的设计。另外，高挂"免费"牌，即保持你的网站有七成的免费资源吸引浏览者，也是扩大知名度的一种网络营销策略。

二是面向搜索引擎的设计。这是网站推广最重要的手段之一。要想在众多竞争对手中脱颖而出，采取搜索引擎是比较有效的一种方法。但难点在于，对搜索引擎需要进行深入的研究，尽可能地完善搜索引擎的各项功能，并且在其运行过程中要时刻关注处于动态的运行模式，不断反馈运行中存在的问题，并及时满足人们的各项需求。

三是面向收集信息的设计。即邮件列表、信息反馈表等的设计。采用内部搜集信息的方法所收集到的信息，应更详尽、准确，有指向性，这能够帮助你及时了解市场变化。

案例分享

与新势力竞逐"用户型企业":传统车企在"内卷"中前进

"智能汽车的核心在运营,不在制造。"2018年8月,在小鹏汽车的品牌日上,小鹏汽车董事长何小鹏的一句话在业内掀起巨浪。

彼时,互联网造车如火如荼,巅峰时刻该赛道上拥有三百多家造车新势力,当然,它们也与传统车企激烈交锋。

面对新造车势力的横空出世,以及人工智能、互联网、大数据等技术的快速发展,传统车企正处于困惑、创新和焦虑的转型过程中。

也就是在此时,传统车企也悄悄拉开了转型的大幕。

最早开启转型的是北汽,它推出了高端新能源品牌极狐;2018年,东风内部代号"h事业部"的高端新能源品牌悄然诞生;随后,上汽智己、长安阿维塔、长城的高端新能源品牌呼之欲出,当然还有更多的合资品牌电动汽车,纷至沓来……

与造车新势力不同,这批全新的品牌和全新的公司,并非从零开始,不仅有坚强的后盾支持,还有丰富的造车经验和新能源技术储备。

但诞生至今,无论是极狐还是岚图,正走在了与造车新势力相同的路上——向用户型企业转型,并在用户运营的道路上,极致"内卷"。前有蔚来每年一度的NIO DAY,被称为汽车圈"春晚",后有岚图包下"知音号"邮轮为全国车主送上首个用户之夜。

在这背后,"用户"正成为智能新能源汽车时代的绝对力量。而主机厂之间,一场对用户的争夺战也早已悄然拉开。

抢夺用户

10月16日,岚图在武汉举办了首届VOYAH NIGHT岚图用户之夜,作为以用户为中心量身打造的聚会和岚图用户的专属"节日",岚图汽车在当日正式发布了岚图全场景充电矩阵VOYAH POWER和岚图FREE首次OTA计划。

"从品牌发布、产品上市交付到全国直营渠道铺设的全过程,岚图致力于成为与用户共创共享的用户型科技企业。通过此次活动,岚图希望开启企业发展新航程,从产品、服务、生态等多维度为用户的出行和生活赋能。"岚图汽车CEO卢放表示。字里行间,卢放对用户的重视在东风的体系内前所未有,对用户的争夺也从未如此激烈。

作为在国内刚刚兴起几年的新品类,新能源汽车要从新的产品体验和新的服务体验两方面着力,解除或降低用户顾虑,同时为用户制造惊喜点。J. D. Power调研结果指出,数字化时代产品的综合竞争力,既要具备硬件实力和软件实力,感知价值也非常重要。

"岚图一开始就提出共创共享理念,用户愿意参与其中,而且有很多成果。他们觉得能与一个品牌共同成长,也是吸引用户非常重要的一点。"岚图首席品牌官(CBO)雷新告诉记者。

不过更早之前,蔚来汽车创始人、董事长、CEO 李斌已将用户运营做到极致。

在蔚来的招股书中,2016 年、2017 年和 2018 上半年,蔚来销售和服务费用分别为 11.37 亿元、23.50 亿元和 17.26 亿元,与研发费用几乎相当。

2019 年 1 月,蔚来用户信托正式成立,李斌拿出自己所持三分之一、5 000 万股蔚来股票,在保证投票权的情况下,将其收益处分权交给用户。这一信托基金收益的使用有 4 个方向,包括公益、环保、运维以及"社区认为有必要开展"的项目。

"虽然我将保留转让给信托的股票投票权,但我会让 NIO 用户讨论并提出如何利用这些股票的经济利益,这样的一个安排忠于蔚来成为一家用户企业的初心,让蔚来和用户之间的关系更加紧密,从而让蔚来的用户、股东、员工和合作伙伴长期受益。"李斌曾表示。

随着蔚来股价在近两年的大涨,这笔信托基金的市值也水涨船高。按照蔚来目前 38.45 美元/股的股价来算,这笔信托基金的市值已经达到了 19.23 亿元。

蔚来珠玉在前,出身于传统车企的高端新能源品牌们,在"继承"造车经验、技术储备、资金支持的同时,也面临体制机制改革的难题。

"对于传统车企,尤其是有一定积累的车企来说,真正构建一个以用户为驱动的企业的管理体系是一个巨大的考验。不管是对后台、流程,还是对公司整个思维逻辑都是巨大的颠覆。"今年 6 月,极狐汽车副总裁王秋凤在接受《21 世纪经济报道》记者采访时曾坦言,目前极狐粉丝不多,同时又是在北汽新能源这样一个成熟的体系之中,以用户为核心的管理体系的变革面临着挑战。

为推动企业转型,今年 6 月,岚图正式成立独立法人公司,独立运营,为推动企业体制、机制更加灵活,持续引进高端人才,公司除了面向企业核心骨干推出股权激励计划,还将引入战略投资者,在资本市场探索更多可能性。

"岚图永远会把用户的信任放在第一位,随着岚图用户规模的不断扩大,岚图会在产品和服务上加大创新,并加快服务网络建设,为用户带来更好的智能电动汽车出行体验。"卢放表示。

受多方面因素影响,近期,汽车行业不少用户遇到延迟交付问题。对此,岚图汽车推出了积分补偿政策。

同时,岚图加快用户共创。从 2020 年 8 月至今,岚图举办了七场全球测试同行者活动,超 2 000 人参与,收集用户提出的 200 多项建议并累计改善优化超 130 项,涉及细节做工、车机交互、驾乘体验、NVH、体验优化、智能驾驶等方方面面。

而基于对约 1 500 位用户使用体验的跟踪收集与反馈,岚图 FREE 首次整车功能 OTA 将于 2021 年年内进行,升级项目达 50 项,后续岚图 FREE 将至少每季度进行一次 OTA 升级。

"到目前为止,岚图交付的车都是私人用户,岚图是 to C 的公司,以用户为核心。现在交付的用户里 81% 来自豪华品牌的增换购,其中有 61% 是 BBA 用户。"雷新在接受《21 世纪经济报道》记者采访时表示,岚图管理层亲自到一线和用户进行面对面的接触,更加了解用户到底需要什么,再决定接下来怎么做。

"对用户的服务已经'内卷'到了停车位。"雷新笑称,为了产品的个性化交付,岚图甚至针对用户需求推出了一套停车位图案,并演化成岚图的标准化服务。

为满足用户更多元的产品需求,在岚图用户之夜上,岚图汽车也预告,第二款车型将于今年广州车展正式亮相。

围猎新势力

中国快速增长的新能源汽车市场也给予了"岚图们"发展的信心。

相较于今年整体车市的低迷,新能源汽车仍然呈现爆发式增长态势。乘联会数据显示,9月新能源乘用车零售销量达到33.4万辆,同比增长202.1%,环比增长33.2%。1—9月新能源车零售181.8万辆,同比增长203.1%。与传统燃油车走势形成强烈差异化的特征,实现对燃油车市场的替代效应,并拉动车市向新能源转型的步伐。

与此同时,新能源汽车渗透率不断提高。9月新能源车国内零售渗透率达21.1%,1—9月渗透率12.6%,较2020年5.8%的渗透率明显提升。其中,自主品牌中的新能源车渗透率36.1%;豪华车中的新能源车渗透率29.2%;但主流合资品牌中的新能源车渗透率仅有3.5%。

"岚图的发展速度超过了很多企业的同期水平,基本符合我们的预期。但我们内部对自己还有更高的目标,岚图始终期望将自身打造成为具有最高效率的企业。"雷新告诉记者。

不过,对用户争夺,除了制造情感和价值的共鸣,也走向渠道的建设上。

从特斯拉开出第一家城市展厅开始,无论是极狐还是岚图甚至是上汽R品牌,汽车的销售渠道正从城市周边偏远的4S店走向了曾经被"蔚小理"们占领的城市中心的大型商超。

与此同时,新老汽车势力之间的竞争、融合正在商超不断上演。

不过,其背后的逻辑也显而易见。

对于开进购物中心的新能源品牌来说,虽然受众对于汽车本身的驾乘体验感降低,但通过布局更多购物中心的方式,利用购物中心巨大的客流量,扩大消费者对新能源汽车品牌的认知度,实现品牌曝光度的提升。

不过,一直以来,传统车企在向高端新能源车企转型的过程中,往往面临着渠道选择的困难。以特斯拉、蔚来为代表的直营模式正在加速渗透,而传统企业又往往背负传统授权经销商的巨大"包袱",如何在渠道上作出创新,也成为传统车企转型的挑战之一。

与北汽新能源此前更侧重B端渠道不同,极狐品牌自诞生以来专注C端的零售模式。值得一提的是,既不同于传统车企采用分销途径,也不同于如新势力直营模式,极狐采用直营、分销和快销模式相结合的渠道发展模式。

不过,目前极狐在品牌知名度、产品认知、市场表现方面并不尽如人意,渠道方面的限制被看作是重要因素。

因此,极狐品牌正在加快渠道拓展。根据极狐方面此前的规划,预计2021年要在全国建成100个网点,2022年要建成150个网点。值得关注的是,未来极狐产品也将进入华为渠道销售。

此外,极狐汽车计划在2021年,分别在北京、上海、深圳、广州、苏州投资建设

24座专属超充站和16座目的地站、84座认证站、267座推优站，另外，还将与国网电动、特来电等合作伙伴进一步深化合作，逐步形成超充（750 V）网格化七位一体的充电服务。

"现在每个月大概有七八百台的增量，而且一直在持续上涨，预计广州车展会成为四季度的爆发点，我们会在广州车展上做小批量的极狐阿尔法S华为HI版的交付。"极狐汽车全国直销总经理赵志楠表示，销量预期增长的同时，极狐正在铺开渠道网络以支撑更高的交付量。

不同于极狐，岚图一直强调是传统车企中第一家采用直营模式的品牌。

"作为央企首家采用直营模式的企业，岚图在线上构建了App和小程序，线下建立了岚图空间、交付服务中心、全功能用户中心等多种不同形态的门店。"10月17日，卢放在接受记者采访时表示，"岚图放弃了东风的经销体系，选择通过直营模式与用户直接交流。到9月底，岚图体验店开了34家，城市展厅约110家，营销团队年初不到100人，现在已经有1 700人。希望通过直营体系的构建和服务人员的培训打造行业样板，让用户享受到高水平、一致性的服务。"

按照计划，今年岚图将建成57家岚图体验空间。服务网络方面，岚图已经在今年建立直营交付和服务中心以及超过50家的授权钣喷中心，覆盖了25个核心城市，后面还会根据销售情况进一步加快步伐。

"无论是传统渠道还是现在的直营、代理，还有零售中心、交付中心、城市展厅等等，哪一种方式好，哪一种方式能够胜出，现在下定义还是有点早。我们欢迎创新，对现有的经销商也要用互联网的思维改良改造，提升我们的服务水平和服务质量。但是我们并不排斥包括直营、代理、零售展厅在内的新营销方式。谁最终能够存活，要交给消费者去评判。"此前，中国汽车流通协会秘书长肖政三在接受记者采访时表示。（作者：杜巧梅 编辑：张若思）

资料来源：http://auto.youth.cn/xw/202110/t20211019_13267692.htm

案例分享

大学生的创业之路

一群零零后大学生的创业故事

大学生创业短视频《不作，不成器》

资料来源：

1. 大学生的创业之路

https://v.qq.com/x/page/w0396o3wqjs.html

2. 破茧——一群零零后大学生的创业故事

https://www.bilibili.com/video/BV1pm4y1m7sL/? spm_id_from = 333.337.search-card.all.click

模块九　创办创业实体

3. 大学生创业短视频《不作，不成器》
https://v.youku.com/v_show/id_XMzE3MDczMzg5Mg==.html

任务实施

请为你们的新创企业制订一个合理的营销策略吧。

市场定位：_____

产品策略：_____

价格策略：_____

促销策略：_____

拓展阅读

云南：毕业生创办小微企业最高可贷款 300 万元

为促进高校毕业生等青年就业创业，不断激发创业活力，引导和支持更多高校毕业生自主创业，日前，云南省人力资源和社会保障厅发布《关于进一步促进高校毕业生创业的通知》（以下简称《通知》），从创业培训力度、创业资金扶持、创业场地供给等多方面为高校毕业生提供鼓励措施。

按照《通知》，云南省将对有创业意愿的在校大学生进行有针对性的创业培训，每年组织大学生创业培训不少于 2 万人。在创业资金扶持方面，对符合条件的高校毕业生申请个人创业担保贷款，原则上取消反担保要求，可提供贷款额度不超过 20 万元、期限不超过 3 年的贷款。对高校毕业生创办的小微企业，符合条件的可提供最高额度不超过 300 万元、期限不超过 2 年的小微企业创业担保贷款。对还款积极、带动就业能力强、创业项目好的借款个人和小微企业，可继续提供创业担保贷款贴息，但累计次数不得超过 3 次。对符合条件的优秀创业大学生给予每人最高不超过 3 万元的一次性创业补贴。

在创业场地供给上，各级人力资源社会保障部门要加强对创业孵化平台的指导，每年全省免费提供不少于 10 万平方米、5 000 个工位场地保障高校毕业生创业，其中政府投资开发的创业载体要安排不低于 30% 的场地免费向高校毕业生创业者提供。入驻省级创业孵化平台的大学生企业，按照国家和省有关规定，对场地租金进行优惠减免。对聚集 30 家以上大学生创业企业的，可认定为省级大学生创业孵化示范园。经认定的省级大学生创业孵化示范园，每年对省级大学生创业孵化示范园进行考核，对考核优秀的支持其优先申报省级创业园示范基地，并按规定给予补助。

《通知》明确，要建立全省统一的大学生创业导师库，拓宽创业导师聘任范围，组建大学生创业导师团，校外创业导师数量与应届毕业生人数比例原则上不低于 1∶1 000，驻校创业型导师每校不少于3名，依托省级创业孵化平台每年举办大学生创业实践营，选拔优秀创业大学生与创业导师结对，进行"一对一"创业实践辅导，给予高校毕业生发展方向把控、创业领域拓展、管理经验积累、社会资源对接等多元化帮扶。

根据《通知》，确定每年6月6日至6月12日为云南省大学生"创业周"，其间将开展创业周活动，评选"云南大学生创业之星"，组织创业论坛、"创业先行者说"等活动。依托"中国创翼"创业创新大赛、"马兰花"创业培训讲师大赛等，举办"创翼云南"高校毕业生创业大赛，择优评选一批符合条件的优秀创业大学生，给予最高不超过5万元的激励奖补。

此外，结合"彩云雁归"返乡创业计划，引导更多大学生立足乡村振兴领域创业，面向返乡大学生，每年遴选一批结合地方产业特点的乡村振兴领域大学生创业项目，给予创业指导、结对帮扶、融资对接、资金奖补等重点支持。在返乡创业园项目评审、奖补中，向大学生创业实体项目倾斜。

资料来源：https://www.xuexi.cn/lgpage/detail/index.html?id=16947168443786151572&item_id=16947168443786151572

课后练习

一、判断题

1. 企业注册是指创业者根据国家法律法规相关规定获得合法经营手续的行为。（　　）

2. 企业名称中不可以使用自然人投资人的姓名作字号。（　　）

3. "五证一码"在全面实施工商营业执照、组织机构代码证、税务登记证"三证合一"登记制度改革的基础上，整合社会保险登记证和统计登记证，实现"五证合一、一照一码"。（　　）

4. 新企业印章包括公司章、法人章、合同章、财务专业章等，需到指定的印章刻制单位刻制。（　　）

5. 企业的印章、企业牌匾、企业银行账户、企业信笺所使用的名称可以与新企业登记注册的名称不一致。（　　）

6. 银行同意企业开户后，企业不需要向银行送交预留印鉴。（　　）

二、不定项选择题

1. 企业名称一般由（　　）、（　　）和（　　）组成，前面可以加上所在地区行政区域名称。

　　A. 字号（商号）　　　　　　　　B. 所属行业（经营特点）

　　C. 组织形式　　　　　　　　　　D. 行政区划

2. 开立银行账户的程序是（　　）。

①向中国人民银行办理银行开户许可手续，取得开户许可证；

②企业选定开户银行，向该银行领取开户申请书，如实填写并由主管部门审核盖章后，附上银行开户许可证、营业执照正本及复印件交开户银行审核；

③银行同意开户后，送交预留印鉴，包括企业财务专用章、法人代表章。

A. ①②③　　　B. ①③②　　　C. ②①③　　　D. ③①②

3. 采用（　　），有利于产品更新换代及形成企业的技术优势，也有利于市场竞争。

A. 独创方式　　B. 引进方式　　C. 改进方式　　D. 结合方式

4. 新产品的开发要取得最佳效果，关键在于（　　）。

A. 准确地确定新产品开发的方向　　B. 考虑产品的性质和用途

C. 考虑价格和销售量　　　　　　　D. 考虑企业技术创新能力

5. 新产品开发的流程是（　　）。

①调查研究阶段；②构思创意阶段；③新产品设计阶段；④试制与评价鉴定阶段；⑤生产技术准备阶段；⑥正式生产和销售阶段。

A. ①②③④⑤⑥　B. ②③①④⑤⑥　C. ①②③⑤④⑥　D. ②③⑤④⑥①

6. 企业营销的首要工作是（　　）。

A. 找准目标市场　B. 制定产品价格　C. 建立分销渠道　D. 制订促销计划

7. 市场定位的依据包括（　　）。

A. 产品特点　　B. 产品用途　　C. 客户利益　　D. 客户类型

8. 在价格策略中，（　　）和（　　）属于相反的定价策略。

A. 撇脂定价　　B. 渗透定价　　C. 组合定价　　D. 折扣定价

三、简答题

1. 有人认为，一个企业最好只生产一种产品，确保质量，赢得竞争。你如何看待这种观点？

_____

_____

_____

2. 技术含量高的新产品一定能给企业带来丰厚的利润吗？

_____

_____

_____

参 考 文 献

[1] 杨卫军. 创新创业基础［M］. 北京：高等教育出版社，2022.

[2] 由建勋. 创新创业实务［M］. 北京：高等教育出版社，2020.

[3] 陈爱玲. 创新潜能开发实用教程［M］. 北京：化学工业出版社，2022.

[4] 编写组. 大学生创新创业教程［M］. 西安：西北大学出版社，2016.

[5] 胡坚，丁莹莹. 互联网+创新技术与创业实务［M］. 北京：化学工业出版社，2022.

[6] 王军. 大学生创新创业案例教程［M］. 北京：高等教育出版社，2019.

[7] 曹福全，丛喜权. 创新思维训练［M］. 北京：高等教育出版社，2019.

[8] 高校教材编委会. 大学生创新创业教育教程［M］. 沈阳：东北大学出版社，2016.

[9] 林伯全，新世纪高职高专教材编审委员会. 大学生创新创业教程［M］. 大连：大连理工大学出版社，2016.

[10] 侯文华. 大学生创新创业教育教程［M］. 北京：科学出版社，2017.

[11] 陈晓暾，陈李彬，田敏. 创新创业教育入门与实战［M］. 北京：清华大学出版社，2017.

[12] 丁欢，汤程桑. 创新与创业教育指导［M］. 南京：南京大学出版社，2015.

[13] 王小锋. 创新筑梦创业远航——从思维创新到实践创业［M］. 上海：上海交通大学出版社，2018.

[14] 于静荣. 大学生创新创业教育与就业指导［M］. 北京：北京交通大学出版社，2017.

[15] 詹一览，杨宇，李强. 大学生创新创业教育教程——实训课程［M］. 上海：上海交通大学出版社，2017.

[16] 王世宇，何云章. 实战创新创业教育指导［M］. 北京：中国中医药出版社，2017.

[17] 吴伟伟. 大学生创新创业教育［M］. 北京：经济科学出版社，2016.

[18] 姚圆鑫，王佳. 大学生创新创业教育［M］. 北京：国家行政学院出版社，2016.

[19] 丛子斌. 创新创业教育［M］. 北京：高等教育出版社，2016.

[20] 王官成，黄文胜. 大学生创新创业教育［M］. 北京：高等教育出版社，2016.

[21] 郭发鹏，高泽金. 大学生创新创业实务［M］. 北京：高等教育出版社，2016.

[22] 陈标新，费昕，徐炜. 大学生创新创业教育［M］. 西安：西安交通大学出版社，2016.